第23卷

网络法律评论

杨明 / 主编

中信出版集团 | 北京

图书在版编目（CIP）数据

网络法律评论. 第 23 卷 / 杨明主编. -- 北京：中信出版社，2021.5
ISBN 978-7-5217-2859-0

I. ①网⋯ II. ①杨⋯ III. ①计算机网络 - 科学技术管理法规 - 研究 - 中国 IV. ① D922.174

中国版本图书馆 CIP 数据核字 (2021) 第 034821 号

网络法律评论·第23卷

主　编：杨　明
出版发行：中信出版集团股份有限公司
　　　　　（北京市朝阳区惠新东街甲4号富盛大厦2座　邮编　100029）
承 印 者：天津市仁浩印刷有限公司

开　　本：787mm×1092mm　1/16　　印　张：18.5　　字　数：260千字
版　　次：2021年5月第1版　　　　　　印　　次：2021年5月第1次印刷
书　　号：ISBN 978-7-5217-2859-0
定　　价：68.00元

版权所有·侵权必究
如有印刷、装订问题，本公司负责调换。
服务热线：400-600-8099
投稿邮箱：author@citicpub.com

目 录
Contents

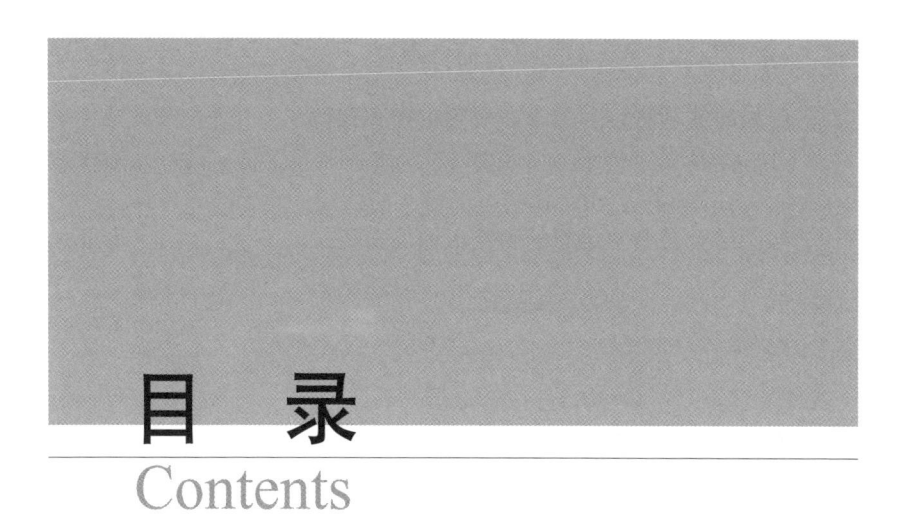

第 23 卷

Ⅲ 卷首语   张平

竞争法与竞争政策

2 数字经济时代的规制难题与竞争政策   让·梯若尔

21 多边平台反垄断分析框架的基本原则   戴维·埃文斯

47 标准必要专利"劫持"的经济分析
　　——兼论对反垄断法规制的启示   魏德

知识产权法

78 网络版权治理的算法技术与算法规则   吴汉东　李安

I

102	《著作权法》第三次修正评析与展望	刘家瑞
122	创新政策视野下的知识产权侵权损害赔偿	
	——功能定位与规则调试	朱冬
151	电子游戏直播中玩家的著作权地位探究	李亚兰

网络法

180	扫码：流动性治理的技术与法律	胡凌
202	算法"黑箱"背景下监管算法的具体方法	杨曦
227	网络爬虫刑法规制的边界	薛美琴

数字经济与法

250	论个人信息主体同意的法律效力	
	——以《民法典》第1035条与第1036条适用为纲	邬杨
272	消费者还是投资者？	
	——发展视角下奖励型众筹支持者的主体地位探究	潘宁

卷首语

张平

对《网络法律评论》的告别已经写在第 22 卷的主编语中了，从本卷开始，我不再担任主编，而将其交给杨明教授，这是我退休前一系列"减负"作业之一。按理，这类文集的主编是没有退休一说的，许多前辈都是鞠躬尽瘁主编到生命的最后一刻。但"长江后浪推前浪，世事新人换旧人"是自然规律，也应当成为一种风气和情怀，在清醒时处理好自己的所爱。由此，应新主编邀请在本卷再写一点感想，也算是一个交代和祝福。

本文集创刊于 21 世纪伊始，源于我在法学院开设的"网络法律问题研究"课程。从呱呱坠地至翩翩少年到今日的风华正茂，其已走过二十个年头，见证了互联网产业发展的历史进程，探讨和跟踪的话题几乎囊括了二十年来互联网法律理论发展和实践中的所有重点和热点议题，是我国第一本专门探讨互联网法律问题的学术文献，可谓领时代研究之先。

秉持创刊时的初衷，本文集的特点之一是探索，不同于以往学术刊物，本文集以展示青年法学研究者的学术成果为主，在过去的 22 卷中，大多发表的是年轻学者的文章，他们紧跟时代之问，以敏锐、多元的视角探讨和剖析互联网法律理论研究和实践中的新问题，使其成为我国青年学者展示网络法律研究成果的重要窗口。本文集独特的编辑部构成也是一种探索，编辑部是以北大法学院互联网法律中心的学生助理为主，每期由一位责任编辑组成编辑部，他们刻于上进、敬业尽职，对编辑工作一丝不苟，回复的编辑意见更是与作者的学术互动。本文集也成为同学们理论和实践相结合的研究平台，编辑团队中的同学，在走出校园后大多成为我国在网络立法、司法、研究领域中的骨干。本文集的特点之二是务实，文集收录的文章必须言之有物，既能提出问题，也要求有解决问题的思路，秉持学以致用的思想，倡导社会科学研究成果的实践转化。本文集支持并完成了我国互联网基础立法研究；解决互联网著作权授权困境问题的"版权自主协议"（SCA）；大数据时代互联网企业个人信息保护测评标准；互联网企业专利创新趋势观察报告等应用性研究成果，目前这些成果都已经应用于实践之中。

二十载春秋，《网络法律评论》迎来了新主编，也给读者带来耳目一新的风格，这既是本文集求新的一贯追求，也是更换主编的目的。人类已经进入后互联网时代，许多新问题更是接踵而来，北大是常维新的，我们也处在一个维新的时代。

风正时济，祝福《网络法律评论》在新主编的引领下取得新成就。

竞争法与竞争政策

数字经济时代的规制难题与竞争政策

让·梯若尔

数字经济的未来前景可期，它不仅可以给我们带来更多的财富，也可以促进包容性，与此同时，它也给我们带来了许多社会挑战。本文将聚焦于数字经济时代互联网平台带来的规制难题和竞争政策应对。

一、市场势力

作为新兴产业的互联网平台，有着很强的网络外部性，正是这些双边平台孕育了现代数字经济。全球最大的七家企业都是双边平台，也就是说，它们将两边的用户都吸引到自己的平台上来。之所以说这些平台存在网络外部性，原因之一即是买家愿意来到平台是因为上面有卖家，而卖家愿意来到平台是因为上面有买家。

例如，中国的滴滴公司。一方面，滴滴平台上有很多司机；另一

---

* Jean Tirole，法国图卢兹经济学院（TSE）名誉院长，2014 年诺贝尔经济学奖获得者，主要研究领域涵盖产业组织、规制、融资、宏观经济与银行，以及心理经济学等。

本文根据作者在《比较》编辑室、互联网经济学研究联盟于 2018 年 12 月 16 日召开的"互联网时代的竞争与法理"研讨会上的讲话整理而成，未经作者审阅。——编者注

方面，滴滴上有这么多司机，正是因为有很多消费者在使用滴滴。再比如，你有一张支付卡，是因为商户愿意接入这张支付卡，而商户选择接入该支付卡是因为血拼一族乐意使用这种支付卡。所以，强烈的网络外部性是普遍存在的，但也因此很容易导致赢家通吃的局面。当这种现象出现时，你会发现某一家企业或者至多就那么几家企业便能控制整个行业。负责制定竞争政策的竞争当局都面临一个难题：如何应对这样的市场势力？

1. 兼容性

是否存在可兼容性是判定市场势力的一个因素。可兼容性是一个老生常谈的问题，以电信行业为例，为了建立起电信行业的竞争，监管者强制要求电信公司做到互联互通。互联网的良好运行和爆炸式发展就是得益于端口连接和数据交换协议的兼容性，有了这种兼容性我们才得以进行基本的交易。

总的来说，网络外部性使所有人受益，但对企业来说却未必总是如此。因为企业可能是建立在一个封闭式或开放式架构之上，例如我们希望运行应用软件（App），平台可以有不同的选择，一些平台会选择自己研发的应用软件，有些时候是排他性的应用软件，有时候采用的是开放式架构。20世纪80年代的"微软诉苹果案"是一个经典案例，苹果当时采用的是封闭式架构，而微软决心撬开苹果的这个系统，使众多应用软件可以在其平台上运行。如果一个平台上有许多应用软件，它们之间的竞争便会更加激烈，该平台对消费者也就更有价值。

同时，这些应用软件本身也有可能发展成为平台，或者至少可以让其他平台接入。因此，平台与平台之间究竟采用封闭式架构还是开放式架构，其实不过是利弊权衡的问题。当然，现在的趋势是越来越倾向于开放式架构，例如，史蒂夫·乔布斯在2007年推出iPhone时的最初想法是产品中运行的全都是由苹果自身研发的应用软件，但随后他改变了自己的想法，因为他意识到，若苹果的平台上接入一些由第三方提供的应用软件，也还不错。

当谷歌决定推出安卓系统时，它就打算建立"开放手机联盟"（open handset alliance），于是，众多手机企业，例如三星，便可在此基础上开发"用户小程序系统"。安卓系统是开源的，但它的产权归谷歌。只要不对安卓系统进行拆解或研制不具有兼容性的版本，那么这些企业便可免费使用安卓系统。当然，谷歌仍可通过其他途径获得补偿，例如获取这些应用软件运行产生的全部数据。这就是今天我们要讨论的第一个问题，是否允许兼容是企业需要做出的一项重要决策。

2. 多归属

企业需要做出的另一项重要决策是多归属的广度。多归属某种程度上是由市场双边的消费者和用户决定的。有时多归属可以很简单，例如你可以很容易地使用多个平台系统发送消息，所以在西方，人们可以有多个选择［包括 Twitter、WhatsApp、Instagram、Facebook（现在 Instagram 和 WhatsApp 已经并入 Facebook 旗下）］，但人们完全有可能同时使用不同的平台与他人联络。是否享受多归属由价格决定。大概是在 20 世纪 90 年代，美国进行了一项重大改革，使用信用卡不再需要支付年费，于是维萨卡（VISA）和万事达卡（Master）就推出了无须支付年费的信用卡。这样做的后果是，美国运通卡（American Express）的用户成了单归属用户。美国运通卡的用户会想，既然维萨卡和万事达卡是免费的，我为什么不使用它们呢？我可以同时在兜里装着维萨卡和万事达卡。这样一来，美国运通卡便失去了向商家收取高价的部分能力，因为商家会认为，我为什么要为美国运通卡支付 3%~4% 的年费呢？即便商家意识到也许会失去使用美国运通卡的顾客，但这些顾客可能同时也在使用维萨卡或万事达卡。在这种情况下，使用维萨卡和万事达卡进行交易对商家来说就更划算。最终的结果是，美国运通卡不得不为此调低商家的手续费。

多归属发生的原因并不是因为价格低（再强调一遍，多归属的意思是可以同时接入多个平台）。例如很多人都会使用谷歌搜索引擎，即便他们的电脑上同时下载了其他搜索引擎，但他们仅仅忠实于谷歌。再比如一些人会使用"在线旅行社"（OTA）制定行程，尽管他们可以通过电脑或手机访问多家在线旅游平台，但他们常常只会使用其中的一家。由此我们不难明白，多归属的发生的确与低价格无关。

上面介绍了形成垄断地位的趋势，这种垄断地位的形成趋势源于极强的外部性。垄断地位可能会经过一段时间之后被取代，也许是因为新进入者的效率更高，抑或是因为既有垄断企业没有进行创新或价格过高。

创新可以是重大突破或重要的创新，也可能只是小小的改进。例如优步（Uber）或滴滴，从某种意义上讲它们都属于创新，这种创新虽然重要，但突破很小。如果只考虑地理定位和可运输性，它们所需的只是一张已注册的信用卡、电子收据，以及司机与乘客双方的相互评价，而这些元素其实已经存在，并不算什么复杂的科学。即便如此，全球没有一家具有垄断地位的出租车公司在此之前引入了这种创新。这就告诉我们，垄断者的创新意愿其实并不强烈，也正因为如此，既有垄断企业尽管具有先天优势，但最终会因创新而被取代。

二、反垄断和规制

接下来我们谈谈反垄断与竞争政策。当下，很多人都在呼吁对谷歌和脸书实施某种方式的监管，要么是将其作为公共事业进行规制，要么干脆将其拆分。两三年前，西方国家对数字平台热情高涨，这个话题几乎家喻户晓，人们认为其前景大好。但现在，大家意识到它其实是利弊参半的，越来越多的人开始担心垄断企业对其地位的滥用，于是大家开始呼吁对谷歌、脸书、亚马逊进行规制。

1. 规制和拆分

这正是我们要研究的问题。规制有几重含义：其一，作为公用事业的规制，例如电信公司、电力公司、铁路和邮局。其二，拆分公司的规制，借鉴1984年处理美国电话电报公司的做法，将自然垄断的关键设施（essential facility）分离出来。对电信公司来说关键设施是本地回路（即连接电话公司的中心办公室与用户家用和商用电话的线路）；对电力公司来说是输电网，特别是高压电网；对铁路公司来说是铁轨以及车站，这些都是新进入者难以复制的。其三，单纯采用反垄断政策或竞争政策的规制。除此之外，越来越多的人推荐采用第三种干预方式，即产业政策。欧美的产业政策非常强大，中国的产业政策亦是如此。但问题是，这些政策到底是什么？我们应该怎样看待这些政策？让我先简要说明一下，我自己的观点是：竞争政策是首要的，但必须对竞争政策进行改革，因为现有的竞争政策过于缓慢和滞后。当下，我们必须针对一些新出现的商业实践进行深入思考，这是我们尚缺的功课。

传统的规制很难在新经济中发挥效用：我们是否应该采用规制电信公司、铁路公司或者电力公司的方式来规制谷歌呢？我想提醒大家注意一个事实，美国在这方面的规制始于20世纪90年代左右，而之所以对这些公司进行规制是因为人们逐渐意识到这些行业是自然垄断的。

当时，美国采用的基本上是"服务成本"（cost of service）规制，亦称为"回报率"（rate of return）规制。服务成本规制的基本含义是，先在头一年测算一家公司（比如美国电话电报公司或者一家电力公司）的成本，然后再看下一年是否为了保证公司有足够的回报而改变价格，以达到一个合理的资金回报率。所以，公用事业规制的基本思路是综合考虑价格与成本覆盖率。

在20世纪80年代和90年代，我们就设计出了新的规制，这些规制与激励机制相容，为企业提供了更多的激励，我们称之为绩效规制，包括诸如对价格上限做出规定。但企业此时仍需保持回报与成本的一致，在得到了一定的激励后自然会创造出一些租金。

如果对谷歌、脸书之类的企业采用同样的规制方式，我认为有两个问题值得考虑。第一个问题，必须要追踪企业的整个生命周期。谷歌、脸书、微信等都是成功的例子，但一个企业成功的同时，可能有许多企业会失败。如果你打算创业，你成为新谷歌的可能性只有10%甚至1%，或者你根本不会成功，那么你当然需要考虑两个因素——成本和预期回报。但这是很难做到的，因为我们没有相关的数据，所以我们必须跟踪企业的整个生命周期，对成为下一个谷歌的可能性进行统计研究。这和药品研发有些相似，试想一下药品研发，大多数研发项目最终都会失败，只有为数不多的项目会成功从而轰动业界。所以，第一个问题便是如何能使回报足以弥补成本。

第二个问题，这些企业是全球性企业，它们的大部分收入并不是来自某一个国家，当然中国的这类企业国际化程度稍低，其收入大部分仍来自中国，但它们也都在逐渐向全球扩张。

而受规制的公用事业企业都有一个共同点，它们一般都是国内企业，如铁路公司、电力公司以及电信公司等，往往只在一个国家内部运营。因此，这些企业仅受其所在国家监管当局的规制。但就谷歌来说，谁是它的规制者呢？大多数国家都在使用谷歌，在各个国家中，谁是谷歌最主要的规制者？如果有多个规制者，收入和成本如何分配？"转移定价"（transfer pricing）也非常复杂。因此，以这样的方式监管谷歌实际上是极其困难的。

基于以上这两方面原因，我并不赞成以传统规制监管互联网平台企业。实际上，这里还有第三方面的原因，那就是，技术发展非常迅速，电信产业就是一个很好的例子。直到20世纪90年代，可以用传统方式规制电信产业，因为电信公司采用的仍是与先前一样的旧技术，例如用铜缆架构的本地回路，也许会有少数长途电话或国际长途电话业务，但仅此而已。然而，一旦电信公司的服务变得更加复杂多样，对电信行业的规制自然也会越来越困难。对于当下的互联网产业来说，一些互联网公司的产品更新换代的速度非常快，因此其规制问题也越来越棘手。

这便引出了下一个问题，那为什么不将谷歌拆分呢？如果我们考虑拆分谷歌，那么在此之前，我们需要做的是，认定什么是关键设施，抑或什么是自然垄断的瓶颈。有些设施是竞争对手难以复制的，所以大家希望有一个独立的公司来运营这些设施，以便为其他竞争者提供公平竞争的环境。以铁路为例，最好的方法是成立一家铁路建设公司，由该公司负责建造铁轨及火车站，而铁路运输则让其他不同的公司来运营，那么这些铁路运输公司之间便可展开竞争。电力公司也是一样，如果高压电网的所有权单独归属一家公司，那么其他发电公司便可在平等接入的前提下展开竞争。

所以，若想对谷歌进行类似的拆分，必须首先认定谷歌的关键设施。是它的搜索引擎还是它的数据？到底什么才是关键设施？然后，我们需要假设该关键设施处于稳定的状态，所采用的技术不会轻易改变。同时，还需要保证拆分之后关键设施能够维持运营。如果我们将搜索引擎认定为谷歌的关键设施，将搜索引擎和邮箱（Gmail）、油管（YouTube）以及其他谷歌提供的服务拆分开来，会发生什么情况？搜索引擎可利用的数据范围会缩小，也许就无法有效地预测用户想要搜索什么。它现在能有这么好的预测能力是因为拥有庞大的客户群与数据，拆分之后就不会像现在这么好用了。

总之，我认为目前最应该关注的是竞争政策与消费者保护。消费者保护的话题我不想讲太多，但消费者保护仍是一个非常重要的因素，不仅是因为在未来社会我们对消费者数据的保护需要做得比现在好很多，也是因为竞争政策与消费者保护之间其实存在一些紧张关系。

2. 可竞争性

首先我讲一下"可竞争性"（contestability）。假设你去谷歌和他们讨论关于垄断的问题，像其他的既有垄断企业一样，谷歌会说："确实，我们的市场份额很高，但这个市场其实还是有竞争的。假如有比谷歌更好、更有效率的企业进入了市场，它自然会取代谷歌。"谷歌会为此举一些例子，例如谷歌自己在搜索业务上取代 Alta Vista 的例子。很久以前，我曾和我的同事针对可竞争性问题做了一些研究。可竞争性问题可以这样解释，我们知道垄断是不好的，但如果垄断者时刻保持警惕，那么这种垄断可能就是好的。如果企业害怕市场进入，它们要做的第一件事就是创新，因为如果它们不创新就会有其他人这么做。所以，若有新进入的可能性，那么相较于往常，垄断者就会开展更多的创新。这是一方面。此外，垄断者还可能会降低价格，因为降价可以建立起更大范围的用户基础（install base），进而基于网络外部性获得更多收益。

所以，从理论上讲，如果切实存在新进入者的威胁，那么垄断者也许会时刻保持警惕。问题在于，是否存在切实的进入威胁？进入威胁的切实存在，需要满足两个条件：一是新来者能够进入市场，二是新企业一旦进入市场便会与既有垄断企业展开竞争，而不是将企业直接出售给它。

第一个条件，即一个新来者能够进入市场。请注意，新来者进入市场之后常常紧接着就会进入一个"利基市场"。通常情况下，新进入者不会立即成为下一个谷歌或下一个亚马逊。谷歌、亚马逊、脸书已经渗透到各行各业，阿里巴巴、腾讯也是如此，而且以后它们还会进入越来越多的行业。但它们中没有一家是同时从众多行业开始起步的，而是从单一的"利基产品"做起。例如，亚马逊起初仅从事在线图书销售业务，谷歌起初仅开展搜索引擎业务，然后它们才不断地扩大商业版图。所以，从利基市场做起、随后扩大范围是一个普遍现象。

是否能够进入利基市场，取决于以下几个方面：首先是我刚才提及的"多归属的可能性"，这非常重要。例如，美国的优步如果采取排他方式拥有了全部司机，那么这些司机就不是多归属的，他们要么使用优步要么不使用优步。这使得其他公司很难进入这个市场，因为没有司机可用——没有司机会冒险进入一个缺少既有客户的平台。在美国这很重要，如果你是一个优步平台的司机，你同时可以成为优步的竞争对手 Lyft 的司机，如果愿意，你还可以是常规巡游出租车的司机。所以多归属对市场进入至关重要，因为人们在网络外部性的影响下通常会对离开既有垄断企业转而投向潜在进入者怀有顾虑。因此，多归属可以促进市场进入。

同样，没有"捆绑销售""忠诚折扣""掠夺行为"的市场会更容易进入。既有垄断企业的捆绑行为可能轻而易举地将新进入者拒之门外，可能是忠诚折扣形式的捆绑行为，也可能是既有垄断企业通过设定极低价格的掠夺行为，变相地阻碍新进入者。这些现象一直在重复发生。这样做到底对不对？让我用近期的几个例子来解释。美国有

9

一个很著名的案例，即20世纪90年代的"微软浏览器案"。在那个年代，微软的Windows是操作系统领域的霸主，而当时浏览器的霸主是Netscape（网景），后来微软推出了一款与之竞争的IE浏览器（Internet Explorer）。虽然网景此前垄断了浏览器市场，但很快便败下阵来，微软的浏览器随之一统江山。微软辩称（它们的观点其实是正确的），"我们没有激励用户偏向IE浏览器而损害Netscape，因为如果用户使用不合适的浏览器，意味着操作系统的价值会降低，也就是操作系统的数据交换协议的价值会降低"。但是，该案的审理法官持不同观点，他认为："微软之前确实激励用户选择使用最好的浏览器，无论IE浏览器抑或Netscape浏览器，但是，Netscape公司的浏览器作为一个应用程序，应能被其他操作系统采用，甚至通过扩展一系列基础软件代码，Netscape自己也可以成为一个操作系统。所以，微软的做法实际是维护它在操作系统市场中的垄断地位。"无论本案的事实真相为何，以上是各方针锋相对的观点。

在欧洲也是如此，比如发生在Mediaplayer与操作系统Group Server之间的类似案件。更新的一个案例是，谷歌在欧洲收到了一份数额巨大的罚单，原因之一是它被指控在利用搜索引擎进行商业推广时偏向那些属于谷歌系的应用软件，例如谷歌系的综合购物网站。最近的一个案例是关于安卓操作系统的，安卓的操作系统实际上也是偏向谷歌的应用软件和搜索服务的。众所周知，尽管安卓系统采用了开源模式，但其中一大部分实际上仍受谷歌控制。

所以，既有垄断企业捆绑销售的可能性便是竞争执法机构（至少是欧洲竞争执法机构）非常担忧的问题。在美国，这种担忧相对较少，因为美国的反垄断执法力度相对较弱。

另外一个顾虑是，即使可以进入，新进入的企业可能也不会与既有垄断企业展开竞争。原因是该企业可能会选择将整个企业或是某项业务直接出售给既有垄断企业，后者想通过此种方式抑制竞争。这个问题比较棘手，但很清楚的是，新进入企业将自己的业务卖给既有垄断企业，其结果不会给消费者带来任何价值。新进入者只是想从既有垄断企业那里分得一杯羹，而不是为消费者创造什么价值。不妨来看脸书对照片墙（Instagram）和瓦次普（WhatsApp）的收购，后两个应用软件在欧洲也非常流行。照片墙和瓦次普都是社交网络，脸书也不例外。我有一种想法，但还没有经过科学论证，我的想法是当初不应该批准脸书收购照片墙和瓦次普。为什么呢？因为虽然照片墙和瓦次普与脸书所做的事情有所不同，但它们都是社交网络，因此照片墙和瓦次普可以很容易地成为脸书的竞争对手。这是一个很难说清楚的观点，我能对此做出证明吗？答案是不能。当初我可能会制止这个合并，但坦率地讲，我无法证明我的观点，主要原因是这个合并发生在很早以前，那时照片墙和瓦次普尚未真正与脸书展开竞争，所以我没有相关数据构建经济矩阵，证明它们彼此实际上是竞争者。

3. 杀手型收购

接下来我要谈一个非常重要的问题，因为我们当下在很多行业都能遇到这样的情形，比如制药行业和科技行业，我们看到了谷歌和脸书这样的企业正在一步步收购它们未来的竞争者，从而抑制竞争。这的确是个问题。这样做甚至会给创新带来错误的激励。新进入企业实际上可能会利用"模仿创新"获取巨大收益，它们用这样的创新与既有垄断企业竞争，通过要挟既有垄断企业以促使后者进行收购。所以，这样做无益于社会价值的增长。而在合并或价格竞争中，可能会有更恶劣的情形发生，例如杀手型收购（killer acquisition）。杀手型收购的意思是，你购买了一款产品，然后你"杀死"了这款产品，所以你买这款产品的目的就是为了将这款产品"扔进垃圾桶"。举例来说，这种情况可能会发生在制药行业，假设你收购了一款药品的分子构成配方，在你将之商业化之前还有很长一段路要走，你需要对它进行研发并通过各种监管机构——例如美国食品药品管理局（FDA）——的检验。所以，即便你掌握了这款药品的分子构成，你还需要进行研发、进行市场化操作，要完成的步骤不少。

因此，可能发生的状况是，如果有一个新进入者带着新药品的分子构成配方进入制药行业，试图与既有垄断企业进行竞争，那么后者是有激励买断这款产品以避免竞争的。如果既有垄断企业所在的药品市场的竞争程度不是很高，那么激励可能会更大，因为它可以从中获得很高的租金。而且，如果你的药品专利有效期还很长，即该专利权还会存续很长一段时间，那就意味着既有垄断企业还有很多时间。不少研究表明，很多既有垄断企业有时会直接买断进入者研发的竞争性药品，然后将其扼杀在摇篮中。它们通过对不同药品进行分类的方法，例如根据药物疗效、疗效如何实现等标准进行分类，来实现这一目的。

从创造社会价值的角度看，这并不是什么好事。这也正是竞争执法部门应当站出来的原因。对制药行业来说这可能相对简单，因为你可以辨别出这种药品和哪种药品相似。但如果将瓦次普、照片墙与脸书相对比，前两者有机会成为新的脸书，也有可能去做其他的事，谁知道呢？所以，对于互联网平台企业的并购，到底哪种做法才是最理想的目前仍不明确。

三、个人隐私和竞争

接下来谈一谈隐私和竞争之间的紧张关系。如果从欧盟新近出台的《通用数据保护条例》（GDPR）的角度看，这种紧张关系是可能存在的。比如，《通用数据保护条例》的一个目标便是减少数据转售现象，因为这一现象普遍存在。同时，如果增加数据转售的难度，便会使那些已经掌握很多数据的大型平台如鱼得水。虽然脸书和谷歌也会买一些数据，但总体上它们自己收集大量数据，但不会出售自己的数据。两家公司的竞争对手却没有太多的数据，它们只能通过数据买卖来赚钱。因此，如果数据转售的难度提升，那脸书和谷歌的竞争优势还将继续扩大。虽然这么做是出于好意，我们知道我们应该保护隐私，但同时这也说明了隐私保护与禁止数据转售或提高数据转售难度的竞争政策之间存在一种紧张关系。

四、最惠国待遇条款

再接下来我想讲另外一个话题，西方对此已经很熟悉了，而在中国探讨的还不是很多，但中国对此也需要了解，因为迟早中国也会出现这样的情况。这个话题就是最惠国待遇条款（most-favored nation，MFN），这是一个复杂的概念，不过可以将之简单地理解为一种最优价格保障。

最优价格保障是这样的：假设你想订一间洛杉矶的酒店房间，你可以使用缤客（Booking）来预订。缤客会告诉你，在它的平台上可以订到几乎所有旧金山的酒店，并给你提供很好的服务，而且，它还会保证你在其平台上订到的房间一定是最便宜的。这是因为，缤客上所列的酒店做出了承诺，保证它们提供给缤客平台的价格是最低的。所以，你在亿客行（Expedia）或别的OTA（在线旅游机构）以及这些酒店的官网上，找不到比缤客更优惠的价格。那么，作为一个缤客平台的用户，我能知道我可以从这家平台上找到几乎所有的酒店，并得到最低的价格。这听起来非常完美，除了一点，一旦你成为缤客的用户，你就不会再去使用其他平台了，你因此变成了单归属；尽管多归属要更划算，但在使用该类平台服务方面，你成了单归属。你只选择缤客是因为你能在上面找到所有的酒店，并拿到最低价格。这时，缤客就可以和旧金山那些酒店进行谈判，比如它会说："你看，我现在有20%的市场份额，这20%的消费者是我们独有的用户，除非你继续留在我们的平台并同意我们的条款，否则你将无法接触到这些用户。"于是，缤客实际上就成为接触这些用户的瓶颈。缤客下一步就会说："好的，如果你想要接触到这些用户，你需要支付给我们房间价格的25%作为佣金。"这是一笔不小的数目。缤客非常了解这一"游戏规则"，最终它会向所有酒店收取25%的佣金。

现在，酒店的运营成本提高了，它们必须把这一成本转嫁给消费者。但到底转嫁给哪些消费者呢？是缤客的用户？还是所有的住客？答案是他们将把这笔成本——也就是我们说的商业佣金——转嫁给所有住客，而不仅仅是那些用缤客预订房间的住客，因为这些酒店实行单一价格。缤客获得的价格不会高于通过其他渠道预订的价格，前提是如果住客能在其他平台上找到这家酒店。也就是说，酒店不仅需要对缤客的用户多收取25%的费用，而且不得不对所有其他住客均多收取25%。这到底意味着什么？如果缤客掌握着20%的市场份额，那就是说它可以得到所有商业佣金中的20%，其中一部分是由那些通过缤客预订房间的用户支付的，剩下80%的商业佣金则来自亿客行的用户以及直接从官网上预订房间的住客。如此一来，缤客实际上是在向自己的竞争对手征税，即便你不是缤客的用户，基于单一价格，你也不得不因为缤客而支付这笔佣金。最初你可能觉得单一价格很美好，但最终变成了一个噩梦。通过这个方法平台可以赚到很多钱，顺便说一句，亿客行也是一样。如果平台通过某些途径吸引到了其独有的客户，那么该平台就可以要求商家支付给其一大笔佣金。而且，因为有最优价格保障，不只该平台的用户需要支付这笔费用，所有其他平台的用户都要面临这一负担。理解这一点非常重要。

碰到这种情况该怎么办呢？法国的前经济部长，也就是现在的法国总统马克龙禁止了最优价格保障，即最惠国待遇，他说："让我们终止这种情况，缤客没有权利继续这样做。"德国也有类似的情形，包括一些线上和线下平台也是这样做的。其实，亚马逊在英国也是这样做的。所以，德国、英国最后都禁止了最优价格保障。可见，这种情况到处都在发生。

虽然最惠国待遇条款是有害的，但它有合理性，因而并不是完全有害的。支持该条款的第一个理据是所谓的"展厅"（showrooming）理论，我们可以这么来理解该理论：比如你到汽车销售商那里试驾，汽车销售员花了好几个小时给你展示了他们的车并让你试驾，结果你去别的车行用更便宜的价格买了同款车。这样一来，就没有人愿意让你试驾了。部分原因就是汽车生产商设定了单一价格，就像缤客拿到的单一价格一样，例如你在旧金山找到了一家你很喜欢的酒店，当你知道这个酒店的名字之后，如果没有最优价格保障，你知道你可能会在酒店官网找到更低的价格，于是你就会去酒店官网预订。这时的最优价格保障其实很公平，否则，相当于缤客的投资被侵占了。所以，"展厅"理论是支持最惠国待遇条款的理据之一。

另外一个支持最惠国待遇条款的不同理据是收取附加费的可能性。我不知道中国怎么样，在欧洲，我们会有这个问题，使用信用卡是不允许收取附加费的，维萨卡、万事达卡、美国运通卡、Paypal、

Applepay 等，都是如此。欧盟实施了一项禁止附加费规则（no surcharge rule），该规则规定：无论使用信用卡、现金或支票支付，商户不能多收取任何费用。这其实就是一种最惠国待遇的情形，就像酒店对缤客的用户不能收取更高的价格一样，商户对使用维萨卡或 Paypal 的客户也不能收取更高的价格。

现在有一些竞争执法机构推翻了这一规则，允许收取附加费，除非出现滥用行为，也就是附加费过高。我和图卢兹经济学院的年轻学者雷纳托·戈麦斯（Renato Gomes）合作完成的一篇文章讨论的就是某些行业中的附加费问题（即将在《经济学季刊》发表）。

为什么即便禁止附加费规则有很大弊端，我们还是希望保留这一规则呢？原因有二：其一，有这样一项禁止规则是好事，但这一规则并不完美，我们希望可以有更完善的规则；其二，关于商家对用户使用某一平台收取附加费，我们更希望能对之设定一个上限。很不幸的是，对于上限问题，经济学家没有提出可供参考的指引，我们还需要在这方面付出更多的努力。我的同事让－查尔斯·罗切特（Jean-Charles Rochet）在信用卡问题上给出了一些指引。"旅游者测试"（tourist test）是欧盟、欧盟委员会以及欧盟"公民数字素养框架"（Digcomp）采用的一种方法。他们用该测试来计算商家附加费的费率。但这一测试并不普及，这也是实践中仍然采用结构性救济的原因。

以上是欧盟的情况，但在美国没有这个问题。在美国，你可以随意采用最优价格保障或最惠国待遇条款。不过，这一实践应该很快就会变得普遍，因为现在全世界都在用。大家应该意识到这会成为一个很大的反垄断问题。

五、算法定价

接下来谈一个大家都很担忧的问题，即算法定价。这个话题我不会讲太多。反垄断执法机构的一个担忧是，算法会导致更多的"默示合谋"。默示合谋的意思是，企业可以聚在一起密谋达成某种共识，这是违法的，比如与竞争者合谋定高价是违法的。但企业也可以在不见面的情况下默示合谋收取高价,这可能是价格战的征兆。例如,我正和你展开竞争,我们一起收取高价,但如果你为了抢夺更大的市场份额而降低价格,那么我也将降低价格,这将导致价格战。有可能首先降价的一方会获得更多的收益,但最终将触发价格战。这也是默示合谋。这种默示合谋是合法的,因为没办法证明它的存在。

一些竞争执法机构的顾虑是,默示合谋可能会变得越来越容易。而经济学理论证明这一顾虑确实是成立的,因为经济学上的一些里程碑式的理论解释了何时可以合谋、何时不可以。

但有些默示合谋与算法无关,而与信息技术有关。借助信息技术,你几乎可以立即检测出连续时间内出现的偏差。比如你降价了,实际上我立刻就会知道,因为我的电脑知道了。而且,我的电脑还可以立即对此做出反应。因此,相较于价格战,你因价格下降获得的短期收益是非常少的,因为这笔收益不会维持很长时间。所以,我们可以维持合谋并不是因为采用的算法有多复杂,只是因为有信息技术,所有信息都显示在了电脑上,所以你能轻而易举地察觉到各种变动。当然这取决于价格的透明度,我们针对消费者的定价通常是不太能够保密的。

那么关于算法呢?在我们了解了机器能够学习之后,就不会怀疑机器能够很快地学会合谋。它们和人类不一样,人的处理能力有限,但机器总是会有更简单的策略,有时超出常理。人类会合谋,但他们也许并没有采用最适合自己的方式来合谋。算法是借助机器来学习的,所以可能会促成更多的合谋。但这只是一个推测,我们不知道是不是会发生这种情况。

对于这个新世界,人们担忧未来会有更多的合谋出现,以及价格会越来越高。这就意味着在审查合并时需更加慎重,例如合并会不会带来更多合谋的可能?这是合并指南中需要考虑的一个问题。

六、竞争政策

最后,我们来谈一谈竞争政策。在中国,竞争政策可能制定得很快,但是在美国、欧洲则慢得多,可能要花5~7年的时间。在等待竞争政策出台的过程中,很多进入者可能已经不复存在。另外一个问题是,目前的系统不能快速地对创新做出反应。现在的一些新实践其实之前就存在,上文论述的最惠国待遇条款并不是新现象,它之前就已存在。但由于互联网革命,它变得极其重要。

我希望竞争执法机构能够做出更多的行动,企业也可以提更多的建议。当然,竞争执法机构是非常重要的,它必须独立于企业且不能受游说的影响。不过,在此前提下,让行业提建议也许是个好主意。竞争执法机构需要做的也许只是对企业提出的好建议迅速做出反应,虽然有时会出错,但"干中学"不失为一种好方法,只要执法机构努力将新竞争情势下的规制导致的法律不确定性降至最低。

这听起来十分含糊,我来举一些例子。我最喜欢的是有关专利池的例子。专利池是指掌握着不同专利的企业把它们的专利放到一起联合运营,这样可以推动技术扩散,鼓励用户使用这些技术。任何单个的技术所有者都无法独自做到这一点,而若把所有专利都放到一个专利池里,大家联合运营这些专利,就能使用户非常方便地使用这些技术。

那么,专利池是好事还是坏事?答案是具体问题具体分析。它既非总是好的,也绝非总是坏的。要理解这一点,我们需要回到中世纪。那个时候没有专利池,第一个专利池出现在19世纪中期,但中世纪的时候河道上是有收费站的。从13—14世纪至19世纪,所有的开放河流上都设有收费站。假设莱茵河上有四个收费站,那么你开着船从莱茵河顺流而下,就要支付四次过河费。

所以,什么情况比只有一个垄断者的情况更差?那就是有四个垄断者。这四个垄断者中每一个都会向你征收垄断税,最终你不得不交很多钱。在这种情况下,可以认为这几个垄断者之间是互补的(complements),这是因为,如果你想走完河流的全程,你就不得不向每一个垄断者付费或者缴税。错过其中任何一个,你都无法走完全程,所以你必须付费四次。这种情况对消费者即河流的使用者来说,是非常糟糕的,对那些收费站自身来说,也非常糟糕。为什么?因为这些收费站彼此之间存在某种负外部性，当一个收费站将通行费提高，整条河流的交通流量就会降低，进而会降低所有收费站的利润。因此，所有收费站都有激励联合起来整体收取一笔通行费。在这种情况下，联合运营或合作运营，实际上对经营者是有利的，对消费者也有利，最终还会导致价格下降。这应该也是竞争执法机构愿意看到的。专利的问题也是如此，专利池里的专利是互补品，故应该允许专利池的联合运营行为。

我们再来想象另外一种场景。如果河上有两个收费站，一个在北边，一个在南边。当你通过河流时你有两个选择，你可以向北走或向南走。由于它们是相互替代的，用户只需选择其中之一，所以它们之间便存在竞争关系。试想一下，如果它们联合起来，约定共同经营河流的通行权，它们就会成为垄断者并收取垄断价格。这对收费站来说是好事，因为它们可以赚更多的钱，但对消费者（河流使用者）来说就不是什么好事，且有损社会福利。这与垄断合并是一个道理。简言之，如果存在的是互补关系，联合运营是好事；如果存在的是替代关系，联合运营就是坏事。

再回到专利池的话题。专利池的发展有两个阶段：19世纪中叶到20世纪中叶，那时有很多专利池。在二战以前，当时大部分高科技产业皆以专利池为基础进行运营，如化工产业、汽车产业、电视或者无线电产业等。企业从专利池里购买其所需的技术，因为拥有不同专利的企业会把专利一起放进专利池，共同运营它们的技术。1945年，美国联邦最高法院做出一个判决，声称不再支持专利池。随后，专利池几近消亡。到了90年代，出现了专利丛林，它是指当时有非常多的各种专利技术，实施者可能同时侵犯多项专利权，因此需向为数众多的专利权人支付许可费。当诸如电脑或智能手机等新技术开始发展时，人们认为也许我们又需要专利池了。

于是，美国司法部开始考虑这个问题。终于在1997年出现了重要转折，美国司法部（美国两大反垄断执法机构之一）发布了一份商业评估报告，其基本精神是，美国司法部认为重新接受专利池的做法是可行的，但必须设置一些条件。

其中一个条件是独立许可（independent licensing），也就是说，专利权人仍然保留专利所有者的地位，这意味着他们可以把自己的专利许可给专利池以外的其他人，也就意味着他们可以与专利池展开竞争，因此，他们既是专利池的"股东"，也能与专利池竞争。假设两家企业各拥有一项专利，若这两项专利是互补品便不会改变什么，因为实施者若只购买其中一项专利是没有什么用的；但若两项专利是替代品，情况就会不同。假如专利池收取很高的许可费，专利权人不会有积极性进入专利池，会想着自己独占整个市场，而不是与专利池分享许可费。这才是常态的结果，我和我的同事在这方面做了一些研究，我们发现，当竞争受到专利池的抑制时，独立许可有利于再次建立起竞争。实际上，在构建专利池时附加这样一条治理措施是有益的。不仅仅是美国，日本、欧盟也都是这样做的。

如果是从理论层面更加深入地思考这个问题，也许应在构建专利池时附加更多的条件。我与图卢兹大学的两位同事联合做了研究，发现松绑（unbundling）也许是一个好思路。松绑意味着该专利池不只销售专利包，在前面的例子中即是由两个专利捆绑组成的专利包，还可以将该专利包松绑，向那些只想购买一项专利的企业单独授权。这需要建立在独立许可的基础之上。欧盟委员会采用了这种做法，布鲁塞尔"公民数字素养框架"也采用了这种做法。

在我们这个例子中，反垄断执法机构的反应是非常积极的。在看到目前专利丛林产生的问题后，反垄断执法机构试图对此做出回应，发布了一份商业评估报告，允许专利池在满足特定条件的情况下可以存在，从而在专利池摧毁竞争的同时试图恢复竞争。

在中国，人们习惯使用集体谈判的方式，例如在移动支付方面，若支付服务提供商处于控制地位，发卡银行就会与之进行集体谈判。这可能需要引起注意，因为反垄断对此的基本认知是，若买方集中起来与卖方进行集体谈判，谈判有可能发展成为一种联合抵制（boycott），这种集体谈判可能会对卖方施加降价的压力，而这也许是一种不当的压力。大部分的反垄断法是禁止这种行为的，《谢尔曼法案》就是一个开端。1890 年颁布的《谢尔曼法案》第一条就对这种行为做了禁止性规定。集体谈判的形式也可以继续存在，但必须由反垄断执法机构对之进行监管，以确保集体谈判可以走向正确的方向。中国有"监管沙盒"（regulatory sandboxes）的说法吗？它的基本意思是采用不同的方法反复试错。当然，我们可能还会犯错，但我们在不断学习和尝试，这就是所谓的"沙盒"。

（张晨　整理　杨明　审校）

多边平台反垄断分析框架的基本原则

戴维·埃文斯

一、引言

以罗切特和梯若尔共同发布开创性论文肇始,多边平台的经济学研究于世纪之交郑重拉开序幕。① 与此同时,由于科技变革,特别是互联网的出现,平台企业迅速形成,增长速度急剧上升。此后,随着平台企业蓬勃发展、经济影响力不断扩大,相关理论和实证文献如雨后春笋般涌现。世界上几家最大上市公司的价值有很大一部分都要归功于基于平台的运营部门,而许多其他企业也正利用这一模式打破全球各行业的格局。②

---

* David S. Evans,马萨诸塞州波士顿全球经济集团(Global Economics Group)主席;Jevons 竞争法和经济研究所(Jevons Institute for Competition Law and Economics)执行主任,伦敦大学学院客座教授。本文基于作者在 2018 年 CRESSE 会议上的主题演讲,并受益于 Richard Schmalensee 对他的 CRESSE 演讲的评论和建议,与 Howard Chang、参会者及一位仲裁员在该讨论主题上的合作,以及全球经济集团 Nicholas Giancarlo 的出色研究协助。

① Jean-Charles Rochet and Jean Tirole,"Platform Competition in Two-sided Markets",(2003) 1 (4) JEEA 990 – 1029. 这篇论文大约在 2000 年作为一篇工作论文开始流传。

② 它们包括苹果、亚马逊、Alphabet(谷歌)、微软、脸书、阿里巴巴和腾讯。

各高等法院已开始将新的经济学知识应用到反垄断裁决中。③ 最近，美国最高法院在俄亥俄州诉美国运通一案中，详细分析了这一类重要的多边平台在合理规则之下的市场界定、市场势力和反竞争效应。欧洲法院依据第一百零一条，在卡特斯·班凯雷斯（Cartes Bancaires）诉欧洲委员会案和万事达卡诉欧洲委员会案中分析了双边网络效应和效率问题。中国最高人民法院在奇虎360诉腾讯案中根据《反垄断法》第十七条分析了有关市场界定和市场势力的问题。其他更小的司法辖区的高等法院和下级法院也处理了涉及双边平台的类似问题。

许多关于构建平台企业反垄断分析框架的问题仍然悬而未决，不同法院采取的方法既有分歧，也有共同点。基于相关的经济学认知，本文提出了对多边平台进行反垄断分析的三项基本原则，旨在为法院和竞争监管部门提供一些可根据所属辖区和判例法的具体情况加以调整适用的原则。本文并不主张采用一种统一的分析方法，而是将许多附属问题留待进一步分析。检验标准涉及如何评估多边平台的消费者福利，以及该项评估带来的启示，从而得以最小化因执法过宽或过严造成消费者福利减损的可能性。对消费者福利的处理是微妙的，因为多边平台涉及不同类型的消费者，在以何者的福利为准这一问题上，无论是含蓄暗示还是直接明示，法院都必须选定一种立场。其中一个重要的问题是，多边平台中的"消费者"到底是谁。

本文结构如下：第二节展示了多边平台如何通过降低交易成本和解决经济主体之间的外部性增加福利。其中强调的是，这些外部性远超多边平台讨论中聚焦的那些积极间接网络效应。第三节提出了政策干预的三项规范性原则。它展示了这些原则如何适用于最近关于隐私

---

③ See "Opinion of the Court" *Ohio et al. v Am Express Co et al.* [2018] No 16 – 1454 (SCOTUS); "Judgment of the Court" *Groupement des cartes bancaires (CB) v European Commission* [2014] No C – 67/13 P (ECJ 3d Chamber); *Qihoo 360 v Tencent* [2014] (SPCPRC) Civil Judgment No Minsanzhongzi 4/2013. Also see "Composition de la Cour" *Evermaps v Google* [2015] No 12/02931 (Cour d'appel Paris); "Approved Judgment", *Sainsbury's Supermarkets Ltd v Visa Europe Services LLC, et al.* [2018] No CL – 2015 – 000471 (EWHC).

的争论。第四节将竞争政策设计的标准错误成本框架应用于多边平台。根据这一框架，第五节讨论了在美国运通案的诉讼和裁决中，向最高法院呈现的用于分析多边平台的那些互不相容的方法。第六节就其他司法方法提出了一些结论性意见。

二、交易成本、外部性和福利

为使讨论具体化，本文将以一家企业作为起点，它展示了多边平台的许多关键特性，我们将反复提及这家企业。BlaBlaCar 是总部位于巴黎的长途拼车共享平台。④ 它帮助人们寻找可搭乘的城际拼车，例如乘客要从巴黎到巴塞罗那，该平台能够帮助他们找到走这条线路且车上有空座的司机。该公司有一个应用程序，可以帮助司机和乘客匹配彼此、达成交易，在出行时联系、结算，并以其他方式进行互动。它通过对出行费用的估计设定司机可以向乘客收取费用的最高限额，并从中抽取一定比例的佣金。该平台若想发挥作用，就必须要有足够的司机和乘客往来于各城市之间；因此，它需要消耗资源以确保在足够的路线上有足够的密度。这个平台通过为空余座位找到乘客而提高了经济效率，并在这个过程中提高了乘客和司机的福利；乘客可以获得比其他替代方案更便宜的乘车服务，而司机也可以获得金钱收益。

双边平台的基本价格理论

双边平台使两类不同的参与者能够更便利地互动，并从交易或其他互动中获益。⑤ 从经济学的角度看，双边平台的关键特征是：作为

---

④ See BlaBlaCar, < https：//www.blablacar.com/ > accessed 26 September 2018; David S. Evans and Richard Schmalensee, *De précieux intermédiaires：Comment Bla BlaCar, Facebook, PayPal ou Uber créent de la value* (Odile Jacob 2017) 16 – 19.
⑤ 双边平台是一种特殊的多边平台，它可以为两个或多个不同的用户群提供服务。为简化起见，此处只考虑双边平台，但此处的分析可适用于多边平台。一个企业是否构成经济学上的双边平台，这是一个实证问题，尽管根据企业的运作方式，答案往往是显而易见的。大多数传统企业，如制造业、采矿业、农业和零售业，都是单边企业，对此经济学文献中没有实质性的分歧。

平台参与双方彼此外部性的结果，平台中一方参与者对服务的需求取决于平台另一方参与者对服务的需求。除了这一基本描述之外，双边平台和传统企业一样，都是多种多样的，这一点在信用卡网络和报纸，以及二者与共享拼车服务的比较中清晰可见。

潜在的平台参与者通常需要做出两类决定。其一，它们决定是否加入一个平台以便选择使用它。在共享拼车服务的情形中，司机必须登录才能提供驾驶服务，乘客需要安装应用程序并设置账户。而在加入一个平台后，参与者将决定使用次数：司机决定为某一特定服务驾驶的次数，乘客决定使用该服务乘车的次数。

对于每组参与者，平台可以制定加入平台的价格（"准入费"）和使用平台进行交易的价格（"交易费"）。双边平台的经济理论表明，追求利润最大化的准入和交易价格可以小于供给的边际成本——甚至为零（免费）或负（奖励）——前提是至少部分价格远高于边际成本，以便让平台获利。⑥ 这些准入和交易价格通过需求结构影响平台的整体使用情况。基于实证研究的经济学文献显示，低于成本的定价，包括让一方免费使用或提供奖励在实践中很常见，尽管并非普遍如此。⑦

定价结构是双边平台区别于单边企业的一个重要特征。其中，一方交易条件的变化通常会对另一方交易条件产生反馈效应，使两类参与者的福利相互依存。⑧

---

⑥ 经济学家已经提出了不同的利润最大化行为模型，这些模型在处理平台的相互依赖的需求方面有很大的差异。基本结论是稳健的，在文献中没有实质性的分歧。See David S. Evans and Richard Schmalensee, "Multi-Sided Platforms" in Lawrence Blume and Steven Durlauf (eds), *New Palgrave Dictionary of Economics Online* (Palgrave Macmillan 2017).

⑦ David S. Evans, "Some Empirical Aspects of Multi-Sided Platform Industries" (2003) 2 (3) RNE 191–209; David S. Evans and Richard Schmalensee, *Matchmakers* (Harvard Business Review Press 2016) chs 1–2. 在交易价格低于为该方服务的边际成本时，平台可能会在边际上亏损；在该方的准入和交易费用不足以涵盖与该方相关的固定和可变成本时，平台也可能整体亏损。

⑧ Rochet 和 Tirole（2006）认为，双边平台的一个定义性特征是，平台的实际产出取决于定价结构。See Jean-Charles Rochet and Jean Tirole, "Two-sided Markets: A Progress Report" (2006) 37 (3) RJE 645–67, 648.

要充分了解双边平台如何产生经济价值,就必须了解它们解决的基本经济问题,以及它们是如何做到的。

交易和交易成本的作用

当有机会进行互惠互利的双边交易时,就可能出现双边平台,平台可以通过降低交易成本促进更多更好的交易。⑨ 企业家、风险资本家和商业文献通常将这些交易成本称为摩擦。⑩ 以下通过几个例子说明交易机会和对其造成限制的摩擦。

1. 司机们有空余的座位,乘客们想搭便车。有些司机愿意提供他们的空余座位,有些乘客也想乘坐,但他们难以与对方匹配。优步等本地出行和BlaBlaCar等长途出行的共享平台,方便了司机和乘客之间的交易。
2. 人们想要恋爱对象,但找到合适的人可能很难。约会服务——从实体场所到在线服务,都帮助人们联系到更多可能的伴侣。交易的收益在于帮助人们找到合适的对象,或者至少给予人们这样的希望。
3. 买卖双方需要共同的支付方式。以物易物是低效的,他们通过同意并使用一种共同的支付方式获益。信用卡等支付方案降低了买卖双方的交易成本。
4. 营销商希望向不乐意接收广告的人展示广告。如果营销商向广告受众投放广告的支付意愿高于广告受众的接收成本,交易就能产生收益。被称为注意力平台的由广告支撑的媒体业务,即以向广告受众提供内容产品为对价来换取向广告受众展示营销商的广告。

---

⑨ 如果交易双方之间没有交易成本,就不需要双边平台。正如 Rochet 和 Tirole 观察到的,科斯定理的失灵是双边平台形成的必要条件(但不是充分条件)。See Rochet and Tirole, ibid 645 – 67, 646.
⑩ Brenden Mulligan, "Reduce Friction, Increase Happiness" (*TechCrunch*, 16 October 2011). < https://tech crunch. com /2011/10/ 16/reduce – friction – increase – happiness > accessed 26 September 2018.

25

否则，营销商和观众难以单独达成这类交易。⑪

在这些情况下，平台减少了两个重要的障碍。它把潜在的交易者聚在同一场所形成互动，从而解决了集体行动问题。然后，它提供了搜寻、匹配、交换和支付的方法，从而降低了找到合适匹配项的成本。通过降低交易伙伴之间的交易成本，平台使更多更好的匹配成为可能，以提高交易效率。⑫

外部性和交易成本的作用

经济学文献通常使用简单的间接网络效应来解释双边平台如何创造价值。如果购物者能在更多的商家使用信用卡，信用卡就更有价值；如果更多的购物者携带信用卡，信用卡对商家而言就更有价值。这些间接网络效应会在双方之间产生强烈的正反馈。在实践中，平台解决的外部性问题则更为广泛和微妙。

间接网络效应正外部性的产生是因为更多合适的交易对手增加了达成良好交易的可能性。只有在能够接触那些可以产生交易增值的交易对象时，交易参与者才能获益。要创造价值，平台就必须提供足够高密度的良好交易伙伴。拥有更多的用户会增加平台的价值，但前提是必须同步增加用户可能匹配到的合适用户的数量。平台通常将其市场推广的重点放在提高平台内良好交易者的密度上。对于像OpenTable这样的餐厅预订平台，更多的旧金山餐厅恐怕并没有给芝加哥的食客带来太大利益，旧金山食客的加入也无法为芝加哥的餐厅助力添彩，因此OpenTable最终采用了以城市为单位的策略构建自己的网络。⑬

---

⑪ David S. Evans, "Attention Platforms, the Value of Content, and Public Policy" (2019) 54 (4) RIO 775-92.

⑫ 双边交易可能发生在双边平台出现之前；即使存在中间人，双边交易也可能继续下去。新平台也会通过减少摩擦来取代旧平台。

⑬ Evans and Schmalensee (n 7) chs 1-2 and S. 当然，由于旅行者的存在，也存在一些跨城市的网络效应。

平台常常处理负的网络外部性。负外部性可能发生在平台同侧或两侧。用户不喜欢媒体上那些与其并不相关的恼人广告；更多的缺乏相关性的恼人广告会引发人们规避广告的行为，从而导致广告商受损。脸书等注意力平台通过调整"广告负荷量"，即广告和内容的比例来限制这种外部性。⑭ 负外部性也可能源于拥挤：比如因为过于拥挤的市场，或者因为平台一侧的参与者之间的竞争降低了他们找到有利交易的可能性，例如 B2B 平台上的卖家太多。⑮

平台构建了一个供参与者相互交流的社区，因此，平台也会遇到人与人之间以及商业活动中各种常见的不良行为。交易对象可能会进行欺诈和欺骗，导致交易的事后价值降低。参与者也可能会做出对他人造成精神或身体伤害的行为。近来，由于社交媒体平台上涌现了令人不安的内容、虚假新闻和仇恨言论等问题，这类不同于网络效应的行为外部性引起了更多关注。⑯ 许多平台开发了包含准则、执行和惩罚等要素在内的治理体系来限制那些降低平台价值的

---

⑭ 参见 Trefis Team，"How Messenger Ads Will Help Facebook"（13 July 2017）（"由于 Facebook 要进一步优化其平台上登载的广告，其广告收入预计会明显减少"。）< https：//www.forbes.com/sites/greatspeculations/2017/07/13/how-messenger-ads-will-help-facebook/#773676b862de > accessed on 26 September 2018. 另见脸书首席财务官 David Wehner 在脸书 2017 年第一季度财报电话会议上的评论，他预计脸书的广告负荷量 "在 2017 年年中后推动营收增长的作用将不那么显著"。

⑮ 尽管存在负面的间接网络效应，但广告商和观众之间存在正外部性。广告商看重拥有更多观众的平台，因为这增加了找到相关消费者的可能性。消费者可能不喜欢无关的广告，但他们喜欢依赖广告需求的内容。如上所述，内容用于促进观众和广告商之间的增值交易。更多细节见 Evans（n 11）。

⑯ For Example, See Mathew Ingram, "Facebook Killing another Example of Live Video Feature's Dark Side"（*Fortune*, 17 April 2017）< http://fortune.com/2017/04/17/facebook kiling/ > accessed 26 September 2018; Sheera Frenkel and Mike Isaac, "Inside Facebook's Election War Room"（*The New York Times*, 19 September 2018）< https://www.nytimes.com/2018/09/19/technology/Facebook-election-war-oom.html > accessed 26 September 2018; Laignee Barron, "Facebook Is Failing to Control Hate Speech Against the Rohingya in Myanmar, Report Finds"（*Time*, 16 August 2018）< http://time.com/5368709/Facebook-hate-speech-myanmar-report-rohingya/ > accessed 26 September 2018.

外部性。⑰ 例如，如果应用开发者试图欺骗系统（例如，试图欺骗审查过程、窃取用户数据、复制另一个开发者的作品或操纵评级），苹果公司将会把该应用程序从其接触苹果手机用户的唯一途径——"应用商店"中删除。⑱

BlaBlaCar 如何创造价值

除了正的间接网络效应，管理外部性的方方面面对多边平台降低交易成本并增加其对参与者和自身的价值而言也至关重要。从其名称开始，BlaBlaCar 的实践就说明了这些措施的广度。人们对自己的旅伴的健谈程度喜好不同。为促进匹配，该平台要求司机和乘客透露他们喜欢交谈的程度，根据 bla、bla‐bla 或 bla‐bla‐bla 的评分，可以将其视作正面或负面的行为外部性。它还有"女士专用……这是让女性感到更安全的好方法"。⑲ 司机也需要得到补偿，因为与陌生乘客一起乘车出行可能会产生负外部性。

这家公司早年很艰难，因为它在许多线路上没有足够的司机和乘客。它没有足够的资金开发有针对性的市场推广工作。它之所以成功，是因为法国发生了一些特殊的事件导致其他出行选择停止运转，从而使得主要城市之间使用其服务的密度大增。该平台本可以在很多方面达到定价平衡，但它选择在补偿司机的汽油费和折旧费的基础上限制对乘客的收费，这一策略增加了乘客的相对需求，最大化了间接网络效应，同时也抑制了那些产生负外部性的职业驾驶员的出现。当然，这一上限也限制了人们愿意与陌生乘客共享汽车的激励。

---

⑰ David S. Evans, "Governing Bad Behavior By Users of Multi-Sided Platforms"（2012）27（2）BTLJ 1201‐50; Evans and Schmalensee,（n 7）ch 9.

⑱ See Apple Developer, "App Store Review Guidelines" < https：//developer.apple.com/app-store/review/guidelines/ > accessed 26 September 2018.

⑲ BlaBlaCar, "Ladies Only" < https：//www.blablacar.in/ladies—only > accessed 26 September 2018.

自 2006 年成立以来，BlaBlaCar 已在法国扩展到 22 个地区。[20] 截至 2018 年 1 月，该平台共有 6000 万司机和乘客，"每季度有 1800 多万旅客"。[21] 每次乘车时，司机和一个或多个乘客之间都会有一系列的双边交易。司机承担了这次旅行的部分费用，也可能得到一些有价值的陪伴。比起乘火车、飞机或租车，乘客可以获取一种更廉价的交通方式，并且可以在途中交到朋友。因此，该平台和类似的平台可以产生更多更好的共享乘车安排。

三、政策干预的规范性原则

分析政策干预的基本框架适用于单边企业，也适用于多边平台。[22] 然而，在衡量消费者福利方面我们将面临一些新问题。对这些问题的思考催生出用于评估面向多边平台的公共政策的三项规范性原则，而这将为随后讨论竞争政策奠定基础。

平台市场的"消费者福利"

传统企业为许多不同类型的用户服务，有时甚至对他们收取不同的价格。例如，他们以促销吸引那些对价格敏感的顾客，或者对退休人员收取较低的价格。这些顾客相互不会影响，即对一个顾客收取的

---

[20] BlaBlaCar, "About Us" < https：//www.blablacar.com/about–us) > accessed 26 September 2018.

[21] Ibid; Romain Dillet, "BlaBlaCar is Optimizing its Service for Small Cities and has a New Visual Identity" (*TechCrunch*, 30 January 2018) < https：//techcrunch.com/2018/01/30/blablacar–is–optimizing–its–service–for–small–cities–and–has–a–new–visual–identity/ > accessed 26 September 2018.

[22] 传统框架关注的是消费者剩余，即消费者的支付意愿与其支付价格之间的差异。竞争法通常侧重于行为对价格、产出和质量的影响，因为这些都表明行为对消费者剩余的影响。OECD Joint Global Forum on Trade and Competition, "The Objectives of Competition Law and Policy and the Optimal Design of a Competition Agency: United States" (2003) CCNM/GF/COMP/WD (2003) 34 < htps：//www.ftc.gov/sites/default-files/attachments/us–submissions–oecd–and–other–international–competition–fora/2003–The%20Objectives%20of%20Competition%20Law%20and%20Policy.pdf > accessed 7 January 2019.

价格不会实质性地影响对另一个顾客收取的价格。因此，一类顾客（如退休人员）的福利计算并不取决于另一类顾客（如青少年）的福利。

双边平台的特征在于，它不仅有两种不同类型的用户，而且这些用户的需求是相互依存的，他们被收取的价格也是相互依存的，其福利也是相互关联的。司机和乘客在 BlaBlaCar 上相互交流。如果 BlaBlaCar 降低了司机可以收取的费用，乘客将支付更少的费用，但提供服务的司机可能会减少。人们需要考虑到这些正反馈，以评估费率降低对乘客福利以及乘客和司机综合福利的影响。

要理解平台的消费者剩余，就要考虑由平台促成的交易。各方都能从交易中获得价值（V_1 和 V_2），但如果没有进行交易，则各交易方所得的价值为 0。交易可能获得的总收益为 $G = V_1 + V_2$。双方有可能均从无补偿支付（side payments）的交易中获益，例如双方都可能会从一次约会中获益。也有一种可能，尽管总收益 G 为正，但是其中一方，比如第一方，在没有补偿支付的情况下收益为负；例如司机不想搭载陌生的乘客。平台收费为 t_1 和 t_2，费用可能是正或负，且 $t_p = t_1 + t_2$。作为交易结果，每一方获得的净收益（消费者剩余）等于价值减去费用；$G_1 = V_1 - t_1$，$G_2 = V_2 - t_2$。总收益在二者与平台之间分配，如图 1（a）所示。

当平台产生更多交易，并且每笔交易的总消费者剩余更大时，平台将最大限度地提高消费者福利。图 1（b）显示了交易产生更多总剩余（$G^* > G$）和更多消费者总剩余（$G_1^* + G_2^* > G_1 + G_2$）。可以找到更好的方法（例如开发更有效的匹配算法）以降低平台的交易成本，会产生更多的社会剩余，且由于惯常的传导性原因，这通常会带来更多的消费者剩余。即使总交易数没有增加，仅因为它们能与更好的交易伙伴相匹配，每个交易伙伴就可以实现更大的收益。

平台之间的竞争还可以通过降低平台在交易收益中所占的份额来

增加消费者剩余。[23] 平台费用 t_p 反映了平台收取的总价。竞争可以降低这一总价,从而提高交易者的剩余。

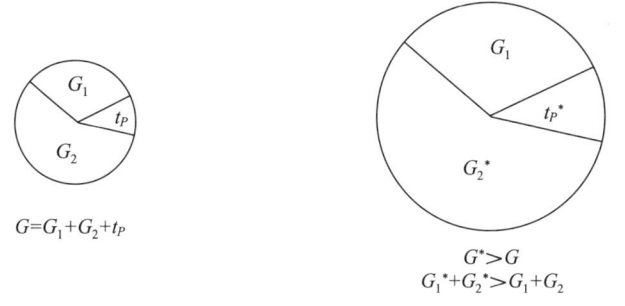

(a)交易总收益:交易水平较低的平台　　(b)交易总收益:交易水平较高的平台

图 1　双边平台促进交易的消费者剩余

分析政策干预的三个规范性原则

一般来说,政策制定者(不限于反垄断部门)会发现平台不符合公众利益的方面,并考虑采取干预措施。他们可能会发现传统的剩余衡量方法没有考虑到的问题,或者可能希望放弃一些剩余以实现其他社会目的。然而,经济学可以为评估是否存在倾向于减少消费者福利的问题提供指导,并就如何设计出以最低的消费者福利成本实现政策目标的干预措施提供建议。

本文基于的双边平台经济学的三个规范性原则应当一般性地引导政策分析,并不限于在反垄断事务中的应用。

原则1:同时考虑两类消费者的福利。分析应考虑两类平台消费者的共同剩余,除非出于政策原因对一类消费者设置相对较低的价值。考虑到这一共同剩余与最大化交易中的消费者总剩余是一致的,政策制定者可能有理由更加看重某一类平台用户的福利,或者完全无

---

[23] 多边平台的文献显示,与旨在最大化社会福利的规划者相比,利润最大化的平台可能采用一个不同的定价结构(平台双边相对平衡)和更高的总体定价水平(基于通常的市场势力原因)。See Rochet and Tirole (n 1) 990 – 1029; Glen Weyl, "A Price Theory of Multi Sided Platforms" (2010) 100 (4) AER 1642 – 72.

视某一群体的福利。然而，在这种情况下，政策制定者应该为排除特定消费者群体的福利提供理由，这样他们的理据就可以接受检验。

原则2：考虑这些消费群体的福利之间的相互依存性。因为他们之间存在相互依存关系，政策干预可能会对两个用户群体的福利都造成影响。即便有些干预措施可能不会在两类群体间形成实质性的溢出效应，但如果不进行分析，就无法知道这一点。这些溢出效应可能会减少交易收益和交易总量。当然，这也是政策分析应该至少将这两类平台用户的福利都作为出发点考虑的另一个原因。即使决策者选择只关注其中一个群体，他们仍然需要考虑被忽略群体的反馈效应，因为这些反馈可能影响他们所考虑的群体的福利。

原则3：认识到平台有激励解决外部性导致的市场失灵。虽然政策制定者可能有改善问题的机会，但平台具有最大化平台整体价值的财务激励，因为这是平台收益的来源，并因此减少参与者之间的外部性。那些处理双边负外部性的平台对治理系统的广泛应用反映了这一点。当然，自我调节并非灵丹妙药，这就为干预留下了空间。最近社交媒体的动荡，可能反映出政府在治理不良行为方面的投入不足，甚至导致平台倡导政府进行"正确的监管"。[24]

规范性原则在隐私政策中的应用

为了说明这些原则的应用，可以考虑一种干预措施，它可以限制 BlaBlaCar 这类长途乘车共享平台收集司机数据。更少的驾驶员信息会降低平台驾驶员的质量并增加安全风险；低质量和高风险的司机则会降低乘客需求。更低的乘客需求将降低司机加入平台的激励，从而导致乘客的进一步减少并增加被浪费的载客容量。因此，由于会导致

---

[24] 脸书首席运营官 Sheryl Sandberg 在 2018 年 9 月 4 日的国会证词中表示，"我们认为这不是是否监管的问题。我们认为这是一个正确监管的问题……我们很高兴与你们合作，共同提出这一建议。"See PBS, "Twitter and Facebook face lawmaker concerns over policing their platforms" (5 September 2018). <https://www.pbs.org/newshour/show/twitter-and-facebook-face-lawmaker-concerns-over-policing-their-platforms> accessed 26 September 2018.

搭乘质量降低、乘车次数的减少,政策干预最终会降低乘客和司机的消费者剩余。这一损失还需要与司机从保留更多的隐私中获得的私人收益相权衡。

在评估这项政策时还有两个需要进一步考虑的因素。共享乘车平台有激励将外部性内部化,以增加平台的价值,并且可能有激励在其关于驾驶员补偿的决策中考虑驾驶员隐私的价值。然而,即使在这种情况下,也可能存在决策者追求的超越司机和乘客私人利益的其他社会目标。合理的干预需要权衡对司乘共同剩余的干预成本与实现干预目标所产生的收益。

如果我们假设只有司机的福利才重要,那么分析结果会有所不同。分析者不会计算乘客的福利,但仍希望解释乘客流失可能对司机造成的反馈效应。消费者福利可能会下降,但幅度不会那么大。当然,经济学家显然并没有什么只关注司机福利的理由,但政策制定者可能会有;那么在这种情况下,他们需要对此做出解释。

四、竞争政策设计、错误成本和交叉效应

现代竞争政策的制定往往基于如下假设:市场本身往往通过降低价格、提高产量和更新换代(包括推出新产品)等机制来提高消费者福利。㉕ 正因如此,竞争法的干预,针对的是明显扭曲竞争、损害消费者的商业行为,如卡特尔行为;或可能造成实质性损害的行为,如滥用支配地位和合并。一个实例就是大多数司法辖区的竞争主管机构通常只在有限情况下才对占据市场支配地位的公司的特定行为予以规制。在这一宽泛的框架内,竞争主管部门和法院执行的竞争政策背后其实反映了执法不足与执法过度之间的平衡。所谓执法不足,往往由否认存在竞争违法性的错误决定导致;所谓执法过度,则往往由存在

㉕ Sir John Vickers, "Competition economics" (Royal Economic Society and Annual Public Lecture, London, 4 December 2003) < https://web.archive.org/web/20080910162852/http://www.oft.gov.uk/shared_oft/speeches/spe0503.pdf > accessed 26 September 2018.

行政管制法规并且错误认定存在竞争违法性所致。

多边平台为法院提出了新的挑战。因为这些多边平台上的企业通常为不同类型的用户服务，这些用户的需求相互依存，而其福利也相互关联。法院通过做出明确的选择或者依赖惯性来决定如何在两类用户间进行权衡。例如，法院可以决定将反垄断相关市场的判断限制在一类用户身上，而在这种情况下，它们在评估一种商业做法是否具有反竞争性以及是否有促进竞争的理由时，就会实质性地排除另一类用户。另一种方法是，法院可以决定将这两种类型的用户纳入同一个市场。在此分析路径下，两种类型的消费者福利将受到法律意义上的同等重视，或者，每一种类型的消费者的相对重要性将被分别加以判断。

不过多边平台经济理论本身并不能为法院提供明确的指导。与经济学家不同，法院必须处理实际问题，如规则的可实施性、平衡错误的成本以及遵循反垄断法。虽然经济理论证明了对相互依存的需求进行核算的重要性，但在实践中，法院可能会认为这样的做法行不通，或者会造成太多错误与延误的问题。

或是因为缺乏相应的处理这类双边问题的经验，或是因为缺乏对新经济学知识的认知，先例也并未为法院提供一条明确的道路。先例可能会建议将相关市场限制在购买相同服务的消费者身上。但基于对多边平台的新经济学认知，法院可能会发现遵循这一做法或许会导向违背反垄断法宗旨的裁决，并导致效率低下的结果。不过，正如基于有关纵向限制的新经济学认知所做的那样，法院也可以调整做法，即使这需要推翻先例。

多边平台的合理司法方法需要考虑错误成本、可实施性和目标。可以理解的是，衡量这些因素的结果可能因不同司法辖区而异。[26]

---

[26] 有关错误成本方法如何在不同司法辖区产生不同结果的讨论，参见 David S. Evans，"Why Different Jurisdictions Do Not (and Should Not) Adopt the Same Antitrust Rules" (2009) 10 (1) Chicago Journal of International Law, 160 – 87.

消费者剩余与福利

正如我们看到的，双边平台提供的服务有助于两种不同类型的用户进行互利交易——这些企业其实是对那些交易中的交易成本做出回应，并采用能够减少摩擦的商业做法。而当平台提高交易收益和交易量时，社会最终会受益。但反竞争行为和兼并会将更多的收益从交易参与者转移到平台，从而降低经济效率。针对这些情况，法院和竞争主管部门需要审查反竞争行为和企业兼并对平台参与者的净交易收益和交易量有何影响。㉗

法院可以尽量在现有框架内完成这一任务，或者直接改变其对待平台企业的传统方法。当法院将两者纳入同一反垄断相关市场时，计算两类消费者的共同剩余就变得简单。如果法院在审理中只关注某个平台向哪些消费者提供服务，而不区分这些消费者在交易的哪一端，就能实现这一效果。后文将讨论最高法院在美国运通案中的做法。

当然，在某些情况下，无论是在现实还是在先例中，法院可能不愿意将消费者视为同一相关市场的参与者。在这种情况下，法院可以考虑在相互关联的市场上评估共同消费者福利，或者考虑交叉效应以作为其有利于竞争的部分理由。不过，在遵循先例、可能提高的实施能力以及放弃明确考虑共同剩余之间也存在权衡取舍的问题。

最麻烦的情况可能是，这一多边平台将企业和个人这两种完全不同的经济主体联系起来。交易效率和消费者剩余在这种情况下都有明确的定义。由于法院会在企业和个人都是平台用户的情况下将二者都视为消费者，因此在两者都构成平台消费者的情况下，法院缺乏显而易见的理由选择忽视其中某一方。然而，不同的是，法院在考虑价格和产出等竞争损害时，可能将两个群体结合起来计算，而这种做法背后的思路其实是在计算某一行为对消费者共同剩余的影响。考虑交易

㉗ 然而，如果只关注平台上的一方，而忽视各方之间的需求和福利的相互依存性，将导致无法辨别那些降低经济效率的情况，从而责怪那些并未降低经济效率的做法，或者放过了那些下文将要讨论的损害经济效率的行为。

净收益的做法同样暗示了同等对待两方消费者的福利。在平台双边是零售商和个人的情况下，这种方法可能会导致将平台零售方的收益与平台个人方的损失相抵进行计算。这种做法从经济效率的角度看是有道理的，但最终需要基于相关法规和判例的政策判断。

许多平台并没有对比如此鲜明的两类用户，也就不会引起法院的重点关注。在某些情况下，它们的用户都是同一类型的经济主体，尽管这些用户往往有相互依存的不同需求：就好比约会场所，既适用于异性伴侣，也适用于同性伴侣。而在其他情况下，视具体情境用户可能是同一类型的经济主体，但却是平台不同侧的消费者。这种情况的一个例子就是汇款平台，在这种平台上，人们既可以汇款，也可以收款。[28] 该平台必须将汇款人和收款人视为不同的用户类型，部分原因是一些用户更可能汇款，而另一些用户更可能收款。[29]

交叉效应对错误的影响

交叉效应（cross-side effects）的存在意味着一方的商业行为可以直接通过反馈效应给双方带来损失或收益。虽然交叉效应在实践中往往处于边缘地位，但如果不考虑双方的相互依存关系，就无法确定一个商业惯例是否增加或减少了交易者从交易或交易集合中获得的净收益。因此，不考虑这些因素可能会导致错误的肯定或否定评价。而在极端情况下甚至可能得出这样的结论，即一种行为是反竞争的，即使它确实增加了平台上交易者的净福利，但未能增加平台的整体利润，并因此被认为是实施了整体市场支配力。[30]

---

[28] 双边平台的经济模型并不认为经济主体之间必然分离。例如，Rochet 和 Tirole 在他们的第一篇文章中提到了主体之间的关联沟通。参见 Rochet 和 Tirole（n 1），第 990—1029 页。

[29] 平台在制定价格结构和管理外部性时考虑到了这些差异。参见 Evans 和 Schmalensee（n 7），第 11 章。

[30] 参见 David S. Evans and Richard Schmalensee, "The Antitrust Analysis of Multi-Sided Platform Businesses" in R. Blair and D. Sokol（eds）, *Oxford Handbook on International Antitrust Economics*（OUP 2015）.

掠夺性定价就说明了忽视平台双方的相互依存性会导致误判某一行为是否构成反竞争行为。按照标准经济理论，传统企业的利润最大化价格至少等于边际成本，并且必须大于长期平均成本。然而，利润最大化的平台通常会设定准入费或交易费，从而利用从平台一边获得的收益来补偿平台另一边产生的损失，且这一扭曲的定价结构在竞争环境下仍然存在。此外，该理论也表明，即使一个追求消费者福利最大化的行为人也可能策略性地选择资助平台上的一方，不过资助程度可能不及一个追求利润最大化的平台。[31]

　　因此，从一方价格低于成本的事实来推断一家公司正在进行掠夺性定价是没有根据的。这可能是长期利润最大化的价格，而且这甚至可能是一个竞争性的价格。法院如果纯粹依照传统做法做出判决，就可能因为忽略了横向联系而出现误判。例如，巴黎上诉法院推翻了下级法院的一项判决，该法院在计算了谷歌通过提供免费地图服务获得的广告收入后，认为谷歌是在通过提供免费在线地图服务来实现掠夺性定价。[32]

　　双边平台可以通过降低它们的整体价格，以低于利润最大化水平的价格来排除竞争对手，然后在获得垄断地位后收回利润。我们可以设想一个有两份日报的城市，通常情况下，报社的利润最大化可以通过这样一种价格结构实现：面向读者的定价低于边际成本，而广告定价高于边际成本。大报社使广告价格低于利润最大化水平，高于边际成本，但保持读者价格不变。因此，它总体上是亏损的，因为来自广告商的利润不能弥补读者导致的亏损。以此推理，小型报社就因无法在较低的广告价格下生存而最终退出市场。

---

[31] 以下段落部分基于 David S Evans and Richard Schmalensee, "The Industrial Organization of Markets with Two-Sided Platforms" (2007) 3 (1) CPI 151–79; See David S. Evans and Richard Schmalensee, "Ignoring Two-Sided Business Reality Can Also Hurt Plaintiffs" (2018) CPI AC < https：//www.competitionpolicyinternational.com/? s = Ignoring + Two-Sided + Business + Reality + Can + Also + Hurt + Plaintiffs > accessed on 26 September 2018.

[32] "Composition de la Cour" *Evermaps v Google* [2015] No 12/02931 (Cour d'appel Paris).

假设一个法院将市场界定为"广告市场",并仅根据该市场的价格是否大于成本来评估掠夺性定价是否成立,那么法院很可能得出结论:这些大报社没有参与掠夺性定价。在这一过程中,因为忽略了双边关系、没有准确理解定价结构的作用,法院可能错误地免除了反竞争行为的责任。

管理和错误成本

实践中评估交叉效应的困难也可能导致在裁决某一行为是否具有反竞争性时出现误判。例如,原告很可能由于相互依存的需求的复杂性而无力举证损害,这将增加法院误判某一商业行为未违反竞争法的可能性,而低违法认定率又会给平台实施更多反竞争行为提供激励。按照此理,有可能法院忽略对交叉效应的考量不过是"两害相权取其轻",或者法院将交叉效应纳入考量,不过是将之作为一种对效率的辩护。但是声称恰当的双边分析会使错误的不违法判决的可能性相应增加仍然缺乏充分的理据。

一些评论者指出,双边平台分析的"复杂性"是避免采用它的理由。[33] 然而并没有证据表明,考察交叉效应要比考察反垄断调查和司

---

[33] See "Brief for the American Antitrust Institute as Amicus Curiae in Support of Petitioners" *State of Ohio*, *et al. v American Express Company*, *et al.*,[2017] No 16-1454 (SCOTUS) < https://www.supremecourt.gov/DocketPDF/16/16-1454/23946/20171214155357158_16-1454%20tsac%20American%20Antitrust%20Institute.pdf > accessed 26 September 2018; "Brief for Amici Curiae John M. Connor, Martin Gaynor, Daniel McFadden, Roger Noll, Jeffrey M. Perloff, Joseph A. Stiglitz, Lawrence J. White, and Ralph A. Winter in Support of Petitioners" State of Ohio, et al. v American Express Company, et [2017] No 16-1454 (SCOTUS) < https://www.supremecourt.gov/DocketPDF/16/16-1454/23952/20171214160450195_16-1454tsacJohnM.ConnorEtAl.pdf > accessed 26 September 2018; Fiona Scott Morton, "Competitive Edge: There's a lot to fix in U.S. antitrust enforcement today" (Washington Center for Equitable Growth, 19 July 2018) < https://equitablegrowth.org/there-is-a-lot-to-fix-in-u-s-antitrust-enforcement-today/ > accessed 26 September 2018; Lina Khan, "The Supreme Court just quietly gutted antitrust law" (*Vox*, 3 July 2018) < https://www.vox.com/the-big-idea/2018/7/3/17530320/antitrust-american-express-amazon-uber-tech-monopoly-monopsony > accessed 26 September 2018.

法案件中的其他证据更为困难。这种主张不过是简单地主张双边平台分析太过于复杂，因此会让违法的原告逍遥法外。一个有关掠夺性定价的案例简单明了地展现了这一分析思路：法国竞争管理局在计算了谷歌地图的广告收入后应用标准成本分析法考察了谷歌地图是否存在亏损。㉞ 巴黎上诉法院依照这一分析，认为证据未能证明存在掠夺性定价，但这些计算实际上并没有什么特别复杂之处，而它们本也可以显示相反的结果。

由于各方都在经济学分析中涉及并购和反垄断争议，相关诉求变得更加复杂。㉟ 在美国，一系列案件都涉及复杂的结构经济计量模型和交易理论。欧盟委员会通常在案件中考虑并购模拟和其他先进的经济学证据。但衡量交叉效应证据并未显著表明，当事人或法院对这类证据的质证或评估要多于对其他问题的质证或评估。

尽管如此，随着法院在多边平台反垄断纠纷领域的经验变得愈加丰富，它们可以确定在哪些情况下，根据获取有效证据证明特定问题的困难程度来调整证据标准和分析模式。例如，假设法院了解到，证明某一商业行为对净价格的影响比证明该行为对产出的影响更困难，那么法院可以考虑在评估该行为对实际消费者剩余的影响时，更多地考虑对交易方之间总交易量的影响，而较少地考虑对净交易价格的影响。

最高法院在美国运通案中处理了其中一些问题，并决定采用一种特定类型的多边平台来考察消费者剩余和交易中的经济效率。不幸的是，上述许多细致入微的问题在法庭上没有得到充分的讨论。

㉞ 见前注㉜。

㉟ See Liran Einav and Jonathan Levin, "Empirical Industrial Organization: A Progress Report" (2010) 24 (2) JEP 145 – 62; Jorge Padilla, "The Role of Economics in EU Competition Law: From Monti's Reform to the State Aid Modernization Package" (2015) Working Paper <https://ssrn.com/abstract142666591> accessed 26 September 2018.

五、美国运通的竞争策略[36]

美国运通提供了一个信用卡平台,其中持卡人可以对接受这一信用卡的商户进行支付。持卡人可以获得一张在美国运通网络中通用的实体卡;商户可以将其销售点设备连接到美国运通网络,并贴上一个标志,表明它们接受美国运通卡消费。持卡人出示信用卡,通常是先将其插入 POS(销售点)设备中,再由美国运通验证信用卡是否合法、用户的信用是否良好。如果交易被批准,商户将收到交易被批准的通知;美国运通向商户付款并向用户出示账单。持卡人通常支付年费(正接入费)并获得奖励积分(负交易费);商户通常不支付年费(零接入费),但支付交易额的1%,称为商户折扣(正交易费)。

美国运通案的争议主要围绕消费者付款时会遇到的情况。美国运通与接受其信用卡的商户签订的合同禁止商户说服美国运通持卡人转向使用其他信用卡。美国司法部和几个州声称这些"禁止转介"条款违反了《谢尔曼法案》第 1 条,并于 2010 年 10 月提起诉讼。多边平台经济学及其对相关主张之分析的影响,在联邦地区法院判定违法的结论、第二巡回上诉法院驳回原判的判决,以及联邦最高法院维持第二巡回上诉法院裁定的判决中均显露无遗。[37]

在最高法院尚未对此案做出判决期间,各方纷纷就与美国运通案相似的案件向不同法院提交了反竞争行为分析。而运通案的一个奇怪之处是,司法部决定不就第二巡回上诉法庭的判决向最高法院上诉,而由原审原告提出上诉。然而,在法院同意受理此案后,司法部寻求并最后获得了干预许可,最终在口头辩论中获得了分配给上诉方的一

---

[36] 作者没有代表任何一方参与这一诉讼。然而,作者与 Richard Schmalensee 作为法庭之友联合向法院提交了一份支持美国运通的简报,Richard Schmalensee 在多边平台和支付卡上的著作(有许多内容与同事一起完成)被法院(如第二巡回上诉法院和初审法院)广泛引用。

[37] *United States v. Am Express Co* [2015] No 10 – cv – 4496 (EDNY); *United States v. Am Express Co* [2016] No 15 – 1672 (2d Cir.); *Ohio et al. v. Am Express Co* [2018] No 16 – 1454 (SCOTUS).

半的时间。在美国,第三方可以向最高法院提交"法庭之友简报",在本案中也不例外,不同的律师和经济学家团体都提交了各自的意见,本文作者和理查德·施马伦西(Richard Schmalensee)也提交了一份简报。㊳ 根据前面的内容,本节将总结各方在分析所谓的双边平台反竞争行为方面的观点,以及法院就分析多边平台反竞争行为的基本原则做出的裁决。㊴

围绕多边平台展开的各方观点

对美国运通案的分析应用了合理规则,根据美国法律,这包括三步检验,其中涉及原告和被告之间的举证责任转移。第一步是确定某一行为是不是反竞争的,其中原告承担举证责任。第二步是确定该行为是否有利于提高竞争效率,为此被告承担举证责任。第三步是确定是否可以用较少的反竞争手段实现已证明的提高竞争效率的效果,原告对此负有举证责任。㊵

㊳ See "Brief for the Petitioners and Respondents Nebraska, Tennessee, and Texas" *State of Ohio*, *et al. v. American Express Company*, *et al.* [2017] No 16 – 1454 (SCOTUS); "Brief for the United States as Respondent Supporting Petitioners" *State of Ohio*, *et al. v American Express Company*, *et al.* [2017] No 16 – 1454 (SCOTUS); "Brief for Amici Curiae John M. Connor, et al., in Support of Petitioners" (n 33); "Brief of 28 Professors of Antitrust Law as Amici Curiae Supporting Petitioners" *State of Ohio*, *et al. v American Express Company*, *et al.* [2017] No 16 – 1454 (SCOTUS); "Brief for Amici Curiae Prof. David S. Evans and Prof. Richard Schmalensee in Support of Respondents" *State of Ohio*, *et al. v American Express Company*, *et al.* [2018] No 16 – 1454 (SCOTUS); "Brief for Respondents Am. Express Co. and Am. Express Travel Related Services Co., Inc." *State of Ohio*, *et al. v American Express Company*, *et al.* [2018] No 16 – 1454 (SCOTUS); "Brief for Amici Curiae J. Gregory Sidak and Robert D. Willig in Support of Respondents" *State of Ohio*, *et al. v American Express Company*, *et al.* [2018] No 16 – 1454 (SCOTUS).
㊴ 因此,本节不打算全面分析最高法院的多数意见或异议部分。
㊵ "Opinion of the Court" (n 3) 9 – 10. 原则上,当存在反竞争效应和有利于竞争的结果时,法院会平衡这两者以评估净的竞争效应;不过在实践中,法院很少同时发现需要做出平衡的反竞争效应和有利竞争效应。See Michael A Carrier, "The Rule of Reason: An Empirical Update for the 21st Century" (2009) 16 (827) GMLR 827 – 37.

关于双边平台某一限制性行为是否具有合理性的各方观点,大部分可以归结为如何理解商户限制政策对持卡人的影响。根据美国判例法,答案取决于如何界定相关市场。[41] 如果相关市场包括两个消费者群体,那么第一步的反竞争效应分析将集中在这两个群体上。如果相关市场只包括商户,人们可以认为,对持卡人的影响应该被视为有可能促进竞争效率,或者根本不考虑。因此,法院如何界定相关市场,很大程度上决定了反竞争效应是通过考虑两个消费者群体的共同剩余,还是仅考虑受反竞争行为影响的群体的剩余来确定。

美国运通和支持它的几方辩称,相关市场为持卡人和商户之间进行信用卡交易的市场,即他们将重点放在平台上,通过平台来促成交易。他们强调,在信用卡交易中,如果不同时向商户提供服务,就不可能向持卡人提供服务,平台是在竞争中完成这两项目标的。评估平台的限制行为是否具有反竞争性,需要证明它们损害了相关市场的竞争。当事人强调,在本案中,要确定有关产出的证据是否有说服力,就需要将信用卡交易的价值纳入考虑。

另一边的当事人均辩称,相关市场仅限于对商户提供的信用卡服务。他们强调,向持卡人提供的服务不能与向商户提供的服务互换,并认为不应在同一市场上考虑这些服务,因为它们不是替代品。然而,鉴于持卡人未被纳入相关市场,是否应当在三步检验法的第二步考虑持卡人收益就会成为一个问题。也就是说,第二步考察消费者共同剩余有可能会考虑到行为对平台另一方的影响。

支持上诉人的各方提交了案情摘要和详细的论据,以支持那些应用合理规则的三步检验法对双边平台进行分析的建议。而诉讼双方都认为,如果能够确定由限制行为带来的反竞争效应所影响的群体,原告就能完成相应的举证责任。但他们在第二步产生了分歧。美国司法部认为,尽管一些判例法对此有不同的处理,但法院应考虑平台另一

---

[41] 最高法院驳回了在有反竞争行为的直接证据时不需要界定相关市场的论点。"Opinion of the Court"(n 3) fn 7.

侧的竞争效率。㊷ 这样一来，事实上就是在计算共同福利。而又有两份法庭之友简报（一份由法学教授撰写，另一份由经济学教授撰写）认为法院根本不应考虑这些市场之外的效率因素。㊸ 这些简报大体上都主张，这种做法扭曲了一侧的竞争，在本案中无论另一侧的消费者获得何种收益，提高商户一侧的相对价格就具有反竞争性。这种主张实际上就排除了在分析中考虑持卡人一侧福利的可能性。尽管简报有意识地提到了双边分析的复杂性，但对替代规则的监管实用性、错误成本的可监管性或有效地计算商户而不是持卡人福利的分析方法，并没有进行实质性讨论。

最高法院判决

最高法院以5∶4的判决支持美国运通。多数意见集中在间接网络效应和双边平台相互依存的定价结构在评估市场定义中的重要性上。㊹ "由于间接网络效应，双边平台在没有评估需求下降风险的情况下无法对单边进行提价"，法院认为，"双边平台向一侧收取低于或高于成本的价格，反映的是双方需求弹性的不同，而不是市场支配力或反竞争价格"。在确定相关市场应包括平台两侧的问题上，最高法院认为，忽视交叉效应将导致"错误的推断"。㊺ 然而，法院也指出，在某些情况下间接网络效应和相互依存的定价机制可能处于整个案件的次要地位，在这种情况下，只界定一侧消费者组成的单一市场是适当的。也正因如此，法院强调了错误成本和可实施性在路径选择上的重要性。

为了评估信用卡的具体情况，法院聚焦于菲利斯特鲁基（Fili-

㊷ See "Brief for the USA as Respondent Supporting Petitioners" *State of Ohio*, *et al. v American Express Company*, *et al.* [2017] No 16 – 1454 (SCOTUS) 52.
㊸ See "Brief of 28 Professors of Antitrust Law as Amici Curiae Supporting Petitioners" (n 38) 32 – 34; "Brief for Amici Curiae John M. Connor, et al., in Support of Petitioners" (n 33) 34.
㊹ "Opinion of the Court" (n 3) 12.
㊺ 同上。

strucchi，2014）等人提出的"交易平台"的独有特征之上。[46] 法院认为，这些平台必须向平台双方出售服务，并且没有单独向任何一方出售的可能。[47] 法院指出，这种类型的平台可能会产生更明显的间接网络效应。这种方法基本上使用了前面描述的"交易"框架，在该框架中，平台为促进两种不同类型的用户之间达成交易提供服务。由此，竞争实际上是存在于为这两类用户提供类似交易服务的平台之间。

这一相关市场界定导致对竞争效应的分析必须考虑限制行为对两类用户福利的影响。"为了证明反竞争对整个双边信用卡市场的影响"，法院认为，"原告必须证明美国运通的禁止转介条款增加了信用卡交易的成本，使之超过了竞争水平，减少了信用卡交易的数量，或者以其他方式抑制信用卡市场的竞争。法院认为，仅在商户一侧进行涨价的证据缺乏说服力，而且原告没有完成举证责任"。[48]

福利、外部性和竞争规则

在美国运通案中，法院的判决最终转向如何在不同类型的平台参与者之间分配所应享有的权重。原告及其支持者只想统计那些受到直接限制的商户，在某些情况下根本不统计持卡人。美国运通及其支持者则希望将持卡人纳入考量，因为他们也是用户，而且会通过交叉效应受到限制条款的影响。法院含蓄地决定将持卡人和商户的福利计算在内，将他们纳入同一市场，并考虑与竞争基准相比，所谓的反竞争限制行为对交易价格和交易量的影响。这一方法与侧重于根据交易对象的总剩余计算对平台经济的效率有何影响的方法是一致的，这也是

---

[46] 同前注[44]，第12—13页；参见 Lapo Filistrucchi and others,"Market Definition in Two-Sided Markets: Theory and Practice"（2014）10（2）*J Competition L & Econ.* 293 - 339。

[47] 法院的定性过分简化了交易平台的运作方式。事实上，以信用卡为例，平台会分别为持卡人和商户注册，这可能涉及支付（正）价格，因此某些交易只发生在一方用户的身上。无论如何，这个平台的主要目的是促进双方之间的交易，这是正确的。

[48] 在异议意见中有关经济效率方面的分析，See David S. Evans and Richard Schmalensee, "Two-Sided Red Herrings"（2018）CPI Antitrust Chronicle, October 2018.

上文第四节建议的方法。

判决书或提交法院的各种意见书并未充分讨论为了实现反垄断的政策目标应该赋予每一类参与者更多、更少或相同权重的理由。取而代之的是，如何计算消费者福利被卷入了一场关于如何界定相关市场的辩论中，这或多或少受到了该案呈现在法庭面前的样态的影响。原告及其支持者主张的方法将导致在三步检验法有关反竞争效果的第一步评价中仅考虑平台商户一侧的福利而忽略消费者一侧的福利。㊾ 从公共政策的角度看，即使遵循相关市场的技术性定义，也很难看出这种方法的合理性。对于这种仅考虑商户福利而忽略消费者福利的方法所产生的影响迄今也没有什么讨论。法院的分析思路导向了计算人们的整体福利而非仅仅计算商户福利。虽然也许有人会期待将平台上的零售商和持卡人两方结合起来进行讨论，不过法院考虑平台消费者的结论从政策视角来看并无争议。

在未来的案例中，如何看待竞争限制行为对不同市场参与者的影响将会引发更多的争议，如何评价消费者剩余的基本原则还需要更多讨论，目的是为我们推断反竞争行为的损害提供多种视角。特别是，最高法院采用的方法可以使限制行为对平台消费者一侧的影响与商户一侧的获益相抵消。从识别反竞争行为的角度看，这是正确的，这种反竞争行为减少了前文定义的交易中产生的共同剩余。然而，一些学者可能反对将平台上企业用户的利益与个人用户的利益放在同等的位置。至此，有关这一争论的一个古怪现象便是：在信用卡案中，单方评价方法的支持者大多主张只考虑平台商户一侧的福利，而完全忽视个人一侧的福利。

六、结论

直到最近，反垄断界仍在积极讨论法院和竞争主管部门是否应该考虑交叉效应。美国法院对美国运通案的判决，以及欧盟法院和中国

㊾ 原告也提供了一些论据，认为由于转嫁了更高的信用卡费用，零售用户受到了禁止转介条款的间接伤害。这些零售用户不属于本案界定的相关市场。

最高人民法院的判决都表明这场争论可能业已在实践中铺开。三个最大司法辖区法院的结论表明,在评估某一限制性行为是否具有反竞争效应时,平台的双边特征是重要的。这一认识为我们以现代经济学对多边平台的认知为基础,更仔细地对涉及多边平台的反竞争行为进行评估开辟了道路。反垄断执法的问题不应该再是,"我们应该考虑双边平台的特性吗?",而应该是"我们如何对平台双边进行评估,以及使用什么样的分析工具?"

(北京大学法学院经济法方向研士　雷琦　译)

标准必要专利"劫持"的经济分析
兼论对反垄断法规制的启示

魏德

随着专利与技术标准之间日益紧密的结合,标准必要专利(简称SEP)在促进科技创新、提升经济进步等方面发挥着越来越重要的作用,然而层出不穷的权利滥用现象也纷至沓来,其中最突出的是在信息通信技术产业(简称ICT)的标准必要专利"劫持"(Holdup)行为。

对于如何规制标准必要专利劫持行为,学术界从标准化组织知识产权制度以及不同部门法角度提供了诸多思路。① 由于标准中每一个必要专利的唯一性和不可替代性,每一个标准必要专利均可构成一个

---

* 魏德,德国哥廷根大学法学院博士研究生,德国马克斯—普朗克创新与竞争研究所访问学者。本文受到国家建设高水平大学公派研究生项目(留金发 [2016] 3100 号)的资助。感谢美国犹他州立大学法学院 Jorge L. Contreras 教授对本文的指导,作者文责自负。

① 标准化组织政策:Kai-Uwe Kühn, Fiona Scott Morton and Howard Shelanski, "Standard Setting Organizations Can Help Solve the Standard Essential Patents Licensing Problem", *CPI Antitrust Chronicle*, Vol. 3, 2013;吴广海:"标准设立组织对专利权人劫持行为的规制政策",《江淮论坛》2009 年第 1 期。民法(合同法、侵权法):Bruce Kobayashi and Joshua Wright, "Federalism, Substantive Preemption, and Limits on Antitrust: 'An Application to Patent Holdup'", *Journal of Competition Law and Economics*, Vol. 5, 2009;俞风雷、沈宗阳:"规制知识产权滥用的私法路径分析",《知识产权》2015 年第 4 期;王先林:"我国反垄断法适用于知识产权领域的再思考",《南京大学学报》2013 年第 1 期。专利法:Mark Lemley, "Ten Things to do About Patent Holdup of Standards (And One Not to)", *Boston College Law Review*, Vol. 48, 2008;张平:"论涉及技术标准专利侵权救济的限制",《科技与法律》2013 年第 5 期。

相关市场。② 此外，标准必要专利权人在每一个必要专利许可市场均拥有完全的份额，具有阻碍或者影响其他经营者进入相关市场的能力，进而在相关市场具有市场支配地位。③ 因此，当前我国学界的主流思想是通过反垄断法对滥用标准必要专利权进行规制。④

不过，标准必要专利劫持的主要表现形式是垄断高价，从世界范围看，美国、欧盟等司法辖区对垄断高价的态度是有差异的，分为"干预理论"和"不干预理论"。⑤ 也就是说，并非所有国家和地区的反垄断法都规制垄断高价行为，⑥ 而那些对垄断高价行为进行反垄断

---

② 参见王晓晔："标准必要专利反垄断诉讼问题研究"，《中国法学》2015 年第 6 期，第 222 页。持类似观点的学者还包括：李剑："市场支配地位认定、标准必要专利与抗衡力量"，《法学评论》2018 年第 2 期，第 56 页；林秀芹："每一标准必要专利构成一个独立的相关市场——评华为诉 IDC 垄断案的'相关市场'界定"，《中国知识产权报》2014 年 1 月 22 日第 9 版；王晓晔、丁亚琦："标准必要专利卷入反垄断案件的原因"，《法学杂志》2017 年第 6 期，第 86 页。

③ 参见叶若思、祝建军、陈文全："标准必要专利权人滥用市场支配地位构成垄断的认定——评华为公司诉美国 IDC 公司垄断纠纷案"，《电子知识产权》2013 年第 3 期，第 46 页。还可参见王先林："涉及专利的标准制定和实施中的反垄断问题"，《法学家》2015 年第 4 期，第 68 页；王晓晔："论标准必要专利的特殊性"，《中国价格监管与反垄断》2015 年第 10 期，第 22 页。有学者认为技术标准的"锁定效果"实现了必要专利的不可替代性，而技术标准借助专利权的保护实现了事实上的垄断。参见张炳生、蒋敏："技术标准中专利权垄断行为的理论分析及其法律规制"，《法律科学》2012 年第 5 期，第 157 页；苏平、张阳珂："标准必要专利许可费公开问题研究与对策"，《电子知识产权》2018 年第 7 期，第 51 页。

④ 国内外也有学者对反垄断法规制标准必要专利的缺陷和限制展开讨论。See Mark Lemley, supra note ①, pp. 167 – 168; Douglas H. Ginsburg, Koren W. Wong – Ervin & Joshua D. Wright, "The Troubling Use of Antitrust to Regulate FRAND licensing", *CPI Antitrust Chronicle*, Vol. 10, No. 1, 2015, pp. 2 – 8; Kai – Uwe Kühn, "Justifying Antitrust Intervention in ICT Sector Patent Disputes: How to Address the Hold – Up Problem", *Competition Policy International*, Vol. 9, 2013, pp. 100 – 115; 参见魏德："反垄断法规制滥用标准必要专利权之反思"，《北方法学》2020 年第 3 期，第 150 页。

⑤ 参见刘嘉纯："专利高价的反垄断法规制研究"，《清华知识产权评论》2017 年第 1 辑，第 199—223 页。

⑥ 以美国为例，其成文法中没有将过高定价行为列为滥用市场支配地位的表现形式，司法判例、行政执法中也从未因专利许可费过高而认定为构成垄断的情况。参见丁茂忠："论专利高价许可的反垄断规制"，《知识产权》2016 年第 3 期，第 71 页。

规制的国家和地区也往往采取比较慎重与温和的态度,⑦ 一般只适用于特定主体⑧和非常特殊的情形。⑨ 就我国而言,虽然《中华人民共和国反垄断法》(以下简称《反垄断法》)第十七条明确禁止具有市场支配地位的经营者以不公平的高价销售商品,但对该条款应当谨慎适用。其适用重点和难点在于标准必要专利合理许可费的认定,⑩ 以及对劫持行为如何影响社会公共利益的判断。

本文首先根据标准必要专利劫持的不同市场势力来源对专利劫持行为进行类型划分。随后,借助博弈论中纳什均衡理论衡量各类劫持情形对专利持有人市场势力的提升作用,并进一步阐述信息通信技术产业中标准必要专利权利人的劫持力量,以及出现的标准必要专利劫持问题。此后,通过福利经济学的消费者剩余与社会总剩余变化,衡量技术标准化和标准必要专利劫持行为分别对消费者利益和社会公共利益产生的影响。最后,结合以上经济分析,为我国反垄断执法部门合理规制标准必要专利劫持案件提供建议。

一、标准必要专利劫持的内涵与类型划分

学界对于标准必要专利劫持问题的关注与研究由来已久,相关文献也可谓汗牛充栋。然而,对于"什么是标准必要专利劫持"这一最基本问题,却未能形成共识,并且逐渐出现更多的分歧与误解。目前,对于标准必要专利劫持行为主要存在两种理解。较宽泛的解释将

---

⑦ 《欧盟运行条约》第102条(前身为《欧共体条约》第82条)将过高定价认定为滥用市场支配地位的行为。但目前尚缺乏直接认定专利权人索取过高价格构成滥用的典型案例。参见刘嘉纯,见前注⑤,第206页。
⑧ 一些国家和地区的反垄断执法机构仅对拥有排他权或者法定垄断权的部门所实施的不公平高价行为进行调查。
⑨ 这些特殊情形包括:(1)存在重大和持久的进入和扩张障碍;(2)这些障碍是不可能消除的;(3)市场上的投资和创新受到抑制。参见王先林,见前注③,第68页。
⑩ 无形财产的估值本身就是一道难题,标准必要专利许可本身的复杂性和专利价值评估的不确定性,进一步增加了计算难度。参见苏平、张阳珂,见前注③,第52页和第54页;王晓晔、丁亚琦,见前注②,第88页;刘嘉纯,见前注⑤,第209页;丁茂忠,见前注⑥,第74页。

其定义为：任何标准专利持有人攫取不合理高额许可费的现象。[11] 较狭窄的理解将其限定为："标准实施者在标准制定之前已经投入大量资金用于相关产品的设计、生产和销售，在标准制定以后，专利权人凭借标准必要专利的不可替代性而获得的巨大谈判优势和控制力，迫使标准实施者支付高额许可费用。"[12] 过于宽泛的定义无法把握专利劫持现象的本质特征，不能为发现其内在规律、解决其核心问题提供思路。相反，过于狭窄的解释则不能囊括所有类型的专利劫持行为，无法为全面解决问题提供帮助。除此之外，还不乏将"专利劫持""专利流氓""专利伏击""技术锁定""专利丛林""费率堆叠"等问题和现象混为一谈或张冠李戴，更加不利于该问题的有效分析与解决。

专利劫持也被译作"专利挟持"，最早源于21世纪初美国法律学者和反垄断经济学家提出的一个问题：在依赖于标准必要专利的信息技术产业，如果某个具有兼容性的复杂产品中含有由多家分别掌握的多个标准必要专利技术，专利权人是否会劫持制造商，进而抑制创新并通过产品价格上升和质量下降损害消费者利益？[13] 2001年美国教授卡尔·夏皮罗在讨论"专利丛林"现象带来的技术互补性问题时，再次提到专利劫持问题，并呼吁美国专利局和反垄断执法机构将解决该

---

[11] See Norman Siebrasse, "Holdup, Holdout and Royalty Stacking: A Review of the Literature", in Brad Biddle et al, (eds.), *Patent Remedies and Complex Products: Toward a Global Consensus*, Cambridge University Press (forthcoming, Ch. 7), https://ssrn.com/abstract = 2902780 or http://dx.doi.org/10.2139/ssrn.2902780，最后访问日期：2019年2月16日；丁茂忠，见前注⑥，第72页。

[12] 罗娇："论标准必要专利诉讼的'公平、合理、无歧视'许可——内涵、费率与适用"，《法学家》2015年第3期，第86页。See also Joseph Farrell, John Hayes, Carl Shapiro & Theresa Sullivan, "Standard Setting, Patents, and Hold-Up, *Antitrust Law Journal*, Vol. 74, No. 3, 2007, p. 608.

[13] See Alexander Galetovic & Stephen Haber, "The Fallacies of Patent Holdup Theory", *Journal of Competition Law and Economics*, Vol. 13, 2017, p. 3.

问题作为首要任务。⑭ 2007 年马克·莱姆利（Mark A. Lemley）和卡尔·夏尔罗继续讨论了禁令威胁导致的专利劫持和许可费堆叠问题（Royalty Stacking）。⑮ 同年，约瑟夫·法雷尔（Joseph Farrell）等学者在文章中将专利劫持行为认定为经济上的一种"投机主义"，并讨论了专利权人在标准制定过程中通过欺骗行为获取市场支配地位后，在专利许可过程中实施的专利伏击行为。⑯ 此后，随着技术标准和专利技术的进一步紧密结合，以及越来越多专利劫持案件的不断出现，学界对专利劫持问题的研究也更加深入和广泛。

实际上，最初提出专利劫持问题主要来自对沉没成本风险（许可人攫取实施人前期付出的专用性投资作为不合理的收益）的担忧。也就是说，在双方许可条件谈妥之前，实施者已经为使用该专利技术进行了专用性投资，因为该笔沉没成本的存在导致专利权人可以获得不合理的高额许可费。在之后的研究中，有学者将这种专用性投资称作"交易专用投资"（transaction-specific investments），将这种劫持类型称为"沉没成本型劫持"。⑰ 标准实施人受到专利权人在标准制定过程中的欺骗行为而发生的专用性投资仅是导致后期沉没成本出现的一种情况，因此，专利伏击行为其实是沉没成本型劫持在标准必要专利领域的一种特殊表现形式。⑱ 在标准必要专利领域，专利劫持行为并不限于以专利伏击为主的沉没成本型劫持。

标准必要专利与普通专利相比具有明显的特殊性，因为它包括两

---

⑭ See Carl Shapiro, "Navigating the Patent Thicket: Cross Licenses, Patent Pools, and Standard Setting", in Adam B. Jaffe, Josh Lerner & Scott Stern (eds.), *Innovation Policyand The Economy* (*Volume* 1), MIT Press, 2001, p. 119. 文章中，作者认为专利权人不合理披露持有专利信息而使用禁令相威胁时会引发专利劫持。

⑮ See Mark A. Lemley & Carl Shapiro, "Patent Holdup and Royalty Stacking", *Texas Law Review*, Vol. 85, 2007.

⑯ See Joseph Farrell et al., supra note ⑫, p. 603.

⑰ See Thomas Cotter & Norman Siebrasse, "The Value of the Standard", *Minnesota Law Review*, Vol. 101, 2017; p. 1170。

⑱ See Thomas F. Cotter, "Patent Holdup, Patent Remedies, and Antitrust Responses", *Journal of Corporation Law*, Vol. 74, 2009, pp. 1151 – 1207.

部分价值:"专利技术价值"[19] 和"技术标准化价值"[20]。相应的,标准必要专利的实施会带来两部分预期利益:一部分是专利技术价值产生的利润;另一部分是技术标准的采用为实施人带来的额外利益。后者也由两部分构成:一部分由技术标准本身产生。由于标准制定过程中将具有相对优势的技术纳入标准,并将这些优势技术按照合理的方式进行组合,使得技术标准的总体效益大于单独使用各种技术产生的总价值。此外,实施人直接采用现成的技术标准既可以节省筛选技术产生的信息成本,也为生产活动的迅速开展提供了条件。采用技术标准提高了生产效率,降低了生产者的生产成本,这部分标准化价值可被称作"成本节省价值"。另一部分额外利益来自技术标准化带来的网络效应,包括直接网络效应[21]和间接网络效应[22]两部分。网络效应的实质是技术标准化产生了产品之间的兼容性、协作性,进而形成正外部效应。技术标准化的网络效应对技术持有人提升市场支配地位以及实现商业成功发挥着重要作用。[23]

由于标准必要专利的不可替代性,[24] 下游生产厂商依照标准进行生

---

[19] 这部分价值即为标准必要专利固有的价值,也被称为专利技术的内在价值,是其被纳入技术标准之前所显现的价值。

[20] See Thomas Cotter & Norman Siebrasse, supra note [17], p. 23.

[21] 当一种产品对用户的价值随着采用相同产品或可兼容产品的用户增加而增大时,就出现了直接网络效应。See Oz Shy, *The Economics of Network Industries*, Cambridge University Press, 2001, pp. 1 – 12.

[22] 随着使用某种商品的用户增多,其补充产品的需求也自然增多、价格更低,补充产品的增多提高了基于原产品的用户效用,反过来刺激其他用户对原产品的需求。See Michael L. Katz & Carl Shapiro, "Network Externalities, Competition, and Compatibility", *The American Economic Review*, Vol. 75, No. 3, 1985, pp. 424 – 440.

[23] See Daniel G. Swanson & William J. Baumol, "Reasonable and Nondiscriminatory (Rand) Royalties, Standards Selection, and Control of Market Power", *Antitrust Law Journal*, Vol. 73, 2005, p. 8.

[24] 标准必要专利的不可替代性有两种具体表现形式:第一,标准所采纳的专利技术本身没有可替代技术,因而标准的制定者与使用者都别无他选;第二,已经制定和实施的标准采纳了某专利技术,虽然客观上存在该专利技术的可替代技术,但因为修改标准或使用其他标准的成本过高而导致标准使用者只能选择继续使用该专利技术。参见赵启杉:"论对标准化中专利行使行为的反垄断法调整",《科技与法律》2013 第 4 期,第 21 页。

产就必须使用该标准必要专利,这种现象被称作技术锁定效应(lock-in effect)。[25] 厂商如果想绕过标准必要专利就必须放弃整个标准的适用,重新制定标准或者选用其他技术。但该过程本身会带来大量成本,失去技术标准本身的成本节省价值。此外,采用其他技术生产的产品因不符合标准,会导致产品与其他互补品不兼容,进而丧失网络效应价值。更严重的是,因为产品不符合标准,很可能被视为不合格品。[26] 作为标准中的一项必要专利,专利持有人可以利用技术锁定效应索取除专利本身价值之外包含一部分成本节省价值和网络效应价值的许可费率。[27] 前者称作"标准劫持",后者称作"网络效应劫持",总称为"技术锁定型劫持"。这意味着,对标准必要专利权人而言,即使不存在专用性投资,也可以通过技术锁定型劫持攫取额外利润。[28]

沉没成本型劫持和技术锁定型劫持均不要求标准中含有多项专利,[29] 但是,当一项标准中同时含有多个必要专利时,可能会导致新的问题出现。首先,由于每个专利权人都有权获得一部分专利费,当某项标准或者某个终端产品含有众多专利导致最终总许可费过高时,会出现专利费率堆叠问题。[30] 其次,托马斯·科特(Thomas F. Cotter)和诺曼·西布雷斯(Norman Siebrasse)认为当标准包含过多必要专利时,即使某一项专利对标准总价值所做的贡献很小,但由于每件专利都具有必要性,该专利技术持有人可以禁令相威胁,从而分摊到远超

---

[25] See Joe Kattan & Chris Wood, "Standard-Essential Patents and the Problem of Hold-up," *SSRN Electronic Journal* 2, 19 December 2013, p. 2, http://papers.ssrn.com/sol3/papers.cfm?abstract_id=2370113,最后访问日期:2019年10月11日。

[26] 技术标准可以分为性能标准和互操作性标准。当行业采用标准作为性能标准时,不符合标准的产品就有被视为不合格品的风险。See Gregory Tassey, "Standardization in Technology-Based Markets," *Research Policy*, Vol. 29, 2000, pp. 589–90.

[27] 相关的经济原理,参见本文2.2.1节的分析。

[28] See Apple, Inc. v. Motorola Inc., 869 F. Supp. 2d 901, 913–14 (N. D. Ill. 2012).

[29] 技术标准中可能不含任何专利技术或者仅含一项专利技术(其他技术为非专利技术),此时,因标准中技术排列组合的优越性也可以使标准整体价值高于单独实施各项技术的价值。此外,网络效应的产生也是基于整个标准的兼容性和协作性产生,并不对标准中的专利技术数量做任何要求。

[30] See Carl Shapiro, supra note [14], pp. 119–150.

过与其持有的专利自身价值相匹配的专利费,该问题被称作"分摊问题"(apportionment problem)。[31]

值得注意的是,标准的总许可费率过高可能是由费率堆叠导致的,并非一定存在专利劫持现象。而分摊问题的实质是专利持有人借助技术锁定效应超额攫取成本节省价值以及网络效应产生的增值部分,也就是技术锁定型劫持在多专利持有人并存时的一种情况。

做一个简单的解释:假如一项标准中含有 n 项技术,其中仅有一项技术 A 为必要专利技术,价值是 1,整个标准带来的成本节省价值是 2,产生的网络价值也是 2。那么 A 专利持有人就具备索要专利价值 1 以及整个标准价值 4(包括成本节省价值和网络效应价值)之和 5 的能力,假设经过谈判最终协商专利费为 2.5,此时,谈判确定的许可费用远远超过必要专利技术的自身价值 1。可见,技术锁定型劫持的形成与标准中含有必要专利数量的多寡并无关联。再假设前面标准中含有另外三项必要专利 B、C、D,其价值均很低,仅为 0.1。由于技术锁定效应,假设专利持有人最终均索取 2 的专利费,此时会同时出现费率堆叠和分摊问题:一方面,该标准中全部必要专利的许可费为 8.5,远远超过了整个标准的价值,形成费率堆叠;另一方面,基于价值仅为 0.1 的专利索取不合理高专利费 2,显然存在分摊问题。

实际上,当标准中含有多个分别由不同专利权人持有的必要专利时,的确可能出现一种特殊的劫持情形,即"互补性许可劫持"。其背后的基础理论是迈克尔·赫勒(Michael Heller, 1998)提出的"反公地悲剧"(tragedy of anti-commons)。在这一情形中,须获得所有权利人的一致同意,实施人才算取得整个物权许可,而只获得其中一个或者一部分权利人的同意是没有意义的。在标准必要专利领域,标准中通常含有多个技术标准,专利实施人若想使用标准必须同每个专利权人谈判,并获得全部专利权人的许可。因谈判时间上存在差别,导致后面谈判的专利权人可以利用他们与一部分权利人先谈判产生的前期谈判成本作为筹码,提高谈判力量攫取额外的专利费。不过,前期

---

[31] See Thomas Cotter & Norman Siebrasse, supra note [17], pp. 1167–1168.

谈判成本对实施人而言也是实施特定标准的专用性投资。因此，互补性许可劫持也可以归纳为沉没成本型劫持的一种特殊形式，它源于某项技术标准中含有多项必要专利，并且分别由不同权利人所有。

表1 标准必要专利劫持类型及其特征

类型	特征	劫持势力来源	沉没成本	多个技术持有人
技术锁定型	标准劫持	成本节省价值	不需要	不需要
	网络效应劫持	网络效应价值	不需要	不需要
沉没成本型	专利伏击	专用性投资	需要	不需要
	互补性许可劫持	前期谈判成本	需要	需要

二、标准必要专利劫持势力的衡量

与知识产权许可相关的市场可以划分为商品市场、技术市场和研发市场，[32] 知识产权许可行为对技术市场产生的影响最为直接。在技术市场，标准必要专利权人有能力借助劫持势力攫取超过专利价值的许可费。在实践中，劫持势力可以通过劫持行为对产权人市场势力的影响力来衡量。[33]

约瑟夫·法雷尔等人基于博弈论中的纳什均衡理论建立了一个模型来测量专利的劫持力量。[34] 在该模型中，Δ 表示因沉没成本劫持导致专利权人市场势力 MP_P 与合法市场势力 MP_A 的差额，即劫持效果导致专利权人的市场势力的提高程度，其计算方法用公示表示为：$\Delta = MP_P - MP_A$。[35] Δ 可以通过比较劫持情境下专利持有人获得的协商许可费率与劫持效果出现前专利持有人能获得的基准许可费之间的差

---

[32] See U. S. Department of Justice and the Federal Trade Commission, *Antitrust Guidelines for the Licensing of Intellectual Property*, January 12, 2017, pp. 8–14.

[33] See Joseph Farrell et al., supra note ⑫, p. 611.

[34] Ibid, pp. 610–624.

[35] 下角标 A 表示无劫持状态，也就是没有沉没成本的情况；下角标 P 表示已经产生沉没成本，厂商被专利持有人劫持的状态。

额 H 来体现。而双方通过谈判确定的许可费率是由专利持有人与专利实施人双方的威胁点㊱和议价能力㊲决定的。

（一）非标准必要专利劫持势力的衡量

1. 非标准必要专利的基准许可费

理论上，协商产生的基准专利许可费 R 应当由专利的内在价值 V 和双方的议价能力 B 共同决定，即 $R = B \times V$。㊳ 其中专利的内在价值是专利技术本身（不存在替代技术的情况下）带来的社会总福利（社会总剩余）增量，或者与次优替代性技术相比的生产成本降低。举例而言，如果生产企业面临两种技术选择，一种是专利技术 X，另一种是非专利技术 Y，且假设采用两种技术生产的产出完全相同。在此情况下，企业的目标是单纯降低生产成本。假设采用 X 技术进行生产的成本是 C_1，即 40（不含专利费）美元，而采用 Y 技术的生产成本是 C_2，即 50 美元。再假设产品的销售价格 P 是 100 美元。此时专利技术 X 的内在价值 V_A 为采用该专利技术进行生产相对于采用可替代技术 Y 进行生产所省的成本 10 美元。在这种情况下，当专利费 R_A 低于 10 美元时，厂商会选择 X 技术。如果经过谈判专利权人索要的专利使用费高于专利技术的内在价值 10 美元，厂商将会选择非专利替代技术 Y。如前文所述，双方最终谈判确定的专利费用受到双方谈

㊱ 指在非合作博弈中，如果发生谈判失败导致双方的得失。

㊲ 议价能力包括卖方议价能力和买方议价能力。双方议价能力决定着合作中的利益分配，其取值在 0 到 1 之间，具体数值由案情决定。无特殊情况，则假设双方谈判能力相同，即议价能力均为 0.5。参见 Mark A. Lemley & Carl Shapiro, supra note ⑮, pp. 1997－1998.

㊳ Mark A. Lemley 和 Carl Shapiro 将"专利强度"作为一项变量予以考虑，即 $R = \theta \times B \times V$，其中专利强度是指专利确认有效并且实施人行为构成侵权的概率，作者的目的是在下文中衡量弱专利对专利劫持的影响作用。参见 Mark A. Lemley & Carl Shapiro, supra note ⑮, p. 1996. 但正如该文所言，只有通过法院判决才能最终确定一项专利的有效性和侵权行为是否成立。同时鉴于专利强度并非本文考虑的重点内容，因此笔者在考量协商许可费率时，将专利强度假设为 1，即假设厂商生产所需的技术一定落入专利权权利要求保护的范围中，并且该专利真实有效。

判能力 B 的影响。假设双方议价能力相同,则 $R_A = B \times V_A = 0.5 \times 10 = 5$ 美元。此时,R_A 就是 X 技术的基准许可费,是法律赋予专利权人合法享有的市场势力获得的创新回报,从而激励技术创新。

2. 非标准必要专利的沉没成本型劫持

假设厂商在未与专利持有人就使用费率达成一致前,已经为使用某项专利技术进行了专用性资产的沉没投资。此时,因为这部分专用性投资的存在,专利持有人的市场势力得到提升,产生索取额外价值的能力。在上述例子中,假设生产者为了使用专利技术 X 已经进行了 25 美元的投资。该投资是为使用 X 技术进行的专用性投资,换句话说,如果厂商最终放弃使用 X 技术,这部分投资将成为固定损失,此 25 美元即为沉没成本 S_C。此时,使用 X 需要继续支付的生产成本(不含专利使用费)为 $40 - 25 = 15$ 美元,而使用另一项非专利技术的成本保持 50 美元不变(上述 25 美元投资对使用 Y 技术毫无意义)。上述例子中,生产厂商会在专利使用费不高于 10 美元时使用 X 技术进行生产,不过,此时 X 技术相对于 Y 技术可节省 35 美元,因此,X 技术的相对价值 V_P 为 35 美元($50 - 15$)。由于沉没成本的存在,实施人更倾向于使用 X 技术,X 专利技术的价值 V_P 超过了其内在价值 V_A。假设专利权人的谈判能力 B_P 保持 0.5 不变,则专利权人此时可获得的专利使用费为 $R_P = B_P \times V_P = 0.5 \times 35 = 17.5$ 美元。相较于基准许可费 R_A,专利权人产生了 $H = R_P - R_A = 17.5 - 5 = 12.5$ 美元的额外收益,此部分收益为专利权人因实施人的沉没成本形成专利劫持效应而产生的额外收益,反映的是沉没成本型劫持效应使专利持有人的市场势力上升。

(二)标准必要专利劫持势力的衡量

类似地,衡量标准必要专利劫持势力首先要确定标准必要专利的基准许可费,该基准许可费在标准必要专利语境下是指符合"合理、公平、无歧视"(简称 FRAND 或 RAND)原则的许可费。通常认为,标准必要专利的基准许可费与专利价值相同,仅体现专利的内在价值。[39] 从以往美国形成的裁决案例看,该基准许可费不但要排除沉没成本型劫持效应,[40] 还要求去除技术标准化的价值。[41] 因此,标准必要专利的基准许可费应当还是 R_A。在原有模型基础上,下文结合沉没成本型劫持和技术锁定型劫持的特点,分别通过以下两个部分来测量标准必要专利的劫持势力带来的超额许可费 H_S。[42]

第一部分通过比较专利技术成为标准必要专利之后的协商许可费 R_{SA}（含技术锁定型劫持效应,不含沉没成本型劫持效应）与专利的基准许可费 R_A（不含技术锁定型劫持效应,不含沉没成本型劫持效应）的差额,测量技术锁定型劫持导致的额外许可费 H_{SL}。[43]

第二部分通过比较出现沉没成本型劫持时标准必要专利许可费 R_{SP}（含技术锁定型劫持效应,含沉没成本型劫持效应）与标准必要专利许可费 R_{SA}（含技术锁定型劫持效应,不含沉没成本型劫持效应）的差额,来测量标准必要专利沉没成本型劫持产生的额外许可

---

[39] See In re Innovatio IP Ventures, LLC Patent Litig., No. 11 C 9308, 2013 WL 5593609 (N. D. Ill. Oct. 3, 2013), at 19; Microsoft Corp. v. Motorola, Inc., C10 – 1823JLR, 2013 WL 2111217 (W. D. Wash. Apr. 25, 2013), at 13.

[40] See Ibid, Microsoft Corp. v. Motorola, Inc., at 12; In re Innovatio IP Ventures, LLC Patent Litig., at 8; See also Ericsson, Inc. v. D-Link Sys., Inc., 773 F. 3d 1201 (Fed. Cir. 2014), at 1234.

[41] See Ibid, D-Link Sys., Inc., at 1232; See also Apple, Inc. v. Motorola, Inc., 869 F. Supp. 2d 901, 913 (N.D. 22 June 2012). See also Common-wealth Sci. & Indus. Res. Org. v. Cisco Sys., Inc., 809 F. 3d 1295, 1304 (Fed. Cir. 2015); 有学者认为,标准必要专利持有人应有权获取网络效应带来的部分价值,参见 Thomas Cotter & Norman Siebrasse, supra note ⑪, p. 1229。笔者并不反对标准必要专利持有人从网络效应中获得额外利润,但同时认为,这部分利润应当来自网络效应对市场需求的拉动作用,进而使得销售数量大幅提高（下文将说明,网络效应对需求的提升有巨大作用）。但是,将技术纳入标准中并没有对专利价值带来任何影响,因此权利人不应当攫取这部分价值,而应当将该部分价值留给消费者。持类似观点的文献,参见 Joe Kattan & Chris Wood, supra note ㉕, p. 3。

[42] 为了区分专利权人在其持有的专利技术纳入标准前后索取许可费能力的变化,下角标 S 代表专利技术纳入标准且成为必要专利之后的情形。

[43] 下角标 L 代表技术锁定型劫持效应。

费 H_{SC}。㊹

根据两部分的结论,标准必要专利双重劫持效应导致的许可费差额 H_{SLC}(含技术锁定型劫持效应,含沉没成本型劫持效应)可以很容易通过对比出现沉没成本型劫持时标准必要专利持有人可获得的许可费 R_{SP}(含技术锁定型劫持效应,含沉没成本型劫持效应)与专利技术的基准许可费 R_A 的差额来衡量。

1. 标准必要专利的技术锁定型劫持

与非标准必要专利相比,标准必要专利的技术锁定效应会导致许可费协商双方的威胁点产生变化:对于非标准必要专利技术的实施人而言,如果谈判失败,实施人可以使用替代技术或者自主研发来规避侵权风险,从而继续生产。但对于标准实施人而言,上述两种方法并不能奏效,也就是说,除了支付高额许可费外,减少损失的唯一对策就是停止生产。㊺ 追求利润最大化是企业的根本目的,在这种情况下,企业使用专利技术与否,是由支付专利费用后能否获利决定的。㊻

在前面的例子中,企业使用标准必要专利 X_S 进行生产的成本 C_1 是 40 美元,商品市场价格 P 为 100 美元。技术标准化为专利带来的成本节省价值和网络效应价值将对以上参数产生影响。首先,由于标准化带来的网络效应提高了产品对消费者的效用,使销售价格大幅提升。假设市场价格 P_S 相比之前上涨 50 美元,即变为 150 美元。其次,标准本身的价值为生产活动降低了生产成本,我们假设,标准本身的价值为标准必要专利实施人降低了 10 美元的生产成本,也就是说,采用标准必要专利进行生产的成本 C_S 为 30 美元。

理论上,只要专利权人索要的专利费低于 120 美元(150 - 30),企业就会因为生产有利可图而选择使用专利技术。在实践中,具体专利费用的数额受到买卖双方议价能力的影响。但需要明确的是,标准

㊹ 下角标 C 代表沉没成本型劫持效应。
㊺ See Joseph Farrell et al., supra note ⑫, p. 615.
㊻ 同上。在存在不可逆转投资(irreversible investment)的情况下,即使继续生产会导致亏损,只要亏损低于放弃生产带来的损失,企业还是会选择支付许可费并继续生产活动。参见 Mark Lemley, supra note ①, p. 154。

技术专利持有人更清楚其所持的技术对标准的使用是不可替代的，专利实施人无法通过寻找替代技术或者自主研发绕过该技术，因此专利持有人占有主导、控制的谈判地位，也就是说有更强的议价能力。[47] 假设一种理想状态，专利权人掌握完全信息，议价能力 B_S 是 1，也就是说专利权人的谈判能力足以迫使专利实施人将所有利润转化为专利费用，其生产的利润无限接近于 0。在这种情况下，最终协商费 $R_{SA} = B_S \times (P_S - C_S) = 1 \times (150 - 30) = 120$ 美元。标准必要专利的技术锁定型劫持效应产生的额外许可费 $H_{SL} = R_{SA} - R_A = 120 - 5 = 115$ 美元。

2. 标准必要专利的沉没成本型劫持

标准必要专利专用资产的沉没投资可以包含两部分：一方面，一旦技术标准设定完成，行业参与者很可能会开始设计、测试并生产符合标准的商品，以尽早实施该技术标准，这将导致一部分专用性投资的发生；另一方面，在标准中含有多项权利并有多个专利持有人的情况下，标准实施人与标准中的其他专利权人会产生一系列谈判成本。因此，当企业生产的产品中含有标准必要专利时，将出现更大的沉没成本。在该例子中，假设的沉没成本 SC_S 变为 30 美元。[48]

此时，理论上只要协商专利使用费 R_{SP} 低于利润 P_S 加上沉没成本 SC_S（$R_{SP} < P_S - C_S + SC_S$，即在上述例子中，只要 $R_{SP} < 150 - 30 + 30 = 150$ 美元），理性的企业就会选择支付专利费，从而继续生产。即使当专利费超过利润 120 美元但低于 150 美元时，企业继续生产会带来亏损，但它支付许可费并继续生产可以避免因前期不可逆转投资带来的（与停产相比）更大的损失。

具体专利使用费的确定依然受双方议价能力的影响。不过，技术实施人通常将交易信息作为商业秘密加以保护。[49] 由于信息不对称，

---

[47] See Joe Kattan & Chris Wood, supra note [25], p. 1.
[48] 这是一个极值假设，意味着厂商为使用该标准进行生产而投入了除许可费外的全部生产成本。
[49] See Vikas Kathuria & Jessica Lai, "Royalty Rates and Non-disclosure Agreements in SEP licensing: Implications for Competition Law", European intellectual property review, Vol. 40, 2018, pp. 1 – 18.

专利权人很难准确判断标准实施人先前谈判产生的沉没成本,因此,假设双方的议价能力依然均为 0.5 更加合适。此时,标准必要专利沉没成本型劫持导致专利持有人攫取的额外许可费 $H_{SC} = B_{SC} \times SC_S = 0.5 \times 30 = 15$ 美元。

最终,基于以上结论可得出双重劫持(沉没成本型劫持和技术锁定型劫持)效应下导致的额外许可费:$H_{SLC} = H_{SL} + H_{SC} = 115 + 15 = 130$ 美元。专利权人可以获取的这部分许可费 H_{SLC},是标准必要专利权人借助专利劫持带来的市场势力索取的不合理许可费,体现了标准必要专利劫持效应 Δ。

三、信息通信技术产业的标准必要专利劫持特征分析

信息通信技术产业的重要特征是其对标准必要专利具有很强的依赖性。[50] 我国国家统计局将信息通信技术制造业以及信息通信技术服务业同时列为知识产权(专利)密集型产业。[51] 随着科技创新在产业发展中的带动作用不断提升,信息通信技术产业取得迅猛发展的同时,标准必要专利劫持现象尤为突出。近些年发生的标准必要专利劫持案件绝大多数发生在该产业,这主要是由该产业的特点使专利劫持势力进一步提高所致。

(一)技术锁定型劫持

标准必要专利的技术锁定型劫持势力主要来自标准化带来的网络效应。在网络效应的作用下,特定服务或产品的价值由其用户数量决定。[52] 以太网络的发明人罗伯特·梅特卡夫(Robert Metcalfe)在 20 世纪 80 年代提出了"梅特卡夫定律",根据网络节点数测量网络效应

---

[50] See Alexander Galetovic & Stephen Haber, "The Fallacies of Patent Holdup Theory", *Journal of Competition Law and Economics*, Vol. 13, 2017, p. 1.

[51] 参见国家统计局:《知识产权(专利)密集型产业统计分类(2019)》。

[52] See Joseph Farrell & Paul Klemperer, "Coordination and Lock-in: Competition with Switching Costs and Network Effects", in M. Armstrong, R. Porter (ed.), *Handbook of Industrial Organization* (Volume 3), Elsevier B. V., 2007, pp. 1970 – 1994.

的价值。根据该定律，网络效应价值 V 与网络节点数量（n）的平方成正比：$V \propto n^2$。在信息通信技术这类对产品兼容性和协作性要求非常高的产业，由于产品和用户数量都非常多，致使网络效应非常明显。据爱立信公司统计，全球4G（第四代移动通信技术）用户2017年达到了21亿。[53] 这对移动通信技术产品带来的网络效应价值极为可观。

此外，消费者在享受标准化带来的更高效用的同时，也面临着更换不兼容产品会带来高额转换成本。当消费者放弃标准化的产品而选择新产品时，不但需要对新产品兼容的互补品买单，还需要付出重新学习使用新产品的成本。[54] 因此，为了避免高额转换成本，相比购买新标准的产品而言，消费者更愿意购买符合原标准的产品。对于生产者而言，如果不采用既有标准，另辟蹊径采用新技术生产出来的商品很可能会受到市场的冷落。网络效应在增加产品价值的同时，通过劫持效应无疑提高了专利持有人的市场势力，导致专利持有人收取的标准必要专利的许可费远高于非标准必要专利的许可费。

据调查，Rambus 公司对其持有的非标准必要专利和标准必要专利实行不同的收费标准。该公司对未纳入标准的专利收取销售额 0.75% 的专利费，而对标准必要专利则以 3.5% 的费率收取专利费。[55] 大约5倍的差额反映了 Rambus 公司对技术纳入标准后的增值部分的估值，一定程度上体现了技术锁定效应对专利持有人市场势力的提升作用。

---

[53] 参见胡盛涛："标准化是创新的功臣——谁是连接的创建者？"，http://www.chinaipmagazine.com/journal-show.asp?2838.html，最后访问日期：2019年8月9日。

[54] See Joseph Farrell & Paul Klemperer, supra [52], p. 1972.

[55] See Vincenzo Denicolò, Damien Geradin, Anne Layne-Farrar & Jorge Padilla, "Revisiting Injunctive Relief: Interpreting eBay in High-Tech Industries with Non-Practicing Patent Holders", Journal of Competition Law & Economics, Vol. 4, 2008. 他们认为，该费率差异来源于专利本身的价值不同，而非劫持效应的影响。

（二）沉没成本型劫持

1. 专利伏击

与传统产业相比，信息通信技术产业的一个显著特点是其产品中含有更多的知识产权。一方面，前期的研究与开发成本导致该产业的固定成本较高。一旦一项标准设立，生产企业为了争夺市场会尽早根据标准进行设计、测试、生产等活动。如果之后未能获得专利持有人的许可，则要承担更高的沉没成本或转换成本。[56] 另一方面，由于知识产权具有非常低廉的复制成本，专利密集型产业的边际成本非常低。随着生产过程中的固定成本分摊到平均总成本中，较高的固定成本和极低的边际成本使得该产业有显著的规模经济效应，进而导致该产业的生产企业更容易受到专利劫持的威胁。

"美国戴尔案"[57] 是专利伏击的典型案例：1991 年 7 月，戴尔公司获得了一项关于计算机总线设计的专利授权，即"481 专利"。次年 2 月，戴尔公司加入视频电子标准联合会（Video Electronics Standards Association，简称 VESA），当时 VESA 正在制定计算机总线标准（VESA Local Bus 或称 VL-bus）。1994 年，戴尔公司申请将"481 专利"技术纳入正在制定的 VESA 计算机总线标准。在标准建立初期，标准化工作组就要求参与各方申报自己持有的该标准所涉及的专利，然而参与了标准制定全过程的戴尔公司从未披露其持有的"481 专利"，并且两次以书面形式保证，该标准提案并未侵犯戴尔公司的任何专利权。因未涉及任何专利，该标准自通过后被免费授权许可使用。推行数月之后，已有超过 100 万台计算机使用该总线标准，戴尔公司却以使用者侵犯其专利权为由，要求使用者支付高昂的许可费用。1995 年，美国联邦贸易委员会（简称 FTC）以戴尔公司违反信息披露义务为由提起反垄断调查。次年，FTC 认为戴尔公司的行为

---

[56] See Douglas A. Melamed & William F. Lee, "Breaking the Vicious Cycle of Patent Damages", *Cornell Law Review*, Vol. 101, No. 2, 2016, p. 408.

[57] See Dell Computer Corp., 1996 FTC LEXIS 291, 121 F. T. C. 616 (F. T. C. 1996).

构成滥用专利权,否决了戴尔公司向该计算机总线使用者收取专利许可费的主张。除了该案外,典型的专利伏击案件还有 Unocal 案㊾、Rambus 案㊿和博通诉高通案[60]。

2. 互补性许可劫持

信息通信技术产业中涉及的技术标准通常含有大量的必要专利技术,并且涉及众多技术持有人。这会导致两方面问题:一方面,互补性许可劫持会进一步加重费率堆叠效应,具体而言,假设在一个标准中含有 N 个标准必要专利,而专利权分别由 N 个专利权人持有,如果每个专利权人都能够独立对其持有的专利技术定价,那么最终该标准所涉专利技术的总许可费将是单独垄断该标准所有专利技术许可费的 N 倍;另一方面,标准必要专利持有人利用实施人在前期谈判中形成的互补性许可劫持可获得更强的市场势力。前期的谈判成本主要与产品中的标准数量、标准中的必要专利数量以及必要专利持有人的集中程度相关。在无线通信领域,随着通信技术经历了从第二代 2G/GSM/GPRS 到第三代 3G/UMTS 到第四代 4G/LET 的发展,当前一部智能手机中含有的专利数量多达 25 万个。[61] 其中仅 4G 标准含有的已披露专利就达到 1.3 万个左右,[62] 持有人多达 130 个。[63] 众多的专利权人使得该领域形成互补性许可劫持的可能性很大,专利持有人拥有

---

[58] See In re Union Oil Co. of Cal. (Unocal), 138 F. T. C. 1, 2004 FTC LEXIS 115 (F. T. C. 2004).

[59] See Rambus Inc. v. FTC, 522 F. 3d 456 (D. C. Cir. 2008).

[60] See Broadcom Corp. v. Qualcomm Inc., 501 F. 3d 297 (3d Cir. 2007).

[61] See Steve Lohr, "Apple – Samsung Case Shows Smartphone as Legal Magnet", https://www.nytimes.com/2012/08/26/technology/apple – samsung – case – shows – smartphone – as – lawsuit – magnet.html, 最后访问日期:2019 年 6 月 20 日。

[62] See Federico Caviggioli et al., "Patenting Strategies and Characteristics of Declared Inventions in the Long Term Evolution Standard", *R&D Management*, Vol. 46, 2016, p. 666.

[63] See Alexander Galetovic, Kirti Gupta, et al., "Royalty Stacking and Standard Essential Patents: Theory and Evidence from the World Mobile Wireless Industry", p. 5, https://hooverip2.org/wp – content/uploads/ip2 – wp15012 – paper.pdf, 最后访问日期:2019 年 10 月 21 日。

的市场势力不可小觑。

以"华为诉IDC案"[64]为例。IDC公司（International Data Corporation）是欧洲电信标准化组织（European Telecommunications Standards Institute，简称ETSI）的成员，并承诺将其在ETSI通信标准下的必要专利依照FRAND原则进行许可。然而，IDC向同为ETSI会员的华为公司索要的标准必要专利（包括2G、3G和4G）的许可费率（IDC公司在2012年向华为发出的最后要约中表示将收取华为公司从2009年到2016年销售净值2%的专利许可费）远高于其授予其他公司的许可费（根据估算，其中苹果公司为0.02%、三星公司为0.19%）。在要约中IDC公司还坚持，其每项要约均构成整体不可或缺的一部分，拒绝其中任何一项则意味着全部拒绝，该条款设计本身也起到加重互补性许可劫持的效果。最终法院判决专利合理的许可费率为0.019%，仅是IDC公司索要费率的1%。

四、标准必要专利劫持对社会福利的损害

在美国，垄断行为被认定具有排他性，需要由反垄断部门证明该行为具有"反竞争作用"：不但损害竞争过程，还对消费者利益产生损害。[65] 我国《反垄断法》也明确将维护消费者利益和社会公共利益作为立法目标。[66] 因此，在判断专利劫持行为是否适用反垄断法时，也应当将消费者利益和社会公共利益作为一项重要的考量因素。

在上游技术市场，标准必要专利权人在事实上拥有市场支配地位。为了谋求垄断利润，专利权人会利用劫持力量降低产量（许可数量）、提高价格（许可费率），从而导致无谓损失的出现。

---

[64] 参见广东省深圳市中级人民法院民事判决书（2011）深中法知民初字第857号、广东省高级人民法院民事判决书（2013）粤高法民三终字第305号。

[65] See United States v. Microsoft Corp., 346 U.S. App. D.C. 330, 253 F.3d 34, 58 (D.C. Cir. 2001).

[66] 参见《反垄断法》第一条。

然而，最受反垄断部门关注的是垄断行为对下游产品市场的影响。[67] 就专利劫持行为而言，当专利权人利用市场支配地位向下游标准实施者索取不合理的许可费时，上游市场专利许可费的增加直接导致下游产品市场的生产成本增加，进而对该市场竞争与消费者利益产生影响。[68] 在下游产品市场中，社会福利应以社会总剩余衡量，包括生产者剩余和消费者剩余两部分。下文将借助福利经济学理论，在阐述技术标准化对社会福利影响的基础上，衡量标准必要专利劫持行为对社会福利的影响。

（一）技术标准化对产品市场社会福利的影响

如图1所示，MD代表消费者的需求曲线，NS代表企业的供给曲线。此时，两线交点A对应市场均衡价格P，均衡产量Q。消费者剩余CS为△APM代表的区域，生产者剩余PS为△APN代表区域，社会总剩余TS为消费者剩余与生产者剩余之和，对应区域为△AMN。

产品标准化对消费者的需求带来两方面影响：一方面，技术标准化增加了消费者对标准化产品的偏好，使其对标准化产品的需求大幅提高。因此，需求曲线MD向右平移，形成新的需求曲线D_1M_1；另一方面，由于标准化的技术锁定效应迫使本具有替代性的竞争产品被市场淘汰，并使得消费者对符合标准的产品产生路径依赖，这就意味着，消费者对符合标准的产品的需求弹性降低，消费者的需求曲线D_1M_1变得更加陡峭，进而形成曲线D_1M_2。

接下来分析技术标准化对供给曲线的影响。标准化降低了企业的生产成本，因此，企业的供给曲线SN向右移动，形成新的供给曲线S_1N_1。此时供给曲线S_1N_1与需求曲线D_1M_2交于A_1点，对应标准化作用形成的新均衡价格P_1、均衡产量Q_1。在此市场均衡点上，均衡

---

[67] See U. S. Department of Justice and the Federal Trade Commission, *Antitrust Guidelines for the Licensing of Intellectual Property*, 12 January 2017, pp. 8–14.

[68] 衡量市场运作状况的一个重要指标就是分析技术下游市场的产品价格：包括中间产品、终端产品以及作为生产要素的价格。见前注[67]，第9页。

价格 P_1 相较 P 有所下降，而均衡产量 Q_1 相比 Q 有所增加。

技术标准化之后，在该商品市场中消费者剩余表示为图1中的 $\triangle A_1P_1M_2$ 区域。相比标准化之前，消费者剩余 $\triangle APM$ 有所提高。其背后的原因在于：标准化使商品内在价值提高，为标准化前就会购买的消费者带来了更高的效用。此外，产品价格降低、产量提高，不但使原本能够购买该商品的消费者可以用更低的价格购买商品，而且使原本无力购买该商品的消费者也能购买该商品。

技术标准化之后的生产者剩余由区域 $\triangle A_1P_1N_1$ 表示，相比区域 $\triangle APN$ 也有所扩大。这是因为虽然销售价格有所下降，但生产成本降低完全可以弥补价格下降带来的损失。同时，网络效应带来的销量提高会进一步为企业带来更高的利润。

技术标准化后的社会总剩余为 $\triangle A_1N_1M_2$，可见，技术标准化使得终端产品市场的社会总剩余获得了净增加（增加面积为图中 $M_2A_1N_1NAM$ 形成的区域）。概言之，技术标准化对终端产品市场的社会福利产生了正影响，不仅使生产者剩余有所增加，而且消费者剩余和社会总剩余也有净增加。

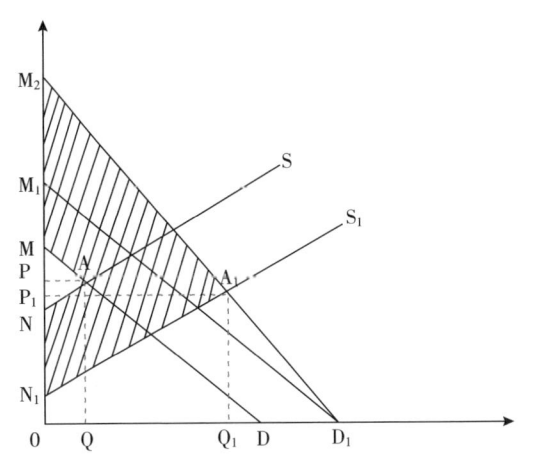

图1 技术标准化对产品市场生产者与消费者剩余的影响

（二）标准必要专利劫持对产品市场社会福利的影响

标准必要专利劫持对下游产品市场带来的变化主要体现在供给曲

线上，这是因为无论出现何种类型的标准必要专利劫持行为，必要专利持有人索取垄断高价带来的最直接影响是提高了下游产品的生产者（也就是标准技术的实施者）的生产成本。[69] 生产者会因生产成本的提高而降低产量、提高销售价格。在图 2 中，生产者供给曲线 S_1N_1 向左平移形成新的供给曲线 S_2N_2。S_2N_2 与市场需求曲线 D_1M_2 相交于 A_2 对应新的均衡价格 P_2、均衡产量 Q_2。

标准必要专利劫持行为并没有改变需求曲线，但因供给曲线的移动，消费者剩余变为 $\triangle A_2P_2M_2$。此时，消费者剩余遭到净损失：原本购买该产品的一部分消费者放弃购买，另一部分消费者虽仍然购买，但上涨的价格导致该部分消费者的剩余减少。消费者剩余损失部分为 $A_1A_2P_2P_1$。

对于生产者而言，劫持状态下生产者剩余对应图 2 中的 $\triangle A_2P_2N_2$。该区域相对于 $\triangle A_1N_1P_1$ 有所缩小，这是因为销量大幅减少导致利润总额下降。虽然销售价格有所提高，但上游专利劫持导致生产成本增加，因此其并未从中受益。

在专利劫持效应下，社会总剩余为图 2 中的 $\triangle A_2M_2N_2$，相比技术标准化作用下产生的社会总剩余 $\triangle A_1N_1M_2$ 带来的损失为 $A_1A_2N_2N_1$。总的来说，标准必要专利劫持会导致下游产品价格提高、产量降低，造成下游产品市场的生产者、消费者和社会总剩余受损。

前文中曾提到，面对标准必要专利持有人的劫持行为，专利权人可采取的措施不仅包括支付高额许可费并继续生产，还可以放弃使用该标准，但无论采取哪种方式，都会导致消费者福利的下降。首先，正如图 1 和图 2 所示：当面临专利劫持的企业决定通过支付过高的专利费获得标准必要专利的使用权时，多支付的那部分生产成本会反映在商品价格的相应提高或者商品质量的降低上，从而将专利劫持导致

---

[69] 除了采取专利池进行交叉许可的情况之外，标准必要专利持有人收取的专利费主要有一次性授权许可费和按销售额收取许可费两种形式，前者反映在实施人的固定成本增加，后者体现在实施人的可变成本提高，但最终都会导致实施人的平均生产成本提高。

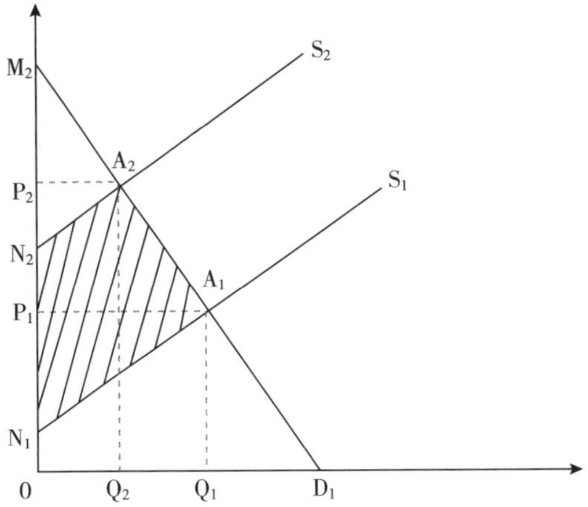

图2　标准必要专利劫持对产品市场生产者与消费者剩余的影响

的部分或者全部成本转嫁给消费者，因此损害了消费者的合法利益。其次，如果企业选择通过使用其他技术绕过标准必要专利技术，生产出来的产品很可能会与符合标准的互补性产品不兼容，消费者效用会大打折扣。尤其当产品标签不清晰或者产品本身与标准化产品存在混淆时，消费者不能或者很难辨别产品间的兼容性，在使用过程中会造成极大不便。

总的来说，通过衡量买卖双方的福利，我们可以判断由市场决定的资源分配是否可取。在上游专利许可市场存在标准必要专利劫持的情况下，下游产品市场效率较低，这反映了资源配置的失衡，从而无法实现社会效率的最大化。

五、我国反垄断法对标准必要专利劫持的规制

专利制度的实质是以牺牲竞争者和消费者利益为代价奖励发明者，从而鼓励科学创造和技术创新。只有当促进新发明创造带来的社会财富超过社会成本时，专利制度的存在才有积极意义。(70) 在专利权

(70) 参见林秀芹：“从法经济学的角度看专利制度的利弊——兼谈我国《专利法》的修订”，《现代法学》2004 年第 4 期，第 110 页。

人的行为导致社会总福利出现无谓损失,且知识产权法尚未根据新的问题调整权利界限时,反垄断法有必要规制可能产生损害市场竞争以及消费者利益的权利滥用行为。前文中借助经济学理论对标准必要专利劫持势力的测量以及劫持行为对社会公共利益带来的福利减损做了一般性分析,为反垄断法介入提供理论依据。在反垄断执法过程中,还应当认定具体案件中专利权人的许可行为是否构成垄断高价,并考察专利权人是否具有特殊性以及专利权人是否实施了对市场竞争产生影响的其他行为。

(一) 垄断高价的认定

对标准必要专利劫持行为的认定,最关键的是需要反垄断部门结合案情确定基准许可费,进而通过对比判断专利权人索取的专利许可费是否构成垄断高价。无论在实践中还是在理论上,判定基准许可费的方法大体可以分为技术路径和商业路径,另外,在欠缺有关证据的情况下,法院还可能综合其他辅助性因素确定许可费。[71] 技术路径主要通过"分析技术贡献度探求具体涉案标准必要专利的技术价值"。[72] 其理论方法有:斯旺森—鲍莫尔(Swanson-Baumol)事先竞标模型[73]、沙普利(Shapley)值法[74]、莱姆利—夏皮罗(Lemley-Shapiro)仲裁

---

[71] 参见赵启杉:"标准必要专利合理许可费的司法确定问题研究",《知识产权》2017第7期,第13页。

[72] 同上。

[73] 该规则将专利纳入标准前,专利持有人在面对竞争时根据持有专利价值所能获得的许可费率作为专利的合理许可费率。参见 Daniel G. Swanson & William J. Baumol, "Reasonable and Nondiscriminatory (RAND) Royalties, Standard Selection, and Control of Market Power", *Antitrust Law Journal*, Vol. 73, 2015, pp. 1–58。

[74] 该理论旨在解决合作博弈中合作收益在合作者之间的合理分配问题,其理论基础在于:构成标准的每个专利技术的合理价值等于其对整个标准的平均边际贡献。See Ann Layne-Farrar, Jorge Padilla & Richard Schmalensee, "Pricing Patents for Licensing in Standard-Setting Organization: Marking Sense of FRAND Commitments", *Antitrust Law Journal*, Vol. 73, No. 3, 2007, pp. 671–706.

机制法(75)、技术分摊规则(76)（专利价值估值法）等。辅助性因素最早体现在1970年Georgia-pacific公司诉美国胶合板集团案(77)，判决书中提到了计算专利合理费率的15项考量因素，后被称为“Georgia-pacific”因素。此后，微软诉摩托罗拉案的主审法官詹姆斯·罗巴特（James Robart）认为传统的“Georgia-pacific”因素分析法并未考虑专利劫持和专利堆叠问题，(78) 因此在此基础上进行了修改，并将修改后的因素作为当时计算标准必要专利合理许可费率的依据。技术路径的问题主要体现在实践层面，对模型构建涉及的变量进行量化十分困难，虽然在实践中通常需要结合综合分析法对其中的参数进行调整，但判决结果依然很容易受到质疑。(79)

商业路径不涉及对涉案技术的价值进行计算，而是通过商业活动规则来推定专利的合理费率，主要指的是“参考可比许可协议法”。(80) 相比技术路径，商业路径的优点显而易见，该方法可以绕过计算专利的价值，省去大量的司法成本，并且可以较快解决纠纷。此外，以专

---

(75) 该模型来源于动态博弈论中的讨价还价理论。仲裁机构通过标准必要专利持有人和实施人在仲裁中的多次出价，找到接近合理的许可费率。See Mark A. Lemley & Carl Shapiro，“A Simple Approach to Setting Reasonable Royalties for Standard-Essential Patents”，*Berkeley Technology Law Journal*，Vol. 28，2013，pp. 1135 – 1166.

(76) 根据“自上而下”的计算方法，首先按照“整体市场价值规则”计算涉案标准涉及的终端产品许可费总额，或按照“最小可销售单元”计算出含有专利技术的最小可销售产品，再按照产品所含的所有专利的技术贡献比例进行分配，最终确定涉案标准必要专利的合理费率。参见 In re Innovatio IP Ventures. LLC，2013 U. S. Dist. LEXIS 144061（N. D. Ill.，Sept. 27，2013）.

(77) See Georgia-Pacific Corp. v. United States Plywood Corp.，318 F. Supp. 1116（S. D. N. Y. 1970）.

(78) See Microsoft Corp. v. Motorola Inc.，No. C10 – 1823JLR，2013 WL 2111217（W. D. Wash. Apr. 25，2013）.

(79) See J. Gregory Sidak，“Apportionment，FRAND Royalties，and Comparable Licenses after Ericsson V. D-Link”，*University of Illinois Law Review*，Vol. 2016，No. 4，2016，p. 1825.

(80) 法院通过参考专利权人以往自由协商达成的交易条件基本类似的许可协议，经过调整得出涉案专利的合理许可费率。参见 Unwired Planet International Ltd. v. Huawei Technologies Co. Ltd，Royal Courts of JHP，Case No：HP – 2014 – 0000005，04/05/2017。

利权人通过自由协商达成的许可协议作为参考更贴近许可交易的现实情况，能够体现当事人的真实意愿，其计算依据被认为更具真实性、关联性和说服力。[81] 因此，比较许可协议相对而言更加受到法官和学者的青睐。[82] 但该方法的实践难点不仅在于对许可协议的筛选和适用，更大的障碍在于可比许可协议的取得。在实践中，专利持有人往往以许可费率条款涉及商业秘密为由拒绝专利实施人甚至司法机关对于以往许可协议披露的要求。目前对于标准必要专利持有人和实施人之间形成的保密协议（Non Disclosure Agreements，简称NDAs），多数国家给予认可或者采取默认的态度。

在现有基准许可费计算方法的基础上，本文根据专利劫持势力的来源划分了标准必要专利的类型，为垄断高价行为的认定提供新的思路。通过评估标准必要专利权人索取专利许可费的构成，逐步去除沉没成本型劫持和技术锁定型劫持带来的垄断高价部分，就可确定专利技术的基准许可费率，进而判断索取的专利费是否含有超额部分。如果专利权人无法对超额部分进行合理说明，则可以认定其行为构成劫持。在反垄断案件中，反垄断执法部门计算基准许可费的主要目的是判断标准必要专利权人的行为是否构成垄断高价，因此，该计算方法更直接、依据也更合理。衡量沉没成本时，应重点考察专利权人是否合理地按要求披露了专利信息、实施该标准所需的专用性投资、双方在谈判专利许可时专利标准设立的时间长度以及标准中专利及持有人数量。衡量技术锁定型劫持效应需重点考察技术标准所在的领域、标准本身的可替代性以及标准和标准化产品的普及程度（包括使用人数和市场范围）。

---

[81] 参见赵启杉，见前注[71]，第17页。

[82] See Thomas F. Cotter, "Four Principles for Calculating Reasonable Royalties in Patent Infringement Litigation", *Santa Clara Computer and High Technology Law Journal*, Vol. 27, 2011 pp. 734–35; John C. Jarosz & Michael J. Chapman, "The Hypothetical Negotiation and Reasonable Royalty Damages：The Tail Wagging the Dog", *Stanford Technology Law Review*, Vol. 16, 2013, p. 819; 李剑："标准必要专利许可费确认与事后之明偏见——反思华为诉IDC案"，《中外法学》2017年第1期，第236页。

(二) 标准必要专利权人的特殊性

基于前文的经济分析与典型案例不难看出，标准必要专利权人往往并非通过直接的拒绝许可行为排除或者限制竞争，而是通过专利劫持行为索取不合理的高许可费。这种超额许可费的反竞争效应集中表现为"原料封锁"，由于特定标准的影响力，标准必要专利成为相关市场中竞争必需的要素。对于这部分专利，如果权利人不开放或者不充分开放，可能导致潜在被许可人无法充分、有效地获取基础竞争要素，从而影响市场竞争。当实施专利劫持行为的标准必要专利权人同样作为标准的实施人参与下游产品市场的竞争时，排除或者限制竞争的效果则更加严重。因此，反垄断执法机构在判断专利劫持行为对市场竞争的影响时，应当考察标准必要专利权人与实施人之间是否在下游产品市场存在直接的竞争关系。

另外，有学者曾提出或可通过采取互补性专利的打包许可方式降低专利劫持风险，例如交叉许可以及专利池。[83] 但这种假设的前提是双方或者多方都在专利池中持有专利，如果其中一方不持有专利，则交叉许可的方式就不可能实现。实际上，专利池和交叉许可的应用还有诸多局限，比如对于"非专利实施主体"（non practicing entities，简称 NPEs）这种仅通过专利单方许可作为盈利模式的组织，因其自身并不生产产品，通过交叉许可预防其实施专利劫持行为并不能奏效。更重要的是，通过实施劫持行为获取高额利润是非专利实施主体的惯用手段，该行为对较弱的中小型企业或者起步较晚且掌握专利权较少的企业打击是巨大的。

(三) 标准必要专利权人的其他过错行为的考量

鉴于各国反垄断机构对垄断高价的谨慎态度，我国对标准必要专利权人的劫持行为适用反垄断法，还应当考量专利权人是否有其他加

---

[83] See Carl Shapiro, supra note ⑭; Michael A. Carrier, "Resolving the Patent – Antitrust Paradox Through Tripartite Innovation", *Vanderbilt Law Review*, Vol. 56, 2013, p. 1105.

重专利劫持对市场竞争影响的行为。

1. 标准制定过程中的欺骗行为

专利伏击行为的发生主要有两种情形：其一是标准化制定组织有明确的信息披露制度，要求必要专利权人披露其持有的专利技术信息，但专利权人以欺骗的手段故意隐瞒其持有的专利信息；另一种情形是专利权人未主动披露专利信息，但该行为并不明确违反标准化组织的知识产权政策。

第一类情形的典型案例是戴尔案，该案中，VESA 的知识产权政策明确要求成员的信息披露义务，戴尔的欺骗行为显然违反了该规则，这是联邦贸易委员会认为戴尔违反反垄断的主要依据。[84] 第二类情形对专利权滥用行为的判定带来一定困难。比如在 Rambus 案中，2002 年 6 月 19 日，联邦贸易委员会对 Rambus 公司提起反垄断指控，认为 Rambus 公司故意采取隐瞒行为，使得 JEDEC 在不知情的情况下采用了具有 Rambus 公司专利的 SDRAM 标准。[85] 2008 年 4 月，哥伦比亚特区巡回法院推翻了联邦贸易委员会的裁定，其中一个重要因素是，联邦贸易委员会未能充分证明 Rambus 的行为明显违反 JEDEC 的知识产权政策。[86] 但是欧盟委员会对于 Rambus 的行为却采取了与美国法院不同的态度，欧盟委员会认为 Rambus 的行为违反了《欧共体条例》第 82 条（现为《欧盟运行条例》第 102 条），因此构成滥用市场支配地位。[87] 美国和欧盟对第二种情形认定的差异，反映了两个经济体对该行为的态度差异。我国法院应当重点考察第一种情况，这

---

[84] See Dell Computer Corp., supra note [57].

[85] See The Federal Trade Commission, "FTC Issues Final Opinion and Order in Rambus Matter", 5 February 2007, https://www.ftc.gov/news-events/press-releases/2007/02/ftc-issues-final-opinion-and-order-rambus-matter, 最后访问日期：2019 年 11 月 6 日。

[86] See Rambus v. F.T.C, 522 F. 3d 456 (D. C. Cir. 2008).

[87] See European Commission, "Antitrust: Commission accepts commitments from Rambus lowering memory chip royalty rates - frequently asked questions", https://ec.europa.eu/commission/presscorner/detail/en/MEMO_09_544, 最后访问日期：2019 年 11 月 8 日。

是因为在该情形中,权利人存在明显的主观过错,且对竞争的损害显著。

不过这里讲的排除或者限制竞争是指标准制定过程中专利权人的欺骗行为对不同技术之间的竞争的损害,其目的是将持有的专利技术纳入标准,从而获取市场垄断地位。根据美国《谢尔曼法案》第2条规定,以不公平的方式取得或者维持市场支配地位的,都应予以规制。我国反垄断法规制的是滥用市场支配地位的行为,但并不直接规制通过欺骗获取垄断地位的行为。因此要将欺骗行为纳入反垄断法范畴,仍须证明该行为本身对市场竞争的危害,不过专利权人的欺骗行为往往直接导致标准实施过程中滥用市场支配地位。[88] 专利权人通过在标准制定过程中的欺骗行为获取市场支配地位后,最直接滥用专利权的表现即为索取不合理的高额许可费,因此我国反垄断法对于专利伏击行为的规制条件,主要还是回归到判断专利权人是否实施了排除或者限制竞争的行为。

2. 专利许可谈判中的胁迫行为

标准必要专利权人在专利许可谈判过程中的过错主要指的是权利人利用禁令救济权或者以诉讼相威胁从而索取高额许可费。我国对华为诉IDC案和高通案最终认定专利持有人不公平的高价行为构成滥用市场支配地位,就充分考虑了专利权人在专利许可谈判过程中存在的过错。在华为诉IDC案中,法院认为IDC公司在与华为公司谈判的过程中,向美国国际贸易委员会和美国特拉华州法院提起诉讼并申请禁令,其目的在于逼迫华为公司接受其不公平的高价及其他不合理的要求,该行为进一步加强了过高定价的不合理性和不公平性。[89] 因此,法院最终认定IDC的行为构成滥用市场支配地位。在高通案中,国家发改委认定高通的行为构成滥用市场支配地位,也是基于其行为目的之恶劣及其造成影响之严重。该案中,高通利用其在无线标准必要专

---

[88] 参见李剑:"论反垄断法对标准必要专利垄断的规制",《法商研究》2018年第1期,第75—77页。

[89] 参见广东省高级人民法院民事判决书(2013)粤高法民三终字第306号。

利许可市场的支配地位,采取打包许可的方式对含有大量过期专利的专利组合整体收取许可费。在此过程中,高通不但不提供专利清单,还强迫被许可人免费反向许可,在专利许可费中不抵扣被许可人反向许可的专利价值或者支付其他对价。基于以上因素,国家发改委认为高通直接或者间接实施了不公平的高价行为,抑制了被许可人进行技术创新的动力,阻碍了无线通信技术的创新和发展,损害了市场竞争以及消费者的利益。[90]

结语

当前正值我国实施创新驱动发展战略的关键时期,营造公平有序的市场竞争环境对保护和促进科技创新具有重要的现实意义。健全知识产权法律规范是其中的一个关键环节,也是确保我国顺利步入创新型国家行列的必要保障。在尊重创新、鼓励创新的同时,应当认识到,赋予专利权人一定的合理回馈反映了社会对创新的鼓励,对实施人过多的榨取则构成权利的滥用。技术专利化和技术标准化对社会发展的积极作用毋庸置疑,但专利与标准的结合可能成为专利权人进一步滥用权利的基础。从法律的角度而言,标准必要专利劫持现象的实质是专利权人对专利权的滥用,从经济学的角度看是机会主义导致的一种市场失灵,应当通过适当的规制手段预防和纠正该行为。本文从经济学的视角分析了标准必要专利劫持行为,证明了标准必要专利权人滥用权利的可能性以及反垄断法适用的合理性。希望本文能起到抛砖引玉的作用,之后有更多经济学、法学学者通过经济分析探求专利标准化过程中专利权人许可行为的规则,科学地构建能够在激励技术创新与维护市场竞争之间谋求平衡的法律框架。

---

[90] 参见中华人民共和国国家发展和改革委员会行政处罚决定书(发改办价监处罚〔2015〕1号)。

知识产权法

网络版权治理的算法技术与算法规则

吴汉东　李安

一、引言

进入 21 世纪，互联网构建了一个与物理世界并行的虚拟世界。截至 2018 年，全球网站数量超过 150 亿个，其中处于活跃状态的网站有近 2 亿个；① 截至 2020 年 3 月，中国网民规模为 9.04 亿，网络普及率达 64.5%。② 与此相应，人们的文化消费方式和文化生产活动也逐步从物理世界迁移至虚拟世界，数字成为作品的主要存在形态，网络成为作品创作、传播和消费的主要场所。以录制音乐为例，统计数据显示，2018 年全球录制音乐数字收入达 112 亿美元，占全球录制音乐收入总额的一半以上（58.9%）。③ 互联网从 Web 1.0 发展为

---

* 吴汉东，中南财经政法大学文澜资深教授；李安，中南财经政法大学知识产权研究中心博士研究生。本文由高等学校学科创新引智计划（111 计划）"新时代科技革命与知识产权学科创新"资助（编号 B18058）。

① Internet Live Stats，"Total number of Websites"，https：//www.internetlivestats.com/total‐number‐of‐websites/. 最后访问日期：2020 年 4 月 1 日。

② 中国互联网络信息中心（CNNIC）："第 45 次中国互联网络发展状况统计报告"，2020 年 4 月 28 日发布。

③ IFPI，"Global Music Report 2019"，pp. 13, 15.

Web 2.0，网络用户不仅是网络内容的消费群体，更是网络内容最为活跃的创作主体。不过，互联网在给人们带来文化消费和创作便利的同时，也极大地助长了作品盗版的猖獗。以国家版权局主办的"剑网2019"专项行动为例，2019年5月至11月共移除盗版链接110万条，打掉盗版影视网站418个，涉案金额达2.3亿元。④ 可以说，这些被查处的版权侵权行为仅是浩瀚网络海洋中的冰山一角，学者在互联网发展初期发出的"版权死亡"预言依然值得警醒，⑤ 网络版权环境的治理在今天以及未来仍然是一个重大问题。

在人工智能时代，网络版权治理迎来了新的机遇。新一代科技革命，特别是人工智能技术，对我们的社会生产、生活带来了猛烈冲击，从不同角度以不同方式对法律制度产生了意义深远的影响。总体而言，科技革命与法律发展的互动关系有两个观察角度：一是"供给主义"视角，致力于研究法律在制度供给侧如何变革，以规范并促进新技术的发展；二是"工具主义"视角，侧重于分析新技术如何应用于法律事业，以强化法律实施并提高法律运作效率。⑥ 简言之，技术既是法律制度的规制对象，也是法律社会的治理工具。基于此，我们可以说，人工智能技术，不仅给法律制度提出了新的挑战，也为法律实施提供了新的机遇。以"工具主义"视角审视人工智能技术对版权法的影响，提出的一个重要问题是，算法是否有助于版权法在网络环境中的实施？答案是肯定的。

法律的算法实施（algorithmic law enforcement）活动已经广泛存在，尤其是在网络版权领域。中国公司"冠勇科技"利用作品指纹特

---

④ 中国国家版权局："国家版权局等四部委在京召开'剑网2019'专项行动通气会"，http://www.ncac.gov.cn/chinacopyright/contents/11379/410138.html. 最后访问日期：2020年5月29日。

⑤ See Glynn S. Lunney Jr, "The Death of Copyright: Digital Technology, Private Copying, and the Digital Millennium Copyright Act", *Virginia Law Review*, Vol. 87, No. 5, 2001, p. 814.

⑥ 参见鲁楠："科技革命、法哲学与后人类境况"，《中国法律评论》2018年第2期，第97—99页。

征比对算法为版权人提供网络维权服务，截至 2019 年 11 月已帮助版权人累计发出侵权删除通知 360 多万份。⑦ 在美国 Lenz 诉 University Music 案中，被告口头答辩阶段称涉案侵权删除通知是由算法在巡查网络时自动发出的。⑧ 视频分享网站油管（YouTube）采用 Content ID 系统，利用指纹比对算法对用户上传的视频内容自动进行版权查验。⑨ 可以认为，在人工智能时代，网络版权的环境治理将会越来越依靠于算法。本文旨在研究如何推动算法更有效地参与网络版权环境治理。具体而言，本文将首先阐释"算法即法律"命题，其次梳理有助于网络版权治理的算法技术，然后考察网络版权算法治理的实践与问题，最后探讨网络版权算法治理机制的完善措施。

二、网络版权治理新机遇：算法即法律

在网络法中，"技术架构即法律"是一个较为成熟的理论共识。技术架构即法律是一个隐喻表达，指网络技术像法律一样具有约束人们网络行为的能力。技术架构在不同时代有不同的具体表现。代码是互联网技术架构的基本构件，算法是人工智能技术架构的基本构件。算法，尤其是音视频指纹算法和文本相似度算法，正推动着网络版权治理，从互联网时代的"代码即法律"走向人工智能时代的"算法即法律"。

（一）版权治理理念：从"代码即法律"到"算法即法律"

谈论网络治理，不得不提及学者雷登伯格（Reidenberg）和莱斯格（Lessig）以及他们的理论思想。1998 年，学者雷登伯格在其论文《信息法》中指出，在网络信息社会中，法律法规不是唯一的行为规

---

⑦ 参见冠勇科技公司网站的简介，http：//www.firstbrave.com. 最后访问时间：2020 年 4 月 1 日。

⑧ See Lenz v. Universal Music Corp., 801 F. 3d 1126, 1136 (9th Cir. 2015).

⑨ See Benjamin Boroughf, "The Next Great Youtube: Improving Content ID to Foster Creativity, Cooperation, and Fair Compensation", *Albany Law Journal of Science & Technology*, Vol. 25, No. 1, 2015, p. 105.

范，网络技术的设计和选择也可以对网络主体的行为产生规制作用；网络技术的设计和选择形成的行为规则称为"信息法"（lex informatica），与人类制定的法律体系（legal system）相对应。⑩ 无独有偶，1999 年，学者莱斯格在其著作《代码》一书中也提出了类似的观点。具体而言，莱斯格主张"法律、社会习俗、市场、物理架构"是调整人类行为的四种形态：法律和习俗对应传统意义上的正式和非正式社会行为规范，市场通过价格影响人们的行为，架构则通过其自身物理形态规制人们的行为。⑪ 物理架构能够调整人们的行为，例如在道路上设置减速带可以促使人们降低车速，在草坪四周搭建围栏或种植灌木可以减少行人对草坪的踩踏。虚拟世界的技术架构如同现实世界的物理架构，也可以约束人们的具体行为。可见，雷登伯格和莱斯格有着一致的理论洞见：人们的网络行为的规制资源，除了法律制度，还有技术架构；技术架构可以像法律一样有效地约束人们的网络行为。在这个意义上，我们可以说"技术架构即法律"。不同时代有不同的技术因子，大体而言，互联网技术架构的基本要素是代码，人工智能技术架构的基础元素是算法。网络版权治理步入人工智能时代，也就意味着网络版权治理从"代码即法律"走向"算法即法律"。

"代码即法律"是莱斯格提出的一个著名命题。⑫ 莱斯格认为，"代码"可以像法律一样（且比法律做得更好）有效地管控人们在互联网中可以干什么以及不可以干什么，原因在于"代码"是网络技术架构的基本构件，能够形塑我们的网络空间。在版权领域中，"代码即法律"主要体现为以"数字权限管理"（digital rights management）系统为代表的各类版权技术保护措施。通过事先的代码设计，版权人可以为版权作品加上电子锁，设置数字作品的访问权限，控制电子作品的复制次数等。版权人也可以在作品中插入电子签名、电子水印

---

⑩ See Joel R. Reidenberg, "Lex Informatica: The Formulation of Information Policy Rules through Technology", *Texas Law Review*, Vol. 76, No. 3, 1998, pp. 554 – 555.

⑪ See Lawrence Lessig, *Code and other laws of cyberspace*, New York: Basic Books, 1999, p. 235.

⑫ Ibid., p. 6.

等,以便识别他人对作品的擅自复制和非法改编。不过,以代码为主要手段的版权技术保护措施,很容易被破解和规避。围绕规避与反规避展开的无限技术竞赛对版权人和社会整体都是一种无谓损失。对此,1996年缔结的两个互联网版权国际条约,即《WIPO版权条约》(第11条)和《WIPO表演与录音制品条约》(第18条),分别规定了禁止规避版权技术保护措施之条约义务。该条约义务在我国落实为《著作权法》第48条第6项。

"算法即法律"是对"代码即法律"的继承,是"技术架构即法律"在人工智能时代的具体体现,因为算法是人工智能技术架构的基本构件。通常而言,算法、算力、数据,是新一代人工智能的三大要素:算法是人工智能的构件,算力是人工智能的动力要素,数据是人工智能的生产要素。作为人工智能系统的基本构件,算法如同一个网络警察,可以批量地识别和定位版权侵权内容并发出侵权删除通知,能够自动地对用户上传的网络内容进行版权过滤。实际上,在计算机系统和网络空间中运行的算法本身是代码的集合,那么问题来了:我们有区分"代码即法律"和"算法及法律"的必要吗?答案是肯定的,因为作为一种技术治理工具,算法不同于代码。代码需要在作品上网之前植入代码程序,是被动地防御他人侵犯版权;而算法不依赖于事前的代码植入,是事后主动地发现、纠察网络上的版权侵权行为。除此之外,算法可以根据不同性质的网络内容做出不同的判断,提出不同的解决方案。总体而言,算法治理是代码治理的升级版,前者比后者更为绵密、灵活和智能。

本文主张"算法即法律",不是说法律要被算法取代。一种激进的观点主张,在人工智能时代,法律将会消亡,取而代之的是算法为每个人量身定制的"微指令"(micro-directive)。[13] 笔者认为,算法不会也不可能取代法律,算法趋向于效率而法律趋向于正义,算法无法完全胜任法律的价值判断。算法和法律之间,不是相互取代的竞争关

---

[13] See Anthony J. Casey & Anthony Niblett, "The Death of Rules and Standards", *Indiana Law Journal*, Vol. 92, No. 4, 2017, p. 1403.

系,而是互为支撑的互补关系。本文主张"算法即法律",旨在强调算法是人工智能时代网络版权治理不可忽视的规制力量,政策制定者和版权权利人需要深入理解、承认、支持和引导网络版权的算法治理。在人工智能时代,网络版权的环境治理不仅需要版权法律法规,还要重视算法这一技术工具,版权法律法规在网络空间的落地实施将会越来越依靠算法。作为网络版权治理的两个重要工具,算法规制人们的网络行为,法律监管算法的设计和使用,因此,法律可以借助算法在网络空间予以实施。⑭ 法律的实施是法律从纸面文字转化为社会行为的过程,是法律的具体化和现实化,主要包括守法、执法、司法、法律监督四个环节,其中守法是自然人和法人等民事主体主要参与的环节。⑮ 版权算法的主要使用者是版权人和网络服务商,版权算法的被规制者是广大的网络用户,也就是说,私人主体是版权算法治理关系的主要当事人。因此,网络版权的算法治理主要是在"守法"环节促使网络主体依法行使版权权利和依法履行版权义务。

(二) 版权治理技术:音视频指纹算法和文本相似度算法

算法,顾名思义,是一种计算方法,旨在将信息输入转换为特定的输出结果。这是实质意义上的算法释义。在网络社会和人工智能语境中,算法是一种在形式意义上被限缩和具体化的计算程序,即由计算机代码表示,被计算机系统执行,旨在解决某一具体问题的代码序列。适用于网络版权治理的算法有很多,如网络爬虫算法、文本撰写算法等。其中,音视频指纹算法和文本相似度算法,是网络版权算法治理之所以可能的关键算法。两种算法旨在实现"内容自动识别"(automatic content recognition),常被用来监测包括版权侵权在内的非法网络内容。

音视频指纹算法,是识别并比对音频视频(图像)作品内容的计

---

⑭ See James Grimmelmann, "Regulation by Software", *Yale Law Journal*, Vol. 114, No. 7, 2005, p. 1721.

⑮ 参见张文显主编:《法理学》,高等教育出版社2018年版,第242页。

算方法。音视频指纹算法，也被称为多媒体感知哈希算法。哈希是"hash"的译文，本意是把食物等切碎之后做混杂处理，后被用来指称对较大数据集合进行压缩映射的函数，即哈希函数，具体指通过一种散列算法将任意长度的信息数据集压缩为某一固定长度的信息摘要。该信息摘要用一组字符串表示，称为哈希值或电子指纹。哈希函数主要有传统的加密哈希和新兴的感知哈希两类。感知哈希最早由学者考克（Kalker）提出，旨在通过哈希函数思想模拟人脑感知识别多媒体信息的认知过程。[16] 多媒体感知哈希算法的工作机制为：先从音视频作品内容中提取人脑可以感知的特征信息，然后将提取的可感知特征信息通过哈希函数计算出一组较短的字符串，这就是音视频文件的感知哈希值（电子指纹）。待检测网络内容，同样以上述方法计算出感知哈希值。将待检测网络内容的感知哈希值与版权作品的感知哈希值进行比对，两个值越接近则两个音视频内容越相似。[17]

文本相似度算法，是对比并量化文本类作品内容相似度的计算程序。文本相似度算法是处理自然语言问题的一项基础技术，具体指通过一定的计算程序将两个或多个文本文件之间的相似程度量化为数值。总体而言，文本相似分为字面匹配相似和语义相似；相应地，文本相似度的计算方法有两种，一是字面相似度计算方法，二是语义相似度计算方法。[18] 文本字符相似度算法直接针对原始文本中的字符串，以两个文本的字符匹配程度或距离作为相似度的衡量标准。字符串匹配算法是文本字符相似度计算的一个重要算法，其中，以哈希函数为思想基础的罗宾—卡普（Robin-Karp）算法是一种经典的多模式

---

[16] See T. Kalker, J. Haitsma & J. Oostveen, "Issues with Digital Watermarking and Perceptual Hashing", in *Proceedings of SPIE Conference on Multimedia Systems & Applications*, 2001, pp. 189–197.

[17] 参见牛夏牧、焦玉华："感知哈希综述"，《电子学报》2008年第7期，第1405—1410页；杨帆："运用哈希算法的图片版权保护"，《电子技术》2017年第11期，第31—34页。

[18] 参见王春柳等："文本相似度计算方法研究综述"，《情报科学》2019年第3期，第158—168页。

匹配算法，常被应用于检测论文抄袭。[19] 字面相似度算法仅仅是机械地比对字符的相似性，而不问语词在文本上下文语境中的具体含义，因此计算出的文本相似度不够精确。对此，语义相似度算法被提了出来，该算法基于语料库和知识库，对文本中出现的词频进行统计分析得出文本语义。[20] 实践中，以上两种算法通常会综合使用。

着重介绍并称音视频指纹算法和文本相似度算法是网络版权算法治理的关键算法，主要基于以下两点：第一，音视频指纹算法和文本相似度算法涵盖了作品的三种主要表达形态：音频、视频和文本。但依据思想表达二分原则，并非所有的作品内容均受版权法保护，因此更准确地说，版权法保护的对象是作品的表达。我国《著作权法》第3条规定了8类具体的作品类型，总体而言，这些法定的作品类型可大致归结为三类表达形态：一是音频类作品，包括音乐作品、戏剧作品、曲艺作品等；二是视频类作品，主要有美术作品、摄影作品、电影作品等；三是文本类作品，如文字作品、口述作品、计算机软件作品等。第二，音视频指纹算法和文本相似度算法能够胜任作品版权侵权认定的核心任务：实质性相似比对。作品版权的侵权认定遵循"接触+实质性相似"规则。在该规则中，证明作品使用者接触版权作品较为容易，如果作品使用者有接触版权作品的机会（证明版权作品在先发表即可）则推定接触要件成立；而被使用作品与版权作品是否实质性相似是一个较难的问题，也是作品版权侵权认定的关键。音视频指纹算法和文本相似度算法都是以判断网络内容资源相似度为技术目标的算法。音视频指纹算法通过感知哈希值（电子指纹）的相似性判断被感知音视频内容的相似性，文本相似度算法以字面相似度计算和语义相似度计算为方法来计算两个或多个文本内容的相似性。综上，对作品三种主要表达形态"音频、视频、文本"的覆盖，对版权侵权

---

[19] See Richard M. Karp & Michael O. Rabin, "Efficient randomized pattern–matching algorithms", *IBM Journal of Research and Development*, Vol. 31, No. 2, pp. 249–260.

[20] 参见陈二静、姜恩波："文本相似度计算方法研究综述"，《数据分析与知识发现》2017年第6期，第3—5页。

判断的核心"实质性相似"认定的胜任，表明音视频指纹算法和文本相似度算法是有效治理网络版权环境的技术工具。能够计算内容相似程度的算法不仅可以应用于网络版权治理，还可以模拟人类的视觉认知和思维逻辑对商标近似做出判断，为商标的自动评审和智能维权提供技术支持。㉑

三、网络版权算法治理的实践与问题

在人工智能时代，算法赋能版权保护，为网络版权环境的治理提供了新机遇。目前，算法正从多个角度介入网络版权管理，从不同方面约束人们在网络上的作品使用行为。当然，新生事物总是美中不足。在网络版权领域开展算法治理的过程中，也出现了一些棘手问题，招致了不少批评声音。我们有必要较为系统地梳理网络版权算法治理的实践状况和发展问题。

（一）网络版权算法治理的实践状况

网络版权算法治理的实践与网络各主体之间的权利义务关系密切相关。版权人、网络服务商、网络用户，是与版权相关的三类网络主体。其中，处于互联网十字路口的网络服务商是网络版权法律关系网的核心。依据《侵权责任法》第36条、《电子商务法》第42—45条、《信息网络传播权保护条例》第14—17条和第23条，网络服务商在以下两种情况下对用户的版权侵权行为承担责任：一是在收到权利人的侵权删除通知之后，网络服务商未及时采取删除链接等必要措施，应当对损害的扩大部分承担侵权责任；二是网络服务商知道或应当知道用户的侵权行为，但未及时采取删除链接等必要措施，应与用户一起承担连带侵权责任。以上责任框架被称为通知规则（或"通知—删除"规则）和知晓规则。该责任框架是对美国1998年《千禧年数字

㉑ 参见祁俊辉、龙华等："基于字形编码与拼音编码的近似商标辨识算法研究"，《软件导刊》2018年第6期，第77—80页和第84页。

版权法》第512条立法的借鉴，也被称为避风港规则和红旗规则。[22]以网络服务商的两个责任规则为对照，网络版权算法治理主要有以下两类实践活动：

首先，版权人与网络服务商共同采用算法将"通知—删除"规则具体化为"算法通知—算法删除"。版权人借助软件程序向网络服务商发出侵权删除通知在实践中早已存在，如美国联邦法院在多个判决书中讨论版权人采用计算工具（Computerized Methods）发出的侵权删除通知是否构成善意通知（good faith belief）。[23] 近几年，随着音视频指纹算法和文本相似度算法等高级算法日趋成熟，越来越多的权利人利用这两种算法将"网络爬虫"抓取到的网络内容与自己的版权作品数据库进行比对分析，识别并定位与版权作品相似但未经授权的网络内容，最后自动地向该网站发出删除通知。与此同时，许多第三方机构向权利人提供专业的技术服务，极大地推动了算法在侵权删除通知中的应用。如成立于2009年的美国公司"DMCA Force"自称是"DMCA移除专家"，自成立以来利用相关技术帮助独立作者发出了成千上万份侵权删除通知。[24] 再如中国公司冠勇科技截至2019年11月利用电子指纹算法等技术已帮助权利人累计监测到侵权链接4 700多万个，累计发送移除通知360多万份，累计下线侵权链接3 160多万个。[25] 此外，根据学者们的抽样调查研究，谷歌公司收到的侵权删除

---

[22] Digital Millennium Copyright Act of 1998, Pub. L. No. 105 – 304, 112 Stat. 2860（codified at 17U. S. C 512, 1201 – 1205, 1301 – 1332; 28 U. S. C. 40001）. 其中，关于网络服务商版权责任的内容被编进美国《版权法》第512条（17 U. S. C. 512）。

[23] See Rossi v. Motion Picture Ass'n of America, 391 F. 3d 1000, 1005（9th Cir. 2004）; Disney Enterprises, Inc. v. Hotfile Corp. Not Reported in F. Supp. 2d, 2013 WL 6336286, at 47 (2013); Lenz v. Universal Music Corp. , 801 F. 3d 1126, 1135 – 1136 (9th Cir. 2015).

[24] 参见DMCA Force公司网站的简介，https://dmcaforce.com/?page_id=154. 最后访问日期：2020年4月1日。

[25] 参见冠勇科技公司网站的简介，http://www.firstbrave.com. 最后访问日期：2020年4月1日。

通知，有91.8%来自第三方专业机构。[26] 第三方技术机构大大地推动了算法在侵权删除通知中的使用，其结果是，海量的侵权删除通知需要网络服务商及时处理，如谷歌公司收到的侵权删除通知逐年增加，2013年为2.30亿件，2014年为3.45亿件，2015年则高达5.58亿件。[27] 显然，如此多的侵权删除通知远远超过了网络服务商在"删除"端的人工处理能力。为及时有效地解决海量的侵权删除通知，网络服务商也采用可以自动分类的算法，分化出侵犯疑似程度较高的网络内容予以批量删除，筛选出侵权疑似程度较低的网络内容留待人工处理。[28] 如此一来，算法的自动化处理被引入了"通知—删除"程序的两端，机器人与机器人商讨该怎么处理具有版权争议的网络内容。

其次，网络服务商与版权人合作采用算法对用户上传的内容进行版权过滤。目前，网络版权治理呈现"3V"特征，即侵权数量巨大（volume）、侵权活动快速（velocity）、版权人与网络服务商之间自愿达成版权协议（voluntary）。[29] 前两者推动着第三者的出现，即有许多大型网络平台与版权人达成版权协议，采用算法来审查用户上传内容的版权。较为成熟的版权算法过滤技术应用是YouTube的Content ID系统，该系统利用感知哈希算法将音视频版权作品加工处理为哈希值表（hash table）即电子指纹数据库，然后将用户上传的视频内容哈希为电子指纹，与版权作品的电子指纹数据库进行比对，指纹相似则内

---

[26] See Jennifer M. Urban, Joe Karaganis & Brianna Schofield, "Notice and Takedown in everyday practice", UC Berkeley Public Law Research Paper No. 2755628 (2016). pp. 84.

[27] See Ernesto, "Google Asked to Remove 558 Million 'Pirate' Linksin 2015", *TORRENT-FREAK* (Dec. 30, 2015), https://perma.cc/S3C9-HC2Y. 最后访问日期：2020年4月1日。

[28] See Joe Karaganis & Jennifer Urban, "The Rise of the Robo Notice", *Communications of the ACM*, Vol. 58, No. 9, p. 29.

[29] See Andy, "US Congress Starts Review on Possible Modernization of the DMCA", *Torrentfreak*, (February 12, 2020) https://torrentfreak.com/us-congress-starts-review-on-possible-modernization-of-the-dmca-20021/. 最后访问日期：2020年4月29日。

容相似。如果对比结果显示侵权，YouTube 向权利人提供以下四个选项：（1）将该视频禁声之后上传；（2）阻止该视频上传；（3）通过广告收益分成等方式将该视频货币化；（4）追踪统计该视频的观看次数。㉚ 与 YouTube 相似，美国视频共享网站 Vimeo 从 2014 年也开始采用"Copyright Watch"系统对用户上传的视频内容进行过滤。中国也有采用版权算法过滤技术的互联网企业，如在"中青文诉百度"案中，百度披露百度文库自 2011 年开始采用反盗版 DNA 比对识别系统，对用户上传的文档进行版权监测。㉛ 在没有法定义务的情况下，网络平台自愿与版权人合作采用算法过滤版权侵权内容，有多个动因，如网络平台疲于应付版权人发出的大批量侵权删除通知，版权人发出大批量的侵权删除通知影响到用户体验；其中，最为主要的动因是降低不确定的侵权责任。㉜ 随着互联网产业特别是"用户创作内容"商业模式的发展，网络平台被认定为"应知"用户侵权内容而担责的风险越来越大。视频分享网站 YouTube 采用 Content ID 进行版权算法过滤的一个背景是，版权人 Viacom 起诉 YouTube 对用户未经授权的视频上传行为承担版权侵权责任并索赔 10 亿美元。㉝ 同样，视频共享网站 Vimeo 也是在版权人发起侵权诉讼之后，㉞ 开始采用 Copyright Watch 系统。

我们可以看到，目前采用算法治理网络版权的主要实践主体是版权人和互联网企业。一方面，两者共同使用算法对网络侵权内容执行"通知—删除"；另一方面，两者合作利用算法对网络合法内容实行版权过滤。其中，网络服务商主导的版权算法过滤，呈现扩大使用的趋势，因为网络服务商的版权责任在全球范围内正在发生转变。在 2014

㉚ See YouTube Help, "How Content ID Works", https：//support. google. com/youtube/answer/2797370? hl = EN. 最后访问日期：2020 年 4 月 1 日。
㉛ 参见北京市高级人民法院（2014）高民终字第 2045 号民事判决书。
㉜ See Matthew Sag, "Internet Safe Harbors and the Transformation of Copyright Law", *Notre Dame Law Review*, Vol. 93, No. 2, 2017, p. 541.
㉝ See Viacom Int'l, Inc. v. YouTube, Inc. , 676 F. 3d 19 (2d Cir. 2012).
㉞ See Capitol Records, LLC v. Vimeo, LLC, 972 F. Supp. 2d 500 (S. D. N. Y. 2013).

年的 Dafra 诉谷歌案中，原告 Dafra 针对一个视频内容向谷歌发出侵权删除通知之后，主张谷歌应禁止相似视频内容被其他用户再次上传。对此，谷歌以"技术不能"进行抗辩。最终，巴西高等法院驳回该抗辩，认定谷歌有责任禁止被删除内容再次上传。[35] 欧盟 2019 年《单一数字市场版权指令》第 17 条，规定提供内容在线分享服务（online content-sharing service）的网络平台应当对用户上传的内容负较高的版权注意义务，即应尽最大努力寻求版权授权，并且应采取积极措施，阻止版权人事先提供相关必要信息或发出侵权删除通知的版权作品被用户擅自上传其网站。[36] 美国几个主要的版权集团和网络平台企业于 2007 年达成一份合作性文件《用户创造内容服务商的原则》，倡议网络平台采用版权过滤技术，对照版权人提供的版权作品材料数据库，审核用户上传的内容是否侵犯版权。[37] 美国版权局从 2015 年开始也在着手修改《千禧年数字版权法》第 512 条的"避风港规则"。[38] 总之，在全球范围内，网络服务商（特别是用户创作内容类型的网络平台）正"从消极的版权责任（liability）转向积极的版权责任（responsibility）"。[39] 在这个背景下，版权算法过滤将成为网络服务商承担积极版权责任的主要技术手段。

在实践中，算法实际参与网络版权治理的程度要比我们想象的更为深入。通常情况下，算法系统依据版权法自动做出决策有三种类型：一是系统自动做出决定，受到影响的相对人认为算法决策错误可

---

[35] See Google Brazil v. Dafra, Special Appeal No. 1306157/SP (The Brazilian Superior Tribunal of Justice, Fourth Panel, 2014).
[36] See DIRECTIVE (EU) 2019/790 OF THE EUROPEAN PARLIAMENT AND OF THE COUNCIL of 17 April 2019on copyright and related rights in the Digital Single Market and amending Directives 96/9/EC and 2001/29/EC, Art. 17.4.
[37] See "Principles for User Generated Content Services", https://ugcprinciples.com. 最后访问日期：2020 年 5 月 20 日。
[38] See U.S. Copyright Office, "Section 512 Study: Notice and Request for Public Comment", Docket No. 2015-7, December 31, 2015.
[39] See Giancarlo F. Frosio, "Internet Intermediary Liability: WILMap, Theory and Trends", *Indian Journal of Law and Technology*, Vol. 13, No. 1, 2017, p. 23.

以向算法系统使用人申诉撤销该决定；二是算法系统自动做出决定，人工审核是否采纳该决定；三是算法系统自动给出建议，人们在该建议基础上进一步做出决定。[40] 第一种是全自动的算法决策体制，后两种是半自动的混合型算法决策体制，即在算法决策之后加入人工审核。但是，在实际操作中，算法做出的网络内容删除或屏蔽决定很少被后续的人工审核推翻或修正，原因在于算法和人工对大批量待决问题处理成本的严重不对称。[41] 人类不具有充分的时间和精力去复核算法自动做出的大批量决策，因此算法对网络疑似侵权内容自动识别、删除和屏蔽，不管是准确还是不准确，事实上都是最终的。基于这些事实，版权人、网络服务商、网络用户的法律地位就改变了。

（二）网络版权算法治理面临的问题

科技有力量改变世界，但科技并不一定正确且正当地改变世界。无疑，算法有力地提高了权利人的维权效率，有效地增强了网络服务商的平台治理能力，有助于网络版权环境的净化。不过，我们应该清醒地认识到，书本上的版权法和实践中的版权法并不一致，法条中基于利益平衡安排的权利义务关系在实践中可能异化为不均衡的权利义务格局。具体到版权的算法治理实践中，版权人和网络服务商所设计、选择和使用的算法决策系统，是将版权法文本层面的权利义务平衡作为起点，重新设定了版权人和网络用户的权利义务关系。[42] 作为追求个人利益最大化的私人主体，权利人和网络服务商是以服务自身利益为诉求、以不透明的方式来协作设计版权自动实施系统。那么随之而来的问题是，私人主导的算法规则是否在最大限度内与社会公共意志制定的法律规则（内容和目的）相一致？或者用康德的话说，算法主体的个人合目的性是否与社会整体的历史合目的性相一致？该问

---

[40] See Danielle Keats Citron, "Technological Due Process", *Washington University Law Review*, Vol. 85, No. 6, 2008, pp. 1263 – 1266.

[41] See Dan L. Burk, "Algorithmic Fair Use", *University of Chicago Law Review*, Vol. 86, No. 2, 2019, p. 286.

[42] See Matthew Sag, supra note [32], p. 561.

题值得我们深思。就目前而言，网络版权算法治理在实践中存在以下两个问题：

一是算法不公正，导致利益失衡。权利人和网络服务商主导的版权算法只侧重于版权的权利保护，而忽视了网络用户依据合理使用、思想/表达二分等版权制度享有的权益。法律实施有两类错误，一是原本应负法律责任但是被错误地认定不负法律责任，二是原本不负法律责任但被错误地认定负法律责任。[43] 前者称为"消极错误"（false negative），后者称为"积极错误"（false positive）。这两种错误在算法自动处理版权问题时同样存在：要么是算法执法力度不足（under-enforcement），不能完全删除版权侵权内容，损害权利人的利益；要么是算法执法力度过大（over-enforcement），删除了非侵权的网络内容，损害了社会大众的表达利益。[44] 由于算法设计使用者是权利人和网络服务商（权利人的合作者），因此，在实践中算法的错误偏差主要是第二种，即过于严格地执行版权。其中，最常见的一种情况就是，版权通知算法和版权过滤算法往往忽视对合理使用情况的考虑。根据美国学者的一项抽样调查，权利人利用算法发出的侵权删除通知中，有7.3%是非常明显的作品合理使用。[45] YouTube的版权过滤系统Content ID曾自动中断一个活动的直播画面，原因是听众中有人唱"生日快乐"歌曲（版权归华纳所有）为直播活动中的一位成员庆生。[46] 有学者直呼，Content ID杀死了合理使用制度。[47] 执行版权保护的算法

---

[43] See A. Mitchell Polinsky & Steven Shavell, "The Economic Theory of Public Enforcement of Law", *Columbia Law Review*, Vol. 85, No. 6, 2000, p. 60.

[44] See Maayan Perel & Niva Elkin-Koren, "Accountability in Algorithmic Copyright Enforcement", *Stanford Technology Law Review*, Vol. 19, No. 3, 2016, p. 492.

[45] See Joe Karaganis & Jennifer Urban, supra note 28, p. 29.

[46] See Tim Cushing, "YouTube Kills Livestream of Convention When Audience Starts Singing 'Happy Birthday'", *TECHDIRT* (Oct. 15th 2013), https://www.techdirt.com/articles/20131014/15323524876/youtube-kills-%20livestream-convention-when-audience-starts-singing-happy-birthdayshtml. 最后访问日期：2020年5月1日。

[47] See Taylor B. Bartholomew, "The Death of Fair Use in Cyberspace: YouTube and the Problem with Content ID", *Duke Law & Technology Review*, Vol. 13, No. 1, 2015, p. 66.

不考虑合理使用情形是对版权法的背离。合理使用是对版权的法定限制，具有促进知识学习、鼓励后续创作、保障自由表达的价值。合理使用制度的存在表明，版权法不仅是保护版权人利益的法律，也是保障社会公众利益的法律。只追求版权保护而不考虑合理使用的算法，剥夺了公众对作品的应得利益，是不公正的。

二是算法不公开，造成信任危机。在人工智能时代，算法决策涉及黑箱问题，版权的算法实施也不例外。算法黑箱是指"一个系统神秘地运作，我们能够观察到系统的输入和输出，但是不清楚输入到输出的转换机制"。[48] 算法自主决策机制缺乏透明度，因而缺失有效的他律，社会公众因此怀疑版权算法实施纯粹为了实现个别主体的私人利益而无益于社会整体福利，认为算法黑箱将以赋予专家权力的形式巩固"数字贵族"（digital aristocracy）的地位而损害人们的信息自由和信息自决。[49] 概括而言，产生算法黑箱问题的主要原因有以下四个：（1）算法的设计者和使用者是追求利益最大化的私人主体，他们没有算法信息的披露义务，其算法信息反而通常被视为受法律保护的商业秘密；（2）算法以代码为表达形式，而代码晦涩难懂，因此具有天生的不透明性；（3）算法通过数据喂养而不断进化，从海量数据中得出算法模型是一个单向过程，很难找到从输出结果到输入数据的逆向规律，因此不太可能还原机器的学习过程；（4）算法不是静止的，人工智能时代的算法基于不断变化的数据流而不断地进化，流动的算法没有定型，所以难以预测。[50] 算法不公开、不透明地执行网络版权，会导致算法的设计和使用缺乏有效的他律，会引起社会公众对网络版权算法治理机制的不信任和不合作。在黑箱中运作的算法，可以审视纠察人们在网络环境中与版权有关的行为，同时又避免自己被社

---

[48] See Frank Pasquale, *The Black Box Society*, Harvard University Press, 2015, p. 3.
[49] Ibid., p. 218.
[50] See Maayan Perel & Niva Elkin-Koren, "Black Box Tinkering: Beyond Disclosure in Algorithmic Enforcement", *Florida Law Review*, Vol. 69, No. 1, 2017, p. 188; Paul Dourish, "Algorithms and Their Others: Algorithmic Culture in Context", *Big Data & Society*, Vol. 3, 2016, pp. 6–7.

会公众审查和监督，这种不对称的信息分布会产生一种权力，即秘密持有人针对信息公开者的权力。[51] 因为透明度和可追责性（accountability）的缺失，"算法决策在自由民主社会中成为一个非法的权力来源"，会引起许多社会风险。[52]

在网络版权算法治理实践中，算法的公正性与算法的公开性密切相关。如果算法处于不公开、不可知的状态，其公正性就会受到质疑。以上文中的合理使用问题为例，如果算法设计者和使用者声称其算法中包含了合理使用判断机制，就可以了吗？口头承诺肯定是不够的。正如美国联邦第九巡回法院在 Lenz 诉 University Music 案中指出的那样，权利人必须在事实上采取措施考虑被通知删除内容是否构成合理使用，不能只是在嘴上说说（lip service）而已。[53] 想要探明版权算法实施中是否真的包含了合理使用判断等关系到算法公正的机制，就需要解决算法黑箱问题，将版权算法置于社会监督之下，督促权利人和网络平台设计与使用对网络用户利益负责的算法。

四、网络版权算法治理的完善与发展

德国哲学家韦伯指出人类的社会行为有"工具理性"和"价值理性"两种不同的思维取向，前者追求开发技术工具的最大效用，后者强调坚守人类社会的伦理价值。[54] 在推动社会进步的征程中，工具理性不能越位，价值理性不可缺位；人类社会的进步，离不开技术的创新，更离不开价值的守望。具体到本文主题，算法以其高效的问题处理能力被版权人和网络服务商选作版权治理的技术工具；不过，整个社会应该趋向于公正和公开，以质量为条件接受算法的版权决策，

---

[51] See Frank Pasquale, supra note [48], p. 4. 名言 "knowledge is power" 通常指 "知识就是力量"，但也指 "信息即权力"，即信息优势者就是权力掌握者。

[52] See Ari Ezra Waldman, "Power, Process, and Automated Decision-Making", *Fordham Law Review*, Vol. 88, No. 2, 2019, p. 614.

[53] See Lenz v. Universal Music Corp., 815 F. 3d 1145, 1155 (9th Cir. 2016).

[54] 参见（德）马克斯·韦伯：《经济与社会（上卷）》，林荣远译，商务印书馆1997年版，第56—57页。

将算法治理创新推向正确的方向。这就要求我们有效地解决前文所述的利益失衡问题和信任危机问题。只有这样，版权人和网络服务商主导的版权算法治理才能最大限度地得到广大网络用户的理解和合作，网络版权算法治理实践才能行稳致远。具体来说，我们应认真对待并采取有效措施处理好版权算法实施中的合理使用问题和算法黑箱问题。

（一）将合理使用判断纳入算法决策系统

版权法是版权人利益和社会公众利益的调适器，不仅旨在保护版权人的专有权利，也致力于保障社会公众对作品享有的合法权益。版权法对社会公众作品利益的保障机制有实质性相似判断标准、思想表达二分/合并原则、合理使用制度等。其中，合理使用制度最为重要。构建一个趋向于公正公平的版权算法，实现各方利益的平衡，就需要考虑如何在版权算法治理体系中保障社会公众对版权作品的合理使用权益。通常，合理使用作品的利益保障方案有两种：一是事后救济，具体指在权利人侵权删除通知的对立面为网络用户设置反通知机制，在网络平台侵权内容过滤体系中嵌入用户申诉渠道。二是事前预防，即要求权利人和网络平台在利用算法执行版权保护的同时，考虑被删除或屏蔽的网络内容是否构成合理使用。这一点在 Lenz 诉 University Music 案中被再次强调：美国联邦第九巡回法院指出，版权人在发出侵权删除通知之前需要考虑被通知删除的内容是否构成合理使用。[55] 实践中，第一种保障机制效果不佳，因为作为个体的用户很少有精力反通知或者申诉，更何况面临在处理成本上占优势的算法实施机制。因此，版权算法实施对社会公众作品合理使用权益的保障，应从消极的事后救济转向更加积极的事前预防，即将合理使用判断纳入执行版权保护的算法之中。

算法能否胜任合理使用判断是一个有争议的问题。一般而言，法律分为规则（rule）和原则（standard，也译作"标准"）两类，两者

---

[55] See Lenz v. Universal Music Corp., 801 F. 3d 1126, 1133 (9th Cir. 2015).

具有不同的特性：规则是事前的立法主导的法律规范，规则的适用多是事实判断，存有较小的自由裁量空间；原则是事后的司法主导的法律规范，原则的适用涉及价值判断，留有较大的自由裁量空间。[56] 算法作为一种规制力量，具有规则倾向；目前的算法决策，主要是基于规则做出判断。[57] 合理使用，在规则和原则的分类上，更接近于原则。合理使用判断奉行的是具体案件具体分析，需要综合考虑作品使用的目的和性质、被使用作品的市场影响等复杂因素，因此合理使用通过技术手段予以自动判断具有较大难度。在讨论技术保护措施议题中，学者认为合理使用判断不可能以代码的形式纳入“数字权限管理”系统。[58] 相似地，也有观点质疑通过算法执行合理使用判断的可能性。[59] 不过，对合理使用的自动化判断持悲观态度的同时，有观点也寄希望于未来，认为随着神经网络技术的发展，采用一种自下而上的方法，可以部分实现合理使用的自动化判断。[60] 机器学习就是这样一种自下而上的方法，即从海量数据中学习总结过往经验并归纳出一般规律，而新一代人工智能就是以机器学习为技术核心。基于此，本文认为，在人工智能时代，算法执行合理使用判断具有一定的可行性。与认识论的两大传统即“理性主义”和“经验主义”相对应，“代码编程”与“数据训练”一起构成了实现人工智能的两大技术进路。具体来说，通过“代码编译制定法规则”和“机器学习判例法

---

[56] See Pierre Schlag, “Rules and Standards”, *UCLA Law Review*, Vol. 33, No. 2, 1985, pp. 381 – 383; Louis Kaplow, “Rules versus Standards: An Economic Analysis”, *Duke Law Journal*, Vol. 42, No. 3, 1992, pp. 575 – 577.

[57] See James Grimmelmann, supra note ⑭, pp. 1732 – 1734.

[58] See Edward W. Felten, “A Skeptical View of DRM and Fair Use”, *Communications of the ACM*, Vol. 46, No. 4, 2003, pp. 58 – 59; Dan L. Burk & Julie E. Cohen, “Fair Use Infrastructure for Rights Management Systems”, *Harvard Journal of Law & Technology*, Vol. 15, No. 1, 2001, p. 55.

[59] See Dan L. Burk, supra note ㊶, p. 307. 作者认为，在版权法中，难以纳入算法决策系统的，不仅仅有合理使用，还有思想表达二分法、权利用尽、实用性判断等。

[60] See Giancarlo F. Frosio, “The Death of ‘No Monitoring Obligations’: A Story of Untameable Monsters”, *Journal of Intellectual Property, Information Technology and Electronic Commerce Law*, Vol. 8, No. 3, 2017, para 39; Edward W. Felten, supra note ㊽, p. 59.

经验"两种方式，算法在一定程度上可以实现合理使用的自动判断。

首先，可使用代码将合理使用规则编译为算法程序。合理使用的代码化对象主要是作品的商业性使用与非商业性使用，作品被使用数量等概念性要素。以下是具体应用：（1）通过特定域名后缀来认定作品的"非商业性使用"。不同性质的网站有着不同的域名后缀，如教育机构网站域名一般以"edu."结束，政府网站域名通常以"gov."结尾，公益组织网站域名末端往往以"org."收尾。算法可以通过识别这些域名后缀将该类网站使用作品的目的和性质预判为非商业的教育目的或公务性质。（2）通过网页上的商业广告判定作品的"商业性使用"。网站的盈利模式通常是以用户流量为基础向第三方广告商间接收费。因此，算法可以通过监测作品所在网页是否有商业广告投放，以此判定该网站是否是商业性地使用作品。（3）通过对作品所用内容的数量计算预判构成合理使用的概率。通常而言，作品被使用部分占整体作品的比重越大认定为侵权使用的概率就越大。版权监测算法（如网络爬虫）抓取疑似侵权的网页内容与数据库中的版权作品做查重比对，可根据该内容复制比来判断侵权使用或合理使用成立的概率。[61]

其次，可从合理使用判例数据集中提取出算法模型。算法对已有的合理使用案例进行统计分析，可以提炼出合理使用认定的决策模型，并以此为基础预判待决的合理使用问题。通过机器学习实现合理使用的算法化是可行的，因为法院关于合理使用的判决结果在事实上是有规律可循的。如美国学者对联邦法院的 300 余件合理使用案例进行了实证分析，指出合理使用的四要素中，最能影响法院判决的因素是"作品使用的目的和性质"和"作品使用对作品市场利益的影响"。[62] 再如中国学者对中国裁判文书网上公布的合理使用案件进行

---

[61] See Niva Elkin-Koren, "Fair Use by Design", *Virginia Law Review*, Vol. 93, No. 6, 2017, pp. 1095–1096.

[62] See Barton Beebe, "An Empirical Study of U. S. Copyright Fair Use Opinions, 1978–2005", *University of Pennsylvania Law Review*, Vol. 156, No. 3, pp. 549–624.

抽样调查，指出合理使用抗辩侵权的胜诉概率较低，纠纷多集中于网络领域，法官的自由裁量权有扩大趋势等。(63) 相比于人类，算法能以较低的成本进行近乎全样本的实证分析，从既往案件库中习得关于合理使用的决策模型也更为真实。根据《最高人民法院关于人民法院在互联网公布裁判文书的规定》，各级人民法院的生效裁判文书除法律有特殊规定外均须上网公示。2014 年，中国裁判文书网正式开通并运营；截至 2020 年 4 月 6 日，中国裁判文书网公布的民事文书共计 5 600 多万份。(64) 这为合理使用算法的机器学习提供了充足的数据资源。

需要明确的是，我们既不能信奉“算法虚无主义”，轻视算法在合理使用判断中的应有作用；也不能迷信“算法万能主义”，夸大算法在合理使用判断中的实际作用，特别是一些模棱两可的合理使用判断，仍需人类的权衡分析和最终决定。“快速处理常见事件，尝试处理罕见事件”是一个非常重要的计算原则。(65) 算法参与的合理使用判断机制是一个双层结构，即普通的待决问题由算法预判处理，经算法筛选出来的特殊问题由人类复核裁决。在这个双层结构中，算法起到筛选作用，旨在从大批量的合理使用待决案件中过滤出重点，减轻后续人类复核的工作量。

（二）从事前和事后两个方面消解算法黑箱问题

一个对网络用户负责的算法，应包括三个要素，即正当程序、公开透明、公共监督。(66) 其中，正当程序主要指保障算法决策相对人的知情权和申诉权，具体来说，在算法执行“通知—删除”规则、实行网络内容版权过滤时，应将算法处理结果及时告知内容上传者，并为其设置反通知程序或申诉程序。而算法黑箱问题的解决，主要还是有

---

(63) 参见闫玲玲、邓香莲：“我国司法实践中的‘著作权合理使用’认定要素探究——基于中国裁判文书网的实证分析”，《编辑学刊》2019 年第 4 期，第 17—22 页。

(64) 中国裁判文书网：http：//wenshu. court. gov. cn. 最后访问日期：2020 年 4 月 6 日。

(65) See John S. Erickson & Deirdre K. Mulligan, “The Technical and Legal Dangers of Code-Based Fair Use Enforcement”, *Proceedings of the IEEE*, Vol. 92, No. 6, 2004, p. 994.

(66) See Maayan Perel & Niva Elkin-Koren, supra note ㊹, pp. 494 – 495.

赖于算法的信息公开和社会监督。基于此，本文主张，以算法投入使用为界线，促进算法的信息公开和社会监督可从事前和事后两个方面展开。

首先，在事前构建算法影响评价报告制度。信息公开有助于促进公权力负责任地行使，同样，一个负责任的算法也需要充分的信息披露。总体而言，算法的信息披露有自愿披露和（法定）强制披露两种方式。目前，实践中一些能够且愿意承担社会责任的大公司会定期披露自己的算法使用信息，如自2010年开始谷歌会定期发布《谷歌透明度报告》，其中包括一些版权算法的使用情况。从长远看，我们应将算法的信息披露制度化为一项法定义务，其中的一条可行路径是构建"算法影响评价"报告制度。[67] 该提议的思想渊源是已经存在且实效显著的"环境影响评价"，该制度规定"未依法进行环境影响评价的建设项目，不得开工建设"。[68] 影响评价报告制度后来延伸至其他领域，如欧盟2018年《通用数据保护条例》第35条规定了"数据保护影响评价"制度。效仿环境保护和个人信息保护中的影响评价报告制度，可通过立法设置算法影响评价报告制度，即规定在算法投入使用之前，算法主体应当向主管机构提交算法影响评价材料，包括但不限于算法的使用场景、具体效用、运行机制、对算法相对人的利益影响、出错概率、降低错误的合理方案等。如果没有详尽的算法影响评价报告，则算法不得投入使用。算法影响评价报告应委托算法主体之外的有相关资质的第三方检测机构，保证其客观中立性。算法影响评价报告制度的法律构造和实践操作，应趋向于以下两个目的：一是有效督促算法主体在算法投入使用之前充分考虑并解决算法可能存在的不良影响；二是在算法投入使用之前以文件材料的形式，向主管机构和社会公众披露算法运行的相关信息。换句话说，算法影响评价报告制度旨在强化算法的自律，形成算法的他律。

---

[67] See Andrew D. Selbst, "Disparate Impact in Big Data Policing", *Georgia Law Review*, Vol. 52, No. 12017, p. 168.
[68] 参见《中华人民共和国环境保护法》第19条。

其次，在事后鼓励社会对版权算法进行反向检验。以算法影响评价报告为核心的信息披露制度解决算法黑箱是必要的，但存在不足：一方面，算法主体在主观上会对算法信息进行选择性披露；另一方面，第三方检测机构在客观上并不完全掌握包括机器学习型算法内在的运行机理。算法信息正向披露的不足，可以通过算法的反向检验来弥补。[69] 就执行版权的算法而言，算法反向检验是指网络用户有针对性地上传不同的作品内容，根据网络平台版权过滤算法和权利人侵权删除通知算法对上传内容的处理结果，如上传成功或失败、上传内容保留或删除，来检验通知算法和过滤算法中是否能够识别非常明显的作品合理使用，是否存在以及在多大程度上存在版权过度执行。社会公众对版权执行算法的反向检验既可以验证算法主体所披露信息的真伪，也可以披露算法主体不愿或不能够公开的算法信息。为了激励社会公众广泛参与对算法的反向检验，我们需要明确以下两点：第一，通过反向检验算法而获得相关算法信息不构成对算法主体商业秘密的侵犯。实践中，算法的相关信息被作为商业秘密予以保护。通过反向工程获得相应的商业信息一般不构成商业秘密侵权；同样，通过反向检验获得算法信息也应被明确为不侵犯商业秘密。第二，明确以检验算法为目的上传版权作品属于对作品的合理使用。社会公众反向检验算法需要有针对性地上传一些包括版权作品在内的不同信息内容，而未经许可上传版权作品则构成侵权。对此，可以考虑将算法的反向检验行为解释为一种"实验性研究"，归类为以科学研究为目的的作品合理使用。

事前和事后只是算法影响评价和算法反向检验的一个认知视角。除了事前事后之别，本文提倡的两种算法信息公开措施还有正向和反向之别、个体路线和群众路线之别：算法影响评价报告制度是由算法主体和第三方检测机构等个别主体从正面披露算法信息，算法反向检验是发动广大网络用户从反面揭示算法信息。可以认为，综合不同角度的算法影响评价制度和算法反向检验机制，可以有力地推动算法主

---

[69] See Maayan Perel & Niva Elkin-Koren, supra note [50], p. 185.

体改进算法设计、规范算法使用，能够有效促进网络版权算法治理体系的良性运作。

五、结语

进入 21 世纪，人们的文化消费形式和生产方式逐渐虚拟化，数字成为作品的主要存在形态，网络成为作品创作、传播和消费的主要场所。互联网在繁荣文化创作和消费的同时，也极大地助长了作品盗版的猖獗。网络版权环境的治理在今天以及未来仍然是一个重大问题。在人工智能时代，网络版权治理迎来了新的历史机遇。

在网络法理论中，能够规制人们行为的资源，除了法律法规，还有技术架构；技术架构可以像法律一样约束人们的行为。作为人工智能技术架构的基础元素，算法将在网络版权环境的治理中扮演极为重要的角色。网络版权环境的治理将越来越依靠算法，尤其是音视频指纹算法和文本相似度算法。当前，版权人和网络服务商是版权算法治理的主要实践者，两者共同对侵权内容进行"算法通知—算法删除"，两者合作对用户上传的网络内容实行算法过滤。目前，版权算法治理在实践中存在两个问题，一是因算法决策中缺失合理使用判断而引起的利益失衡问题，二是因算法黑箱运作而导致的信任危机问题。为解决以上两个问题，我们可以采用代码编译法规和机器学习判例的方式将合理使用判断纳入版权算法决策系统，可以通过强化算法主体的信息披露义务和保障社会公众的算法检验权利来消解算法黑箱问题。可以认为，一个趋向于公正和公开的算法决策系统，将是人工智能时代网络版权环境治理体系的"标配"和"刚需"。

《著作权法》第三次修正评析与展望

刘家瑞

一、概述

我国《著作权法》第三次修正于 2020 年 11 月 11 日获得通过，并将于 2021 年 6 月 1 日生效。《著作权法》第一次修正在 2001 年，主要是为了配合中国加入 WTO（世界贸易组织）的进程，与《与贸易有关的知识产权协定》（以下称为《TRIPS 协定》）相接轨；第二次修正是在 2010 年，修正内容非常有限，主要是根据 WTO 争端解决机制的专家组意见修改了《著作权法》第四条，删除了"依法禁止出版、传播的作品，不受本法保护"的规定。而《著作权法》第三次修正必将成为中国著作权法历史进程中具有里程碑意义的举措。首先，这次修法的启动，不再像以往那样主要出于国际公约的要求，而是发轫于完善我国著作权制度的内在需求。其次，数字技术的迅猛发展使得中国版权立法和实践站在了与美国、欧盟等发达经济体相同的起跑线上，各国不仅面临着同样的问题，而且也在同步探索着多样化的解决方案。所以中国《著作权法》的修正举世瞩目，能够对国际版

---

* 作者系斯坦福大学互联网与社会中心研究员，法学博士。

权法的发展进程产生深远影响,成为其他国家数字时代立法的典范。最后,这次修法从2012年开始历时8年,修法过程充分体现了公开透明的立法原则,人大法工委、司法部和国家版权局相继通过互联网等渠道就历次《著作权法》修改草案向大众公开征求意见,最终稿充分吸取了各行各业的真知灼见,并在社会上引起了巨大反响。[①]

新《著作权法》主要包括以下修改:(1)全面吸收了《著作权法实施条例》(2013年修订)和《信息网络传播权保护条例》(2013年修订)中已经较为成熟的规定,例如有关独创性、技术保护措施和著作权限制等的规则。(2)第三条将作品类型的法定原则("法律、行政法规规定的其他作品")改为由法院和行政机关自由裁量的开放原则("符合作品特征的其他智力成果")。(3)第三条将"电影作品和以类似摄制电影的方法创作的作品"概念改为更为开放的"视听作品"概念,并且第十七条修改了视听作品的权利归属原则,视听作品的新概念可以覆盖体育节目、音乐电视以及游戏直播等更多具有独创性的作品。(4)第十条明确了著作权人的广播权包含无线和有线广播,但不包括信息网络传播权所覆盖的交互式传播,广播权的新定义可覆盖对体育节目等作品的网络直播。(5)第二十三条将摄影作品的保护期从发表之日起50年延长至作者终生加50年。(6)第四十五条增加了录音制品的广播权和机械表演权,不过这两个权能不是禁止他人使用的排他权或专有权,而仅仅包含获得报酬权,本质上属于法定许可。(7)第四十七条增加了广播组织(广播电台、电视台)的无线和有线转播权,以及通过信息网络向公众传播的权利。(8)第五十四条增加了法定赔偿的最低限额(500元),将法定赔偿最高限额从50万元提高到500万元,并对故意侵权规定了最高为实际损失、违法所得或权利使用费5倍的惩罚性赔偿。

[①] 国家版权局在短短的一个多月内,就收到1 600多份书面反馈和上百万条网络留言。参见王自强:"国家版权局《著作权法》第三次修订工作回顾",http://www.ncac.gov.cn/chinacopyright/contents/518/135353.html,最后访问日期:2021年1月5日。

本文结合音乐、影视和媒体等主要版权产业的典型应用场景，对《著作权法》第三次修正的重点内容进行了评析和展望，主要包括：版权客体的法定范畴，视听作品的概念及其归属，短视频、网络直播和商业场所背景音乐的版权许可，广播电台、电视台等广播组织邻接权的保护范围，并为新《著作权法》配套条例和司法解释的制定提供了一些参考意见。

二、作品的范围

原《著作权法》第三条第二款第（九）项将作品类型的兜底条款规定为："法律、行政法规规定的其他作品"，新《著作权法》修改为"符合作品特征的其他智力成果"，确认了法院和行政机关自由裁量的开放原则。相比于通过立法程序规定新的作品类型，法院和行政机关自由裁量的主要优势在于能够及时和灵活地应对新技术带来的新问题，弥补因冗长的立法程序导致法律滞后于实践发展的缺陷。

然而，法院和行政机关在作品类型也就是版权保护客体方面的自由裁量权不宜无限放大。国际版权法权威学者戈斯汀教授在其名著《著作权之道》中指出："当技术发展所产生的新客体类型寻求版权保护时，立法者应当谨慎地根据传统版权法原则进行衡量，而不能仅仅基于版权在各类知识产权中的较高灵活性和包容性盲目扩大版权保护客体。"[②] 对版权客体扩张的审慎态度，主要出于以下几个原因。

第一，智力成果的法律保护模式多种多样，除了版权法之外还有很多替代性选择。例如，有的智力成果（如外观设计）在我国受专利法保护，专利权的排他性比版权强，但保护期比版权短，而且需要经过政府审查才能授权；有的智力成果（如集成电路布图设计）受到专门的工业版权法保护，不需要审查但需要完成登记，排他性和保护期介于专利和版权之间；有的智力成果（如可口可乐配方）受到商业秘

[②] See Paul Goldstein, *Copyright's Highway: From Gutenberg to the Celestial Jukebox*, Stanford University Press, 2003, p. 188. 本书同时指出："当技术发展产生新的作品利用方式时，立法者应当及时为这些利用方式赋予版权保护。"

密的反不正当竞争法保护,其优点是保护无期限限制而且不需要审查,但对客体的要求较高,要求具有秘密性、保密性和价值性,并且排他性较低,例如允许反向工程。根据不同客体的不同技术特性和市场状况,要求满足不同的保护条件并提供不同的排他权和保护期,这些复杂的制度性安排是立法机关较为胜任的。

第二,即使在版权领域之内,不同版权客体也需要复杂的制度性区分,而不能直接相互参照适用。例如,有些客体(如视听作品和法人作品)的版权保护期比其他客体短,有些客体(如计算机软件)的合理使用范围比其他客体大,有些客体(如视听作品)的权利归属更倾向于为工业化生产提供便利。当出现一种新智力成果的时候,如果法院和行政机关要提供版权保护,又无法将其归类为现有作品类型,那么它们就必须重新设计一整套排他权、保护期和例外等规则。

第三,《TRIPS协定》第九条规定:"版权的保护仅延伸至表达方式,而不延伸至思想、程序、操作方法或数学概念本身。"该思想表达二分法反映了版权法的基本原理,用于区分版权和专利等工业产权各自的保护范围,把程序和操作方法等功能性成果排除在版权法客体之外,完全交由工业产权法予以规范。我国新《著作权法》仍然没有对思想表达二分法做出直接的规定。③ 如果我国立法再赋予法院和行政机关有关保护新客体的无限自由裁量权,那么司法实践中就有可能产生通过确认版权新客体的方式过度保护功能性成果的风险。

第四,开放性作品类型的支持者有时会举出荷兰等国家给予香水气味版权保护的例子,以证明保护新客体的必要性。④ 传统版权制度仅仅针对人类五个感官中的两个(视觉和听觉),而不涉及嗅觉、味

---

③ 计算机软件为例外。参见《计算机软件保护条例》(2013修订)第六条。
④ See Judgment of 16 June 2006, Lancôme, NL: HR: 2006: AU8940; Lancôme Parfums et Beauté et CIE S. N. C. v. Kecofa BV [2006] ECDR 26 (2006). 荷兰最高法院认定香水气味满足作品的要件,受到著作权保护。See also, Levola Hengelo BV v. Smilde Foods BV, CJEU, Case C-310/17 (2018). 欧盟法院应荷兰 Arnhem-Leeuwarden 地区上诉法院的请求做出的初步裁决则认为,食品口味不受2001/29号指令下的版权保护,成员国立法也不应被解释为对食品口味提供版权保护。

觉和触觉。嗅觉、味觉和触觉产品古已有之，并非新技术带来的新挑战，从1709年《安娜女王法》（Statute of Anne）以来的历代版权立法者都不会无知到不了解这些感官。版权法不保护嗅觉、味觉和触觉产品并非是立法漏洞，而恰恰是立法者有意为之（嗅觉、味觉和触觉可以通过商标法、专利法或商业秘密来保护）。我国《著作权法》自1990年以来的整个立法体系都仅围绕视觉和听觉设立，与嗅觉、味觉和触觉产品南辕北辙，如果司法机关自行加上这些客体，无异于画蛇添足，直接违反立法目的。例如，新《著作权法》第十条规定了表演权、广播权和信息网络传播权等各种权能，很难想象权利人如何对香味行使这些权利，难道当事人洒香水之后出现在大庭广众之中，就侵犯香水的表演权？⑤

第五，在司法程序中拒绝保护新客体的错误成本一般要低于仓促保护新客体的错误成本。如果法院和行政机关拒绝保护随新技术而产生的新客体，虽然在短时间内会对权利人的维权造成不便，但立法机关可以随后通过立法确认其为应保护的新客体，亡羊补牢为时未晚。但是，如果法院和行政机关仓促保护了本不应该保护的新客体，在当事人和社会公众根据判决已经投入大量资金和时间并产生了既得利益的情况下，立法机关再试图取消对新客体的保护，就有可能带来极大

---

⑤ 即使我国立法机关最终决定保护嗅觉、味觉和触觉产品，《著作权法》也并非最好的途径。包括《世界版权公约》《伯尔尼公约》《TRIPS协定》在内的版权国际条约对于嗅觉、味觉和触觉产品没有最低保护要求，由各个成员国立法自行决定是否提供保护。但这些版权国际条约规定了国民待遇原则，如果我国给予本国的嗅觉、味觉和触觉产品以版权保护，就必须给予所有其他成员国的产品以同等的保护；然而，如果其他成员国的版权法不保护这些产品，则没有义务给予中国的产品任何版权保护。所以高于国际公约要求的版权保护有可能带来版权贸易逆差。国际版权实践中这样的例子屡见不鲜。例如，美国法给予录音制品版权保护，必须根据国际版权条约同等保护其他国家的录音制品。但在法国等欧洲国家，录音制品只能受到邻接权而非版权保护，同时美国又没有加入有关邻接权的《罗马公约》，所以法国在很长一段时期拒绝向美国录音制作者支付许可费。总之，对于这些产品比较好的立法模式是在《著作权法》之外设专门法保护，这样我国就可以不受国民待遇原则的限制，在版权国际条约之外根据互惠原则自主决定是否保护其他国家的产品。

的社会资源浪费，甚至社会动荡。⑥

三、视听作品的概念及其归属

新《著作权法》第三条第二款第（六）项将"电影作品和以类似摄制电影的方法创作的作品"概念，改为更为开放的"视听作品"概念。视听作品概念的设定主要是为了配合《视听表演北京条约》的实施。⑦ 由于《著作权法》中没有包含具体作品类型的定义，我们必须要等待新修改的《著作权法实施条例》来具体定义视听作品。不过现有《著作权法实施条例》第四条对电影和类电影作品的定义⑧已经

---

⑥ 在创设版权新客体时法定原则优于开放原则，并不是建立在对立法者和执法者素质的任何比较之上。实际上，我国各级知识产权法官和版权执法人员的整体素质与主要发达国家相比有过之而无不及。法院通过司法解释和判例的确可以起到细化法律和弥补法律不足的重要作用。但在增加权利客体这类重大法律创设方面，诉讼等司法程序与立法程序相比有其内在的条件限制。首先，我国与其他主要法治国家类似，民事诉讼采取对抗制（也称当事人主义），法院处于居中裁判的地位，而各项权利主张和抗辩主要由双方当事人负责。所以最终判决结果不仅仅取决于法官，而更受当事人律师水平的限制。其次，增加版权新客体会深刻影响第三方利益和公共利益，但我国民事诉讼法还没有为社会公众表达意见提供正式的渠道，民事诉讼通常局限于双方当事人的利益纠纷。最后，如果全国各级法院和行政机关都享有设定新客体的自由裁量权，有可能为地方保护主义大开方便之门，形成客体保护范围在不同地区之间的巨大差异，影响著作权法的权威性和稳定性。新《著作权法》第七条将著作权主管部门的级别从省级下降到县级，所有县级著作权主管部门都有权查处著作权侵权，并处以高额的罚款，如何保证行政执法的质量和统一成为迫在眉睫的问题。

⑦ 新《著作权法》第十条第二款第（十三）项采取的摄制权定义，即"以摄制视听作品的方法将作品固定在载体上的权利"有较大的潜在问题。如果被告未经许可摄制的视听内容因缺乏任何独创性而不构成视听作品，是否就意味着不构成侵权？换句话说，是否侵权人的水平越低，侵权的风险也就越低？为了避免上述不合理的推论，避免司法实践中的难题，建议将摄制权的定义修改为"以摄制的方法通过一系列有伴音或者无伴音的画面将作品固定在载体上的权利"。

⑧ 《著作权法实施条例》第四条第（十一）项："电影作品和以类似摄制电影的方法创作的作品，是指摄制在一定介质上，由一系列有伴音或无伴音的画面组成，并且借助适当装置放映或者以其他方式传播的作品。"

与《视听表演北京条约》第二条⑨以及《视听作品国际注册条约》第二条⑩对视听作品的定义大体一致,《著作权法实施条例》对电影和类电影作品的定义基本上可以沿用到新《著作权法》下的视听作品。

值得注意的是,新《著作权法》并没有像产业界期待的那样删除录像制品的概念。此前,法院判决一度受到类电影作品与录像制品二分法的立法结构限制,不得不以独创性的高低来区分类电影作品和录像制品。有一定独创性但达不到电影水平的视听内容,仅能作为录像制品受到邻接权保护。例如有判决就曾拒绝向某些音乐电视⑪和体育直播节目提供著作权保护。⑫邻接权保护一般低于作品的著作权保护,例如,录像制品虽然享有信息网络传播权来涵盖交互式传播方式,但没有表演权、放映权和广播权等非交互传播的专有权。

我国立法者其实早已意识到,如果对有独创性的录像制品不给予著作权保护,而仅仅给予邻接权保护,不符合《伯尔尼公约》的义务。所以当1992年我国加入《伯尔尼公约》之时,国务院颁布了《实施国际著作权条约的规定》,其中第九条规定:"外国录像制品根据国际著作权条约构成电影作品的,作为电影作品保护。"该条明确了录像制品也完全有可能构成电影作品,在逻辑上就否定了类电影作品与录像制品的二分法。

不仅如此,在《著作权法》中继续保留录像制品的概念也容易与《视听表演北京条约》中视听录制品的概念产生混淆。后者既包括有

---

⑨ 《视听表演北京条约》第2条(b)项:"'视听录制品'系指活动图像的体现物,不论是否伴有声音或声音表现物,从中通过某种装置可感觉、复制或传播该活动图像。"

⑩ 《视听表演国际注册条约》第二条:"本条约所称'视听作品'意指由一系列相关的固定图像组成,带有或不带伴音,能够被看到的,并且带有伴音时,能够被听到的任何作品。"

⑪ 参见《广东省高级人民法院关于审理侵害影视和音乐作品著作权纠纷案件若干问题的办案指引》,粤高法发〔2012〕42号。

⑫ 参见北京天盈九州网络技术有限公司与北京新浪互联信息服务有限公司、乐视网信息技术(北京)股份有限公司侵犯著作权及不正当竞争纠纷一案,(2015)京知民终字第1818号。

独创性的视听作品,也包括不具有独创性的其他视听内容的固定。而新《著作权法》第四十四条和现有《著作权实施条例》第五条中的"录像制品"的范围则窄很多,仅包含不受著作权保护而只享有邻接权的视听内容。如果这两个概念并行,预计将会在实践中产生不少混乱。

正如上文所述,新《著作权法》第三条第二款第(九)项将作品类型的兜底条款改为"符合作品特征的其他智力成果",而该条第一款对"作品特征"做出了以下规定:"本法所称的作品,是指文学、艺术和科学领域内具有独创性并能以一定形式表现的智力成果。"所以,根据新《著作权法》第三条,具有独创性的录像制品,无论独创性高低,都可以作为"符合作品特征的其他智力成果"受到作品保护,新《著作权法》第四十四条规定的录像制品邻接权,只能适用于没有独创性的录像制品,例如监控录像等极少数场合。总之,新《著作权法》正式生效之后,所谓录像制品邻接权没有特别大的实践意义。

《著作权法》第三次修正中的一项重大修改是对视听作品著作权归属规则的调整。原《著作权法》第十五条对类电影作品的归属规定为:"电影作品和以类似摄制电影的方法创作的作品的著作权由制片者享有,但编剧、导演、摄影、作词、作曲等作者享有署名权,并有权按照与制片者签订的合同获得报酬。"新《著作权法》第十七条对此进行了修改:"视听作品中的电影作品、电视剧作品的著作权由制作者享有,但编剧、导演、摄影、作词、作曲等作者享有署名权,并有权按照与制作者签订的合同获得报酬。前款规定以外的视听作品的著作权归属由当事人约定;没有约定或者约定不明确的,由制作者享有,但作者享有署名权和获得报酬的权利。"换句话说,视听作品的著作权归属可分为三个层次:(一)电影、电视剧作品的著作权归制作者享有;(二)非电影、电视剧的视听作品的著作权归属,有约定的从约定,因此也可以约定归作者享有;(三)非电影、电视剧的视听作品,没有约定或约定不明确的,其著作权归制作者享有。这一修订可能有以下几个潜在的问题:

首先，原《著作权法》之下的类电影作品的概念就已经引起了版权实践和理论上的诸多分歧，对于类电影作品是否包含音乐电视[13]、综艺节目[14]、体育节目[15]、游戏直播[16]等问题都尚有争议。而新《著作权法》除了视听作品的概念之外，又列举了电影作品和电视剧作品，老概念未澄清，又引入更复杂的概念，有可能进一步降低法律的可操作性和可预测性。

实际上，1990年《著作权法》第三条就曾经规定过"电影、电视、录像作品"。但立法者发现这些概念过于具体和狭窄，有可能排除很多值得保护的作品，所以在2001年修改《著作权法》时取消了这些具体概念，转而采取了《伯尔尼公约》第一条对类电影作品的宽泛定义。[17] 2020年《著作权法》第三次修正又再次使用了30年前的电影作品和电视剧作品概念，在规则适用中可能产生不确定性。

就电影和电视剧作品的范围而言，制片者如果已经获得国家有关部门颁发的电影或电视剧制作许可证，那么制作的内容可以作为电影或电视剧作品受到保护，这一点是比较明确的。但其他视听作品是否构成电影或电视剧就非常模糊，比如春晚之类的综艺节目，中国好声音之类的选秀节目，还有近年来如雨后春笋般崛起的网剧，这些节目的制作通常都有制片者和完整的制片体系，但又并非传统意义上的电

---

[13] 参见香港华纳唱片有限公司诉重庆台庆房地产综合开发有限公司银河璇宫娱乐分公司等著作权侵权纠纷案，(2005) 渝高法民终字第112号。

[14] 参见北京市高级人民法院民三庭课题组："关于审理综艺节目著作权案件的调研报告（上）"，载北京审判公众号：https://mp.weixin.qq.com/s?__biz=MzA3MTc3NjI2MQ==&mid=403834014&idx=1&sn=cb3ed86d6801edfcc02de4229a630b6d&scene=21#wechat_redirect，最后访问日期：2021年1月5日。

[15] 参见北京天盈九州网络技术有限公司与北京新浪互联信息服务有限公司、乐视网信息技术（北京）股份有限公司侵犯著作权及不正当竞争纠纷案，(2020) 京民再字第128号。

[16] 参见广州网易计算机系统有限公司与广州华多网络科技有限公司侵害著作权及不正当竞争纠纷案，(2015) 粤知法著民初字第16号。

[17] 参见胡康生主编：《中华人民共和国著作权法释义》，法律出版社2002年版，第19页；刘波林："著作权法中几个技术性概念概析"，《法律科学》1993年第2期，第38页。

影或电视剧。在新《著作权法》下这些作品的权利归属要按照何种规则来确定就不甚清楚。

其次，新《著作权法》将作者与制作者相区分，并且将没有约定或约定不明的视听作品的著作权基本上都赋予制作者。但在实践中，尤其是在智能手机和数码摄像机极其普及的当下，大量的视听作品（如短视频）仅有一个作者，而没有所谓的制作者。按照新《著作权法》的结构，如果视听作品并非电影或电视剧，而且没有制作者，那么权利归属就陷入真空，没有任何法律依据了。[18]

本文建议相关条例或司法解释可以进一步澄清视听作品的整体权属如下："视听作品有制作者的，著作权由制作者享有，但编剧、导演、摄影、作词、作曲等作者享有署名权，并有权按照与制作者签订的合同获得报酬。视听作品中的剧本、音乐等可以单独使用的作品的作者有权单独行使其著作权。视听作品没有制作者的，著作权的归属依照本法其他有关规定确定。"这样的规定不仅简洁清晰，而且便于和1990年《著作权法》以来的长期司法实践和产业惯例相衔接。

再次，视听作品往往会涉及视听表演者的权利，新《著作权法》虽增加了职务表演的权利归属条款，但并未明确视听作品中表演者权利的归属和行使规则。新《著作权法》第四十条增加的职务表演的权利归属条款规定："演员为完成本演出单位的演出任务进行的表演为职务表演，演员享有表明身份和保护表演形象不受歪曲的权利，其他权利归属由当事人约定。当事人没有约定或者约定不明确的，职务表演的权利由演出单位享有。职务表演的权利由演员享有的，演出单位可以在其业务范围内免费使用该表演。"值得注意的是，新《著作权法》并没有将职务表演的类似规定延伸到其他邻接权客体，例如"职务录音制品"。

同时，职务表演的定义无法充分涵盖视听作品（例如电影和电视

---

[18] 新《著作权法》加入的制作者概念与原《著作权法》制片者仅一字之差，具体区别并不明确；而且视听作品制作者也容易与邻接权之下的录音录像制作者相混淆，所以建议明确。

剧）中的表演，除非演员作为员工拍摄本制片厂的作品，否则电影演员和制作者之间在很多情况下没有雇佣关系，只有合约关系；如果电影演员的表演不构成职务表演，那么除非合同约定，演员就会享有所有的表演者权。所以，新《著作权法》有可能会导致，视听作品演员的邻接权超过视听作品作者的著作权的情形。新《著作权法》第十七条规定："视听作品中的电影作品、电视剧作品的著作权由制作者享有，但编剧、导演、摄影、作词、作曲等作者享有署名权，并有权按照与制作者签订的合同获得报酬"。这就意味着，除非有合同的相反约定，这些视听作品的作者只能享有署名权。如果演员反而可以充分享有复制、发行、信息网络传播等一系列经济权利，就会出现著作权和邻接权倒挂的问题。为了与视听作品的归属相配合，本文建议再增加视听作品中表演归属的条款："视听作品有制作者的，演员为完成视听作品进行的表演，权利由制作者享有，但演员享有表明身份的权利，并有权按照与制作者签订的合同获得报酬。视听作品没有制作者的，演员为完成视听作品进行的表演，权利归属依照本法其他有关规定确定。"

尽量集中行使视听作品的著作权和邻接权非常有实际意义。一部电影和电视剧的制作往往会涉及许多作者和演员，如果电影和电视剧制作完成之后，每个作者和演员都完全保留权利，那么电影和电视剧后续转让的每一步都需要这些作者和演员的授权，任何一个主要作者和演员都可以轻易否决电影和电视剧的发行放映，这会对电影和电视剧的正常市场经营产生巨大的影响。⑲ 这样的多重授权，不仅大大增加了获得版权许可的交易成本（例如搜寻、沟通、磋商和执行的成本），而且作者和演员可以借助否决权的威慑力，在制作者做出巨大投入之后，要挟制作者提供更多的报酬和更好的条件。而《著作权法》规定电影和电视剧整体经济权利由制作者集中行使，作者通过合同获得合理报酬，大大降低了交易成本和事后要挟的风险，避免了人

---

⑲ 当出现此类要挟时，对于次要演员的表演也许可以通过数字剪辑技术予以删除，但主要演员的表演要么在技术上难以删除，要么删除会严重影响作品的质量。

人可以否决但无人可以利用的尴尬局面。因此，本文建议相关条例或司法解释把视听作品的权利归属条款延伸到视听表演，以保护高投资高风险的影视行业。

四、短视频、网络直播和商业场所的背景音乐

从版权法的基本原理上看，每份录制音乐（例如单曲或专辑）中通常包含两种不同的保护客体：一是音乐作品，包括作曲和作词，其作者和初始著作权人为作曲者和作词者；二是录音制品，即固定在有形表达媒介上的对音乐作品的音频类表演，其初始邻接权人为录音制作者，一般包括录音师、混音师和制作人等。所以播放背景音乐不可避免会涉及音乐作品和录音制品各种权利的许可。《著作权法》第三次修正为这些音乐使用许可在实践中的可操作性带来了微妙的变化。

（一）短视频中使用背景音乐

在短视频中使用背景音乐的许可问题相对比较直接。根据原《著作权法》，短视频中的背景音乐一般需要同时获得音乐作品著作权人和录音制品邻接权人的许可。短视频一般都存储在网络服务提供者的服务器中，根据用户点击选择的时间和地点向用户进行交互式网络传播，其中存储行为可能侵犯复制权，传播行为可能侵犯信息网络传播权，而音乐作品的著作权和录音制品的邻接权在原《著作权法》第十条和第四十二条上都已经包含这两项权能，新《著作权法》并没有改动相关的规则。

（二）网络直播中播放背景音乐

网络直播中使用音乐的版权许可问题则相对复杂。第一，在网络直播中播放背景音乐，在技术上不需要将音乐永久复制到任何载体上，所以一般不涉及复制权。第二，网络直播通常属于非交互式传播，受众无法在各自选定的时间收看收听，所以一般不涉及信息网络传播权。第三，在网络直播中播放背景音乐一般也不直接侵犯表演权。我国《著作权法》采取狭义的表演权概念，表演者（或其播送

设备）必须和受众处于同一个空间，表演以声波或光波的形式直接传递到受众的感官。[20] 如果表演者（或其播送设备）和受众不处于同一个空间，表演通过无线电技术或数字网络技术设备远程传送给受众，则属于广播权（非交互式）或者信息网络传播权（交互式）所涵盖的范畴。[21] 由于在网络直播中表演者和受众一般都不处在同一个空间，其中作品都远程传送给受众，所以网络直播中播放背景音乐不涉及表演权。第四，原《著作权法》第十条第二款第（十一）项所定义的广播权，仅限于无线广播（以及无线广播的有线转播），不符合《世界知识产权组织版权公约》第八条对公众传播权的定义。由于广播权无法涵盖通过有线传播的网络直播，有些法院不得不通过第（十七）项规定的"应当由著作权人享有的其他权利"来保护非交互网络传播等使用方式。[22] 第五，根据原《著作权法》的第四十二条，录音制作者根本不享有任何非交互式传播的权利，包括表演权、放映权和广播权。

新《著作权法》弥补了上述立法不足：首先，第十条第二款第（十一）项修改后，著作权人的广播权范围扩展到无线和有线传播，并澄清了本项不包括交互式传播。所以，根据新《著作权法》，网络直播中播放音乐作品一般需要著作权人的广播权许可。

其次，新《著作权法》增加了第四十五条："将录音制品用于有线或者无线公开传播，或者通过传送声音的技术设备向公众公开播送的，应当向录音制作者支付报酬。"该条为录音制作者增设了广播权和机械表演权，不过这两项权能不是禁止他人使用的排他权或专有

---

[20] 此外，美术、摄影、视听作品的表演还被单独设为放映权的范围，也不属于狭义表演权。
[21] 有国家（如美国）采取广义表演权概念，可以同时涵盖我国著作权法上的放映权、广播权和信息网络传播权。参见 17 U.S.C. §106。
[22] 参见央视国际网络有限公司与北京百度网讯科技有限公司、北京搜狐互联网信息服务有限公司侵犯著作权纠纷案，（2013）一中民终字第 3142 号；央视国际网络有限公司与上海聚力传媒技术有限公司著作权侵权及不正当竞争纠纷案，（2017）沪 0115 民初 88829 号。

权,仅仅包含获得报酬权,本质上属于法定许可。㉓新《著作权法》第二十五条(教材)、第三十五条(转载)、第四十二条(使用音乐作品制作录音制品)和第四十六条(广播组织播放已发表作品)保留的各项法定许可,在条文结构上和第四十五条有所不同。前述几种法定许可是先赋权再限制,后者则是直接赋予有限的权利,但立法效果是一致的,均在特定情况下排除了专有权并仅赋予了获得报酬权。㉔在明确录音制品的广播权和机械表演权法定许可的情况下,新《著作权法》删除原《著作权法》第四十四条,可谓水到渠成。原第四十四条曾经在实践中引发了很多困惑,它规定:"广播电台、电视台播放已经出版的录音制品,可以不经著作权人许可,但应当支付报酬。"这里的"著作权人"究竟指的是谁非常含混:如果指的是音乐和文字作品的著作权人,那么与原第四十三条的规定完全重复而没有

㉓ 在国际版权条约中(参见《WIPO版权条约》第十二条议定书,《WIPO录音和表演条约》第四条和《视听表演北京条约》第四条),获酬权(right of remuneration)与专有权(exclusive right)相对照,主要针对著作权人不享有许可或禁止他人使用作品的专有权但仍然应当获得合理报酬(equitable remuneration)的情况。获酬权最典型的例子为法定许可(参见《伯尔尼公约》第十三条使用音乐作品制作录音制品的法定许可):使用者无须事先获得权利人的授权,但如果没有授权,使用者必须支付法律规定的合理报酬。当然,著作权人同样有权通过合同放弃法定许可下的获酬权。新《著作权法》第十六、三十二、三十八、三十九、四十二、四十三、四十四、四十六、四十八条都含有使用者应当获得著作权人(或邻接权人)许可"并支付报酬"的条款,将权利人的许可权和获得报酬权并列,从法律原理上看不免画蛇添足:如果权利人有权许可或禁止他人使用作品,他人在权利人授权之后,根据双方约定使用作品,权利人在合同中可要求报酬,也可免费授权,甚至向被许可人支付报酬(例如自费出书),所以谈不上使用者"应当"支付任何报酬。尊重版权的实质在于授权,不应简单归结为付费。所以,我国《著作权法》应当把获酬权限制在法定许可等著作权人没有专有权的情况,而不必与专有权重叠适用。此外,新《著作权法》第五十二条明确规定:"使用他人作品,应当支付报酬而未支付的",承担侵权责任。虽然立法者保留上述与许可重叠适用的"并支付报酬"条款,法律仍应当澄清,如果当事人约定不支付报酬的,使用者无须为此承担法律责任,建议相关条例或司法解释对新《著作权法》第五十二条第二款第(七)项规定澄清如下:"使用他人作品或录音制品,应当支付报酬而未支付的,当事人约定不支付报酬的除外。"

㉔ 参见《信息网络传播权保护条例》第八条(远程教育使用)。

独立价值；如果指的是录音制作者，在法律意义上录音制作者并非著作权人。《广播电台电视台播放录音制品支付报酬暂行办法》（2011年修订）援引的法律依据正是原《著作权法》第四十四条，该暂行办法目前主要适用于广播电台、电视台向音著协支付音乐作品的使用报酬，似乎更为倾向于第一种立场。现在原第四十四条被删除，该暂行办法也必须修改以重新明确法律依据以及向录音制作者支付报酬的方式和标准。

值得注意的是，第四十五条法定许可的获得报酬权没有规定保护期，建议通过相关条例或司法解释加上："第四十五条规定的录音制品制作者获得报酬权保护期为五十年，截止于该制品首次制作完成后第五十年的12月31日。"

总之，网络直播使用背景音乐，应当获得著作权人对音乐作品广播权的自愿许可，并且获得录音制品广播权的法定许可。从版权法原理上看，法定许可本质上和自愿许可一样，均为使用者必须主动履行的法定义务，当事人应当在使用之前事先申请授权，要么由著作权人授权，要么根据法定许可程序授权，否则构成侵权。[25] 然而，在我国既有的转载和教材法定许可中，国家版权局仅仅规定使用者应当在使用之后一定期限（例如两个月）内向权利人支付报酬，或者将报酬送交集体管理组织，由后者及时转交权利人，而并没有规定使用者在使用之前需要履行任何法定许可的授权手续。[26] 此类先上车、再买票的规定在实践中容易导致维权困难，有些使用者的策略是，如果集体管理组织（或者权利人）还没有找上门，就免费使用作品，只有被找上门之后，才开始考虑支付法定许可费，将法定许可变成了猫捉老鼠的

---

[25] 例如美国版权法上使用音乐作品制作录音制品的法定许可程序中，录音制品制作者必须在发行录音制品之前向权利人或版权局递交使用意图通知（"notice of intent"）。参见17 U.S.C. §115。

[26] 参见《使用文字作品支付报酬办法》（2014年修订）第十三条，《教科书法定许可使用作品支付报酬办法》（2013年修订）第八条。广播电台、电视台的结算期为一年，参见《广播电台电视台播放录音制品支付报酬暂行办法》（2011年修订）第十二条。

游戏。所以，相关条例或司法解释可以进一步明确，法定许可的使用者在使用之前，必须事先向集体管理组织（或者权利人）递交书面的许可申请，说明使用的作品、方式和时间等，并且在使用开始之后的合理时间内（如按月或季度）支付法定许可费；没有递交事先申请或者没有在合理时间内支付法定许可费的，直接构成侵权，可以适用停止侵权、法定赔偿和惩罚性赔偿等法律救济。同时，建议相关条例或司法解释对新《著作权法》第五十二条第二款第（七）项列举的侵权行为澄清如下："使用他人作品或录音制品，应当支付报酬而未支付的，当事人约定不支付报酬的除外。"

（三）商业场所播放背景音乐

宾馆、饭店、商场等商业场所播放背景音乐，其音箱等播送设备和受众处于同一个空间，音乐以声波形式直接播送到受众的耳朵，所以正如上文所述，商业场所的背景音乐涉及音乐作品和录音制品的机械表演权问题：第一，新《著作权法》增加了录音制品机械表演权的法定许可，所以商业场所如果未获得权利人的自愿许可，则应当依法定程序支付录音制品的法定许可费。

第二，原《著作权法》第二十二条第二款第（九）项规定："免费表演已经发表的作品，该表演未向公众收取费用，也未向表演者支付报酬"的，"可以不经著作权人许可，不向其支付报酬"。商业场所播放背景音乐，尤其在播放 CD 或 MP3 等录制音乐的时候，一般不会向公众另外收费，也不会向表演者支付报酬，在字面上似乎符合上述著作权例外。但我国司法实践中一般采取否定的态度。[27] 一种意见认为，原第二十二条第二款第（九）项仅涉及表演者亲自现场表演，而不应当包括机械表演，由于商业场所播放背景音乐属于机械表演，仍然需要获得权利人的许可。这种意见不仅没有任何法律依据，而且实践中也会产生不必要的矛盾。例如，在一个对公众免费、对表演者

---

[27] 中国音乐著作权协会："全国首例商家侵权播放背景音乐诉讼案宣判协会胜诉"，http://www.mcsc.com.cn/publicity/trends_41.html，最后访问日期：2021年1月5日。

无报酬的慈善公益演唱会上,有些歌手通过乐队来伴奏,有些歌手则使用事先录制好的伴奏带,前者属于乐队的现场表演,后者伴奏带部分则属于机械表演,两者对权利人合法利益的影响并没有本质差别,乐队现场伴奏的效果甚至比伴奏带要更好。如果根据上述意见在法律上认定乐队伴奏构成著作权例外,而使用伴奏带必须获得权利人许可,就会使得相关规定显得脱离实际,漫无目的。另一种意见认为,宾馆、饭店、商场等商业场所播放背景音乐在本质上属于商业性、营利性活动,目的是利用音乐所营造的良好消费环境,吸引更多的消费者,而消费者付钱获得购物、餐饮、休闲等消费体验,等于间接地为背景音乐付费。新《著作权法》支持了后一种意见,其第二十四条第二款第(九)项将该例外修订为:"免费表演已经发表的作品,该表演未向公众收取费用,也未向表演者支付报酬,且不以营利为目的",因此明确了以营利为目的的宾馆、饭店、商场等商业场所播放背景音乐不属于本项规定的著作权例外。[28]

总之,营业场所使用背景音乐应当获得著作权人对音乐作品机械表演权的许可,以及获得录音制品机械表演权的法定许可。

五、广播组织邻接权的扩展

新《著作权法》第四十七条第二款第(一)项澄清了广播组织权中的转播包括有线和无线转播,可涵盖体育、综艺和新闻等节目的网络直播。此外,该款第(三)项还增加了"通过信息网络向公众传播"的权利,可涵盖点播等交互式传播。[29]

---

[28] 新《著作权法》第二十四条第二款规定:"前款规定适用于对与著作权有关的权利的限制。"所以本段论述也适用于新《著作权法》第四十五条关于录音制品的规定。

[29] 第四十七条第二款第(三)项所采用的措辞,即"通过信息网络向公众传播",与第四十四条第二款赋予录音录像制作者的相应权利完全一致,可以理解为这些邻接权人的信息网络传播权。有观点认为该权利仅包括网络直播,而不包括交互式传播,但该观点难以找到法律依据。由于第四十七条第二款第(一)项已经包括了有线和无线转播,完全可以覆盖网络直播,如果第四十七条第二款第(三)项也仅包括网络直播,那么就和第(一)项完全重复了。法律解释不能把某法条解释成完全多余。

从国际条约上看，我国并没有保护广播组织权的国际义务，所以广播组织权的范围，可以根据国内版权市场的具体情况，以及广播组织、版权人和使用者之间的公平利益分配来自主确定。㉚广播组织权方面的主要国际条约为《罗马公约》，其中第13条规定了广播组织的转播权、固定权、复制权和公众传播权（仅限于在向公众收取入场费的场所播放电视，如公园或影院），但中国和美国等重要国家均未加入《罗马公约》。中美都已加入《TRIPS协定》，其中第十四条第三款规定："广播组织有权禁止下列未经其授权的行为：录制、复制录制品、以无线广播方式转播以及将其电视广播向公众传播。"但是该条款允许成员国不授予任何广播组织权，只要成员国充分保护广播节目中作品的著作权。㉛

对于广播组织权究竟应当定性为"禁止权"还是"许可权"，版权学界存在争论。新《著作权法》第四十七条第一款规定广播组织"有权禁止未经其许可的下列行为"，主要来源于《TRIPS协定》第十四条，其立法本意为：允许成员国通过行政或刑事责任禁止侵犯广播组织权的行为，并不一定要赋予广播组织以民事权利。由于我国现有《著作权法》已经向广播组织赋予了民事权利，而且措辞里既有"禁止"也有"许可"，定性为禁止权或许可权在实践中都没有太大分别。

版权及邻接权作为专有权，本质上和物权有较大区别。物权的内核包括对物的占有、使用、处分和收益等支配权，而不仅是排除妨碍

㉚ 以欧盟对广播组织权的指令为例，2006/115/EC号指令第7条到第9条依次规定了固定权、发行权、无线转播权和向公众传播权，其中向公众传播权与《罗马公约》第13条的规定类似，仅涵盖向公众收取入场费的场所播放电视，如公园或影院；2001/29/EC号指令则规定了复制权和提供权，其中提供权相当于信息网络传播权。See Directive 2006/115/EC of the European Parliament and of the Council of 12 December 2006 on rental right and lending right and on certain rights related to copyright in the field of intellectual property (codified version), Art. 7, 8 & 9; Directive 2001/29/EC of the European Parliament and of the Council of 22 May 2001 on the harmonisation of certain aspects of copyright and related rights in the information society, Art. 2 & 3.

㉛ 美国正是这样的成员国。

等物上请求权。但版权及邻接权的实质，主要不是权利人自己来使用作品的积极权能，而是禁止他人使用作品的排他权。甚至可以说，版权和邻接权上大部分权能（尤其是经济权利）和权利人自己对作品的使用无关。举三个例子说明：第一，即使在1990年《著作权法》颁布之前，作者仍然可以自行复制、发行和传播自己的作品，这些权利显然不是来源于《著作权法》，而是来源于宪法赋予的言论和出版自由。只不过作者不能通过著作权禁止他人对作品的利用。第二，在《著作权法》颁布之后，著作权人也未必就当然可以自己行使出版和传播作品的权利，例如，国外电影作品的著作权人可以根据我国《著作权法》禁止他人未经授权传播其电影，但在获得有关部门的进口许可证之前，也无法在国内发行和放映电影。又如，翻译或改编等派生作品通常依附于原作品：如果出版社未经任何授权出版翻译作品，翻译作者可以单独起诉禁止出版社的侵权行为；但如果没有原作者的授权，翻译作者也无法自行或者单独授权出版社出版其翻译作品。第三，邻接权基本上为作品传播者的权利，所以邻接权的客体通常依附于著作权的客体。例如，在播放影视剧时，电视台对其节目的邻接权就依附于视听作品的著作权：首先，电视节目的播放形式（如直播、录播、点播）须获得视听作品著作权人授权；其次，即使电视台授权第三方转播其节目，第三方还需要获得视听作品著作权人的授权，这和网站传播歌曲必须同时获得唱片公司（邻接权人）和词曲权利人（著作权人）授权异曲同工。所以，无论采取"许可"还是"禁止"的字样，宜澄清广播组织享有的邻接权实质上为排他权，而广播组织对节目转播的授权，为第三方转播的必要条件，但非充分条件，以避免使用者发生误解，以为只要获得广播组织许可就可转播其节目，忽略著作权人授权的必要性。

因此，本文建议相关条例或司法解释参照新《著作权法》第四十四条的规定增加如下条款："取得广播电台、电视台许可转播、录制、复制、通过信息网络向公众传播其播放的广播、电视的，还应当取得

著作权人、与著作权人有关的权利人许可,并支付报酬。"㉜

六、结语

  我国首部《著作权法》于 1991 年生效,而市场经济的正式倡导要到 1992 年"南方讲话",《著作权法》可以说是市场经济的一朵报春花。《著作权法》首次确认了社会文化发展和精神文明建设与物质文明建设一样,不是去依靠全知全能的神仙皇帝,而是依靠人民大众的智慧,依靠市场机制这个看不见的手。《著作权法》在 2001 年和 2010 年两次修正,为中国顺利加入世界贸易组织、充分参与国际市场竞争并最终成为全球化的领导者提供了良好的法治保障。而 2020 年《著作权法》第三次修正则开启了一个新的时代,本次修正在视听作品概念、录音制品的权利以及广播组织权的范围等方面都做出了重要修正,必将有力地促进音乐、影视、媒体等重要版权产业的发展,进一步提升我国的文化繁荣和自主创新。

㉜ 正如上文所述,"并支付报酬"的措辞可不加。

创新政策视野下的知识产权侵权损害赔偿
功能定位与规则调试

朱冬

一、问题的提出

　　加强知识产权保护、维护良好的创新秩序，是优化营商环境的重要措施。世纪之交，为解决赔偿数额计算难题、贯彻《TRIPS 协定》的全面赔偿要求，[①] 知识产权侵权损害赔偿救济问题在我国开始得到关注。进入 21 世纪以来，知识产权保护被上升到国家战略层面，大力加强知识产权保护成为主流意见。在这样的大背景下，全面加大赔偿力度、增加侵权成本、有效遏制侵权行为的发生被确立为我国知识

---

* 作者系厦门大学知识产权研究院副教授。本文为教育部人文社会科学研究青年基金项目"市场价值指引下的知识产权侵权损害赔偿问题研究"（18YCJ820097）、厦门大学中央高校基本研究经费项目"知识产权侵权损害赔偿救济法律制度研究"（20720181064）以及南开大学重点学科骨干人才资助项目"知识产权侵权损害赔偿救济制度研究"系列研究成果之一。

① 参见 2001 年 6 月 12 日最高人民法院副院长曹建明在全国法院知识产权审判工作会议上的讲话。《TRIPS 协定》第 45 条第 1 款要求，"对于故意或有充分理由应知道自己从事侵权活动的侵权人，司法机关有权责令侵权人向权利持有人支付足以补偿其因知识产权侵权所受损害的赔偿"。

产权司法的基本政策。② 近年来，知识产权损害赔偿领域的一系列新措施值得关注：立法上的法定赔偿数额上限不断提高；③ 法院开始探索超越法定赔偿的上限酌定赔偿数额的方法；④ 知识产权损害赔偿中被融入充分实现知识产权市场价值的具体要求；⑤ 在知识产权领域引入惩罚性赔偿亦成为近期各界热议的话题和法律修订中的焦点问题。⑥

尽管上述措施都是在加大知识产权侵权损害赔偿力度的司法政策下提出的，但是仔细考察不难发现，各项措施所侧重的实际上是损害赔偿功能的不同方面。对上述措施的深入思考，提出了一个基本问题：损害赔偿救济的三大功能——补偿、预防和惩罚——在知识产权领域中应当得到怎样的体现？现代知识产权法具有极强的公共政策属性，⑦ 知识产权侵权损害赔偿规则的设计和完善，离不开对知识产权制度政策目标的考量。尤其是，在创新驱动发展成为推动我国社会经济发展重大战略的大背景下，如何使知识产权制度更好地促进和保障创新，是知识产权理论研究和司法实践面临的重大时代课题。无论是加大知识产权损害赔偿力度，还是充分体现知识产权市场价值，抑或是引入惩罚性赔偿制度，均需服务于知识产权法促进创新的政策

---

② 参见 2009 年最高人民法院发布的《关于贯彻实施国家知识产权战略若干问题的意见》和《关于当前经济形势下知识产权审判服务大局若干问题的意见》。
③ 2013 年修订的《商标法》将法定赔偿的上限由 50 万元提高至 300 万元；2014 年国务院法制办公布的《著作权法修订草案（送审稿）》将法定赔偿的上限由 50 万元提高至 100 万元；2015 年国务院法制办公布的《专利法修订草案（送审稿）》则将法定赔偿的上限由 100 万元提高至 500 万元。
④ 参见 2009 年最高人民法院发布的《关于当前经济形势下知识产权审判服务大局若干问题的意见》。
⑤ 参见 2016 年国务院颁布的《"十三五"国家知识产权保护和运用规划》。
⑥ 2013 年《商标法》的第三次修改率先引入了惩罚性赔偿制度。《著作权法修订草案（送审稿）》和《专利法修订草案（送审稿）》中均有关于惩罚性赔偿的条文。2019 年中共中央办公厅、国务院办公厅发布的《关于强化知识产权保护的意见》以及国务院颁布的《优化营商环境条例》均提出在知识产权领域建立惩罚性赔偿制度的要求。
⑦ 参见吴汉东："知识产权本质的多维度解读"，《中国法学》2006 年第 5 期，第 100 页。

目标。

在创新政策下观察知识产权侵权损害赔偿，需要一种新的理论视角。传统的规范法学强调从法律内部看待问题，以现有的法律规则为出发点解决法律适用问题。政策通常被看作法的一种非正式渊源，[8] 政策考量至多在填补法律漏洞时方能发挥作用。[9] 法政策学则以功利主义为理论基础，将法律作为一种重要的公共政策工具，"着眼于法律之工具性和合目的性，主要关注如何通过法律顺利实现政策目标"，[10] 提供了一种研究法律现象的外部视角。法政策学的研究视角符合本文预设的思考方向。本文尝试从政策目标与政策手段的相互关系入手，以促进和保障创新的政策目标为导向，考察损害赔偿的三大功能在实现创新政策中的作用，进而探讨创新政策视野下知识产权侵权损害赔偿规则的调试问题，以期深化对知识产权侵权损害赔偿的理论认识，促进立法和司法实践更好地服务于创新驱动发展战略，促进营商环境的优化。

二、补偿功能：维持创新激励的理想与现实

传统侵权法理论认为，损害赔偿以矫正正义为基础，[11] 关注侵权行为发生后如何恢复当事人之间的利益不平衡状态。作为一种重要的事后救济措施，损害赔偿的基本功能被界定为补偿损失，通过全面补

---

[8] 参见（美）E. 博登海默：《法理学法律哲学与法律方法》，邓正来译，中国政法大学出版社 2004 年版，第 486 页。

[9] 参见（德）卡尔·拉伦茨：《法学方法论》，陈爱娥译，商务印书馆 2005 年版，第 252 页。

[10] 参见鲁鹏宇："法政策学初探——以行政法为参照系"，《法商研究》2012 年第 4 期，第 113 页；亦参见解亘："法政策学——有关制度设计的学问"，《环球法律评论》2005 年第 2 期，第 192 页。

[11] 参见（加）欧内斯特·温里布：《私法的理念》，徐爱国译，北京大学出版社 2007 年版，第 23 页。See also Jules L. Coleman, "The Practice of Corrective Justice", in David G. Owen（ed.）, *Philosophical Foundations of Tort Law*, Oxford: Clarendon Press, 1995, p. 53.

偿损失使受害者的利益恢复到侵权未发生时的状态。⑫ 在补偿功能的指引下，损害赔偿法秉持"填平原则"，强调"贯彻完全赔偿原则从而实现对受害人的充分救济"。⑬ 在知识产权领域，通过发挥损害赔偿的补偿功能，使得权利人重获因侵权丧失的市场价值，能够起到修补被侵权行为破坏的创新激励机制的作用。从这个意义上说，回归市场价值是实现损害赔偿补偿功能的必然选择。然而，确定知识产权侵权造成的市场价值减损十分困难。降低赔偿数额计算难度与准确反映市场价值，在一定程度上无法兼容。现有规则关注损害数额计算的简化，不可避免地偏离了精确反映市场价值减损的理想目标。司法定价机制的固有缺陷在知识产权侵权领域被放大了，这是不得不承认和接受的现实。

（一）修补市场机制维持创新激励的基本原理

知识产权制度是一种创新激励机制。按照经济学的观点，信息具有公共物品的非排他性和非消耗性特征，创造成本高昂，复制成本却十分低廉，由此带来了信息生产不足的问题。⑭ 一项创新成果的获得需要投入大量的成本，"如果竞争对手无须承担开发费用，即可复制他人新开发的产品，并以与创新者相同的边际成本生产该产品，那么，企业就不太可能花费资源去开发新的产品"。⑮ 为了鼓励创新、维持创新动力，知识产权法利用财产权的激励作用，对本不具有排他性的信息赋予专有控制的权利，人为制造稀缺，从而使信息可以像有

---

⑫ 参见（德）U. 马格努斯主编：《侵权法的统一：损害与损害赔偿》，谢鸿飞译，法律出版社 2009 年版，第 267 页。See also *Restatement*（*Second*）*of Torts*，Sec. 901 (1979).

⑬ 参见王利明："我国侵权责任法的体系构建——以救济法为中心的思考"，《中国法学》2008 年第 4 期，第 61—79 页。

⑭ 参见（美）罗伯特·考特、托马斯·尤伦：《法和经济学》（第 6 版），史晋川等译，格致出版社、上海三联书店、上海人民出版社 2012 年版，第 105 页。

⑮ 参见（美）威廉·M. 兰德斯、理查德·A. 波斯纳：《知识产权法的经济结构》（第 2 版），金海军译，北京大学出版社 2016 年，第 16 页。

形物一样进入市场进行交易。⑯ 据此，知识产权权利人可以通过禁止他人在市场上销售侵犯其知识产权的产品，使自己的产品保持在较高的价格水平上，亦能够通过向他人许可知识产权获得收益。通过市场机制，权利人不但可以收回研发成本，还能够获得额外的收益，因此也就有动力持续地对创新进行投入。在知识产权法中引入市场机制的好处还在于，利用市场竞争的优胜劣汰作用，可以自动筛选出优质的创新成果，进而真正达到促进技术进步的目的。因此，知识产权法是"利用市场机能的巧妙体系"。⑰

从填补损害的角度来看，损害赔偿的作用在于修补被知识产权侵权行为破坏了的市场机制。知识产权作为一种市场上的权利，权利人利用法律上的排他权，通过自己实施或者许可他人实施知识产权在市场上获取利润，其价值体现为一种获利能力，本质上属于"未来收益要求权"。⑱ 知识产权侵权行为的出现，破坏了知识产权法赖以运行的良好市场秩序，损害了知识产权的获利能力，给权利人带来了利润损失，从而使其丧失了收回研发成本的机会，创新激励机制无法维系。知识产权损害赔偿的意义即在于，通过发挥补偿功能，填补侵权行为给知识产权权利人带来的损害，使被侵权的知识产权权利人的收益水平恢复到侵权行为未发生时的状态，从而达到修复被破坏的市场机制，进而维持知识产权制度的创新激励机制有效性的效果。为了充分发挥知识产权侵权损害赔偿的补偿功能，知识产权侵权损害赔偿需要以完全补偿因侵权导致的知识产权市场价值损失为目标。从这个意义上讲，在损害赔偿领域，"知识产权的市场价值构成了司法裁判的基础"。⑲

---

⑯ See Mark A. Lemley, "IP in a World Without Scarcity", *New York University Law Review*, Vol. 90, No. 2, 2015, p. 468.

⑰ 参见（日）中山信弘：《多媒体和著作权》，张玉瑞译，专利文献出版社1997年版，第4页。

⑱ 参见吴汉东："知识产权损害赔偿的市场价值分析：理论、规则与方法"，《法学评论》2018年第1期，第66页。

⑲ 参见吴汉东："知识产权损害赔偿的市场价值基础与司法裁判规则"，《中外法学》2016年第6期，第1487页。

研究表明，我国司法实践中知识产权侵权损害赔偿水平相对较低。[20] 赔偿数额低的主要原因，被归咎为对知识产权市场价值认识不清。[21] 知识产权侵权损害赔偿数额低于市场价值损失，带来的直接后果是权利人所受损失无法得到填补，被侵权行为破坏的创新激励无法得到有效修复，不利于知识产权法激励创新作用的发挥。以反映市场价值为导向的知识产权损害赔偿司法政策，体现了充分补偿知识产权权利人带来的损失以维持知识产权法创新激励的考量。要求司法定价"尽可能准确反映市场价格，而司法定价反过来又能正确引导市场定价"，[22] 对于促进知识产权市场价值的形成具有积极意义。[23] 在上述司法政策的引导下，如何在损害赔偿中充分体现知识产权的市场价值，保障补偿功能的实现，构成了知识产权侵权损害赔偿规则设计和完善的主要目标。

（二）损害赔偿准确反映知识产权市场价值面临的难题

然而，不得不承认，即使在传统侵权法领域，由于损失本质的主观性与损失计算的客观性之间存在无法消除的矛盾，[24] 全部赔偿仅仅是一种理想状态。在损害赔偿数额计算中准确反映知识产权市场价值的减损，更是面临着极大的挑战。

首先，知识产权市场价值的界定需要借助复杂的经济和财务分析。在进入市场成为一种无形资产之后，知识产权的价值主要表现为

---

[20] 参见（德）弗兰克·A. 哈梅尔："中国法院对中国知识产权法的实施——兼论对损害赔偿和费用承担的主张"，徐楷行译，载邵建东、方小敏主编，《中德法学论坛》（第8辑），南京大学出版社2011年版，第322—325页。

[21] 参见李明德："关于知识产权损害赔偿的几点思考"，《知识产权》2016年第5期，第9页。

[22] 参见蒋华胜："知识产权损害赔偿的市场价值与司法裁判规则的法律构造"，《知识产权》2017年第1期，第61页。

[23] 参见林广海："市场价值视域下的知识产权侵权赔偿"，《知识产权》2016年第5期，第22页。

[24] 参见阳庚德："私法惩罚论：以侵权法的惩罚与遏制功能为中心"，《中外法学》2009年第6期，第838页。

一种获利能力。所谓获利能力，即关注未来的收益，实际上是一种通过市场获利的可能性。作为一种无形资产，知识产权的市场价值可能受到宏观经济政策、产业政策、经营条件、生产能力、市场状况等多方面因素的制约；[25] 不同类型知识产权的价值变动亦涉及不同的经济和财务因素。[26] 影响知识产权价值的变量具有很大的不确定性，[27] 给知识产权价值评估带来了巨大的挑战。为了对知识产权的市场价值进行准确界定，需要尽可能全面地考虑影响知识产权价值的诸多因素。而搜集和分析这些因素，需要付出高昂的成本。在无法将全部因素纳入考量的情形下，评估得出的知识产权价值的准确性难以保障。此外，由于不同知识产权之间差异甚大，对于大部分知识产权而言，很难在市场上找到类似的资产作为价值评估的参照物。[28] 通过类比市场上类似权利交易价值的评估方法在知识产权领域亦难以适用。

其次，复杂的市场因素增加了知识产权损害赔偿中因果关系的认定难度。按照侵权法的基本原理，因果关系决定损害赔偿责任的范围。[29] 知识产权侵权损害赔偿数额的计算，通常是将侵权发生前后知识产权权利人的获利情况进行对比从而确定损失程度。这个过程需要重塑市场，[30] 并非要确定侵权发生前权利人的真实获利情况，而是在仅仅排除侵权行为因素的情况下对权利人的获利情况进行估计。然而，在市场环境下，知识产权权利人的利润变动受到多种因素的影响，知识产权侵权这一因素往往被其他市场因素裹挟着，很难将该因

---

[25] 参见中国资产评估协会 2017 年发布的《资产评估执业准则——无形资产》第 20 条。

[26] See Richard Troxel & William Kerr, *Calculating Intellectual Property Damages*, Westlaw, database updated 2016, §§6: 3 – 6: 4.

[27] 参见吴汉东，见前注[19]，第 1486 页。

[28] 参见（美）戈登·史密斯、罗素·帕尔：《知识产权价值评估、开发与侵权赔偿》，夏玮等译，电子工业出版社 2014 年版，第 161 页。

[29] 参见王泽鉴：《侵权行为》（第 3 版），北京大学出版社 2016 年版，第 183 页。See also *Restatement (Second) of Torts* sec. 917 (1979).

[30] See Grain Processing Corp. v. American-Maize Products. Co., 185 F. 3d 1341, 1350 (Fed. Cir. 1999).

素剥离出来对知识产权权利人获利状况的影响进行单独评价。[31] 最典型的情况是,如果在市场上除了权利人的产品以外,还存在其他非侵权竞争产品,那么很难说知识产权权利人产品销量的减少仅仅是由于侵权产品的出现引起的,因为非侵权竞争者的产品亦可能导致权利人的产品销量下降。[32]

再次,损失的确定性原则限制了知识产权侵权损害赔偿中损失的认定。尽管程度有所不同,两大法系侵权法均将确定性作为损害赔偿的基本原则。[33] 在知识产权领域,损害的确定性原则却可能导致低估对权利人造成的实际损失。一方面,知识产权侵权具有广泛性和隐蔽性特征,对隐蔽侵权行为的"发现不足",往往导致权利人能够证明的、已经确定的损失数额并非权利人受到的全部损失。[34] 另一方面,知识产权的价值实现具有长期性,[35] 在有些案件中,即使侵权行为已经停止,但是对知识产权价值的影响可能仍然持续存在。与已经发生的实际销售损失相比,产品的未来价格、竞争状况和市场状况等更加难以确定,[36] 权利人的未来损失很难得到法院的认可。

知识产权侵权损害赔偿实际上是一种不同于市场定价机制的司法定价机制。作为一种第三方定价机制,损害赔偿数额的计算本来就需要付出较高的信息成本。[37] 知识产权自身的特性,使得传统侵权法损

---

[31] See Thomas F. Cotter, *Comparative Patent Remedies: A Legal and Economic Analysis*, Oxford: Oxford University Press, 2013, p. 109.

[32] See Laura B. Pincus, "The Computation of Damages in Patent Infringement Actions", *Harvard Journal of Law & Technology*, Vol. 5, No. 1, 1991, pp. 107-108.

[33] 参见王军、王秀转:"侵权法上损害证明的确定性",《政法论坛》2008年第5期,第33页。

[34] See Thomas F. Cotter, "An Economic Analysis of Enhanced Damages and Attorney's Fees for Willful Patent Infringement", *Federal Circuit Bar Journal*, Vol. 14, No. 2, 2004, p. 310.

[35] 参见吴汉东,见前注[19],第1486页。

[36] See Brooktree Corp. v. Advanced Micro Devoces, Inc., 977 F. 2d 1555, 1581 (Fed. Cir. 1992).

[37] 参见蒋舸:"知识产权法定赔偿向传统损害赔偿方式的回归",《法商研究》2019年第2期,第186页。

129

害赔偿基本规则在知识产权领域的适用需要考虑更为复杂的因素。为计算出能够准确反映市场价值的损害赔偿数额，需要规则不断地进行细化。而不断细化的规则无疑将进一步提高司法定价机制的信息成本。高额的信息成本显然不利于知识产权的高效保护。因此，知识产权侵权损害赔偿面临如下难题：在保障能够准确反映知识产权市场价值减损程度的前提下，还应当尽量降低知识产权侵权损害赔偿的计算难度，降低当事人的诉讼成本。

（三）损害赔偿规则的调整及其固有缺陷

为了解决知识产权侵权损害赔偿数额计算的难题，各国均在传统侵权损害赔偿规则的基础上对知识产权侵权损害赔偿规则进行了一定的调整，采取了一些措施以降低知识产权侵权损害赔偿数额计算的难度。例如，降低知识产权侵权损害赔偿数额的证明标准。在美国专利司法实践中，侵权行为与损失之间因果关系的证明标准被调整为"非推测性"标准，即仅要求达到具有合理可能性的程度即可。[38] 在销量损失的认定方面，更为常见的做法，则是将侵权产品的销量推定为知识产权权利人因侵权减少的销量。[39] 除此之外，侵权获利、许可费、法定赔偿等替代性损失计算方法被引入知识产权侵权损害赔偿规则中。[40] 然而从实现补偿功能、维持创新激励机制的角度来看，上述简化措施可能无法真实反映复杂的商业实践，在更大程度上使得知识产

---

[38] See Engineered Products Co. v. Donaldson Co., Inc., 147 Fed. Appx. 979, 990 (Fed. Cir. 2005).

[39] 例如，《最高人民法院关于审理著作权民事纠纷案件适用法律若干问题的解释》第24条、《最高人民法院关于专利纠纷案件适用法律问题的若干规定》第20条第1款、《最高人民法院关于审理商标民事纠纷案件适用法律若干问题的解释》第15条。

[40] 在我国立法上，知识产权侵权损害赔偿数额的计算方式有着严格的顺位，侵权获利、许可费倍数以及法定赔偿被作为实际损失的替代计算方式。参见《著作权法》第49条、《专利法》第65条、《商标法》第63条。在比较法上，大部分国家和地区则允许当事人在几种计算方式之间进行选择。参见王迁等："知识产权侵权损害赔偿：问题与反思"，《知识产权》2016年第5期，第35—37页。

权侵权损害赔偿偏离准确反映市场价值这一理想目标。

具体来讲,直接推定权利人丧失的销量等于侵权产品的销量,将权利人产品销量的减少完全归因于侵权产品的出现,忽略了其他市场因素对权利人产品销量的影响;[41] 简单地将侵权获利等同于权利人利润损失的假定,没能考虑到侵权人与权利人在市场地位等诸多方面的差异导致的利润水平差异。[42] 从准确反映实际损失数额的角度来看,上述替代计算方法的适用空间非常之小。许可费标准实际上是承认了一种机会损害,[43] 在权利人仅以许可他人实施知识产权来获利的场合可以作为实际损失存在,但是在权利人销售产品的情况下,作为销量损失的替代计算方式,很难说许可费与权利人因侵权产品出现而受到的销售利润损失之间存在对应关系。美国专利司法实践中合理许可费的确定即面临着个案之间差异甚大、无法预测的批评,[44] 一系列超过实际损失的高额合理许可费案件,引发了学者对过度补偿问题的关注。[45] 在我国,知识产权领域法定赔偿的适用率极高,却面临着总体赔偿数额过低的批评。法定赔偿的基本思路是将赔偿数额交由法院在法定数额内酌定,即便考量因素再为精细,亦难以摆脱无法准确反映知识产权市场价值的质疑。[46]

---

[41] Richard Troxel & William Kerr, supra note [26], §3:36。

[42] 参见(德)鲁道夫·克拉瑟:《专利法——德国专利和实用新型法、欧洲和国际专利法》,单晓光等译,知识产权出版社 2016 年版,第 1067 页。See also *Restatement (Third) of Unfair Competition*, Sec. 37, comment b (1995).

[43] 参见(日)田村善之:《日本知识产权法》(第4版),周超等译,知识产权出版社 2011 年版,第 312 页;鲁道夫·克拉瑟,见前注[42],第 1063 页。

[44] See Daralyn J. Durie & Mark A. Lemley, "A Structured Approach to Calculating Reasonable Royalties", *Lewis & Clerk Law Review*, Vol. 14, No. 2, 2010, p. 644.

[45] See Mark A. Lemley, "Distinguishing Lost Profits from Reasonable Royalties", *William & Mary Law Review*, Vol. 51, No. 2, 2009, pp. 667 - 668. 例如,在 Monsanto Co. v. Ralph 一案中,美国联邦上诉巡回法院确认了 5 倍于原告通常许可其技术的许可费率的合理许可费。382 F.3d 1374, 1379 (Fed. Cir. 2004). 又如,在 Monsanto Co. v. McFarling 一案中,美国联邦上诉巡回法院确认了 6 倍于原告通常许可其技术的许可费率的合理许可费。488 F.3d 973, 980 - 981 (Fed. Cir. 2007).

[46] 关于法定赔偿规则存在不足的批评,参见蒋舸,见前注[37],第 184 页;王宏军:"知识产权法定赔偿的初始风险",《知识产权》2015 年第 8 期,第 78 页。

显然，现有知识产权侵权损害赔偿规则的调整，在准确反映市场价值与降低赔偿数额计算难度之间，做出了更倾向于后者的选择。与其纠结于侵权获利、许可费和法定赔偿等规则无法准确反映知识产权市场价值减损的缺陷，倒不如承认这一事实，承认其在实现补偿作用方面的有限性。在这种观点下，可以对以上规则的定位进行适当的调整。例如，在美国，合理许可费被作为专利侵权中权利人获得金钱救济的最低标准，[47] 法定赔偿则被看作版权侵权中法律给权利人救济的最低保障。[48] 将许可费作为损害赔偿的最低标准，解释了许可费与权利人销售利润损失之间的区别，为在许可费市场标准之上适当提高其数额的做法提供了正当依据。将法定赔偿作为损害赔偿救济的最低保障，摒弃将其作为实际损失的替代计算方法的逻辑，减少司法实践对法定赔偿的过度依赖，有利于缓解我国司法实践中法定赔偿泛滥情形下对赔偿数额过低的批评。同时，既然承认赔偿数额的不同计算方法在适用的难度和效果上均存在差异，就应当允许理性的当事人在几种计算方式之间进行自由选择。理想状态下，当然"应该在信息可获得的前提下，优先选用可以更准确衡量权利人损失额的方法"。[49] 但是，出于对信息成本等因素的综合考量，允许当事人进行自由选择的做法，与替代计算方式的严格顺位规则相比，显然更加有利于缓解对司法定价机制固有缺陷的批评。

　　对补偿功能的关注，是传统侵权法理论在知识产权领域的投射。既然赋予知识产权私权属性是实现促进创新政策目标的最佳方式，通过实现全部赔偿来充分保护知识产权权利人，就是知识产权侵权损害

---

[47] 参见《美国专利法》第284条。在日本，专利侵权中的合理许可费标准也是专利权利人金钱救济的最低标准。参见《日本专利法》第102条第4款。

[48] 在 Douglas v. Cunningham 一案中，美国最高法院指出，版权法上的法定赔偿"就是为了避免法律救济的严格适用条件而设定的，就那些按照现有规则难以或者无法证明损失或者侵权获利的案件，对侵权给版权人带来的损失进行一定程度的补偿"。294 U. S. 207, 209 (1935)．

[49] 参见龙小宁："完善损害赔偿制度：严格知识产权保护的重要途径"，《中国知识产权》2019年第10期，第35页。

赔偿的主要目标。在传统理论视角下，损害赔偿与激励创新的政策目标之间是以知识产权私权机制为中介发生联系的。对补偿功能的强调，关注的重点是对个体创新者的保护。但是，侵权获利、许可费和法定赔偿等规则的适用可能导致对权利人的过度赔偿，补偿功能无法对该种现象提供解释。从创新政策的角度看，对知识产权侵权损害赔偿的关切不应仅仅限定于补偿权利人损失的视野之中，为了优化整体创新环境，还需要关注损害赔偿救济的预防功能。

三、预防功能：维护创新秩序视野下的制度解构

损害赔偿的预防功能，又被称为威慑功能，[50] 是指通过损害赔偿遏制侵权行为发生的功能。传统民事领域对损害赔偿的预防功能重视不够，两大法系侵权法传统理论均认为，损害赔偿的主要功能是填补损害，遏制侵权发生仅仅是损害赔偿的一种反射效果，是辅助性的功能。[51] 近年来我国知识产权的司法政策，十分强调发挥损害赔偿遏制侵权发生的作用，损害赔偿预防功能的独立价值应当受到重视。在充分发挥预防功能的视野下，衡量知识产权侵权损害赔偿水平的标准，应当是能否有效遏制侵权发生，从而保证整体创新环境的优化。围绕上述目标对知识产权侵权损害赔偿规则进行解读，可以为现有规则调整中不同于传统损害赔偿补偿功能的特点提供理论基础，亦可以为遏制侵权找到其限度。

（一）损害赔偿维护创新秩序的基本原理

与补偿功能关注对个体创新者事后的补救不同，预防功能关注损害赔偿对潜在的、不特定的侵权者未来行为的影响。知识产权侵权损

---

[50] 参见程啸：“试论侵权行为法之补偿功能与威慑功能”，《法学杂志》2009年第3期，第14页。
[51] 参见王利明，《侵权责任法研究》（第2版），中国人民大学出版社2016年版，第122页。See also *Restatement (Second) of Torts*, Sec. 901, comment a (1979).

害赔偿预防功能的发挥，有利于鼓励竞争者自主研发或者事先寻求许可。[52] 形成尊重知识产权的社会氛围，达到优化整体创新秩序的目的。

　　法经济学关注损害赔偿的预防功能。对传统侵权法领域损害赔偿的经济分析是建立在事故预防的理论基础之上的。[53] 该理论的基本思想是：将受害人损失视为侵权行为带来的社会成本，通过损害赔偿将这种具有负外部性的事故成本内部化，可以促使行为人采取有效的预防措施来避免事故的发生。[54] 从这个角度来看，损害赔偿是降低事故发生成本的有效手段。然而，知识产权侵权具有不同于一般侵权行为的特殊性，对损害赔偿预防功能的发挥机制的分析，需要对预防事故的理论框架进行一定的修正。

　　首先，与一般侵权行为仅仅给受害人造成损害的情形不同，知识产权侵权是一种典型的受益型侵权，即"产生损害后果且行为人从中获利"。[55] 知识产权侵权行为的动因，通常在于利用他人知识产权可以使侵权人在市场上谋取利益或者节省研发成本。由于侵权获利与权利人损失之间并不存在严格的对应关系，在侵权获利小于权利人实际损失的情况下，赔偿权利人的实际损失，不但能够充分填补损害，还能够发挥有效遏制侵权行为发生的功能。但是，如果侵权人在承担了权利人所受损失之后仍然有利可图，那么知识产权侵权行为的诱因仍然存在，侵权行为仍然可能发生。因此，在侵权人的获利多于权利人损失的情况下，将损害赔偿限制在实际损失之内就无法有效遏制侵权的发生。[56] 此外，如果侵权产品与权利人产品分属不同市场，由于缺

---

[52] 在 King Instruments Corp. v. Perego 一案中，美国联邦上诉巡回法院将专利保护带来的经济回报比喻成胡萝卜，胡萝卜的大小完全取决于市场，损害赔偿通过遏制和补偿来确保权利人根据市场地位获取回报。65 F. 3d 941, 950 (Fed. Cir. 1995).

[53] 参见（美）盖多·卡拉布雷西：《事故的成本：法律与经济的分析》，毕竞悦等译，北京大学出版社 2008 年版，第 59—60 页。

[54] 参见罗伯特·考特、托马斯·尤伦，见前注⑭，第 178 页和第 195 页。

[55] 参见杨彪："受益型侵权行为研究——兼论损害赔偿法的晚近发展"，《法商研究》2009 年第 5 期，第 77 页。

[56] See Taylor v. Meirick, 712 F. 2d 1112, 1120 (7th Cir. 1983).

乏竞争关系，在侵权行为并未给权利人带来实际损失的情形下，以补偿为原则的传统损害赔偿规则无法有效遏制侵权行为的发生。[57] 由此可见，在受益型侵权中，单纯地使侵权人全部承担权利人受到的损失并不总是能有效达到遏制侵权发生的效果。对于潜在的知识产权侵权人而言，有效预防侵权发生需要关注的是如何通过损害赔偿使得侵权行为变得无利可图，[58] 从而消除侵权行为的激励。在此，补偿性赔偿预防不足的缺陷需要受到特殊关注。

其次，与传统侵权法中仅仅造成事故的侵权行为不同，知识产权侵权并非仅仅具有负外部性。现代社会的创新，更多地表现出一种阶梯状的特征，所谓的创新通常并非完全的首创，而是通常以在先创新为前提的累积性创新。[59] 创新活动的连续性导致在知识产权领域"智力成果产权叠加"现象十分突出。[60] 一项智力成果上多项权利的叠加，导致在已有智力成果基础之上进行的后续创新很可能会落入侵权的范畴。由于创新本身具有强烈的正外部性，[61] 知识产权损害赔偿遏制作用的发挥需要有限度，不应当对那些本质上属于创新的侵权行为造成过度的遏制。具体来讲，如果权利人获得的赔偿超出其创新贡献的范围，尤其是当超出的部分恰恰涵盖了后续创新的贡献时，就可能产生阻碍后续创新的后果。知识产权保护需要"将排他权具有的激励价值与允许利用他人已开发的技术和创造性作品所具有的激励价值进行权衡"。[62] 需要利用损害赔偿救济进行遏制的，应当是那些完全不利于创新的侵

---

[57] See Maier Brewing Co. v. Fleischmann Distilling Corp., 390 F. 2d 117, 122 (9thCir. 1968).
[58] See Roger D. Blair & Thomas F. Cotter, "An Economic Analysis of Damages Rules in Intellectual Property Law", *William & Mary Law Review*, Vol. 39, No. 5, 1998, p. 1590.
[59] 参见王争："累积性创新、专利期限与企业 R&D 投资路径"，《制度经济学研究》2005 年第 4 期，第 60 页。
[60] 参见蒋舸："著作权法与专利法中《惩罚性赔偿》之非惩罚性"，《法学研究》2015 年第 6 期，第 82—84 页。
[61] See Brett M. Frischmann & Mark A. Lemley, "Spillovers", *Columbia Law Review*, Vol. 107, No. 1, 2007, pp. 268 - 271.
[62] 参见（美）克里斯蒂娜·博翰楠、赫伯特·霍温坎普：《创造无羁限：促进创新中的自由与竞争》，兰磊译，法律出版社 2016 年版，第 54 页。

权行为，对于那些后续的累积性创新成果则不能过度遏制。因此，在优化整体创新环境的目标下，知识产权制度不仅需要关注对在先创新者的激励，保护在先创新者，在加大知识产权侵权损害赔偿力度、充分发挥预防功能有效遏制潜在侵权行为发生的同时，还需要考虑后续创新者面临的风险，尽量给后续的创新留足空间，警惕过度遏制带来的阻碍后续创新的后果。㉓

（二）有效预防视角下的损害赔偿规则解读

从有效预防侵权发生的角度审视对现有知识产权侵权损害赔偿规则的调整，可以使我们看到侵权获利、许可费等规则不同于实际损失计算替代方式的独立价值。这些调试改变了知识产权侵权损害赔偿规则的整体面貌，使得知识产权侵权损害赔偿出现了不同于传统以补偿为核心的损害赔偿的新特征。

作为实际损失替代计算方法的侵权获利，面临着难以准确反映权利人实际损失的诟病。尤其是，在侵权获利小于权利人实际损失的情况下，支付侵权获利的适用可能面临赔偿不足的问题。但是，从有效遏制侵权发生的角度来看，支付侵权获利的作用直截了当。支付侵权获利的直接效果，是使侵权人恢复到侵权行为没有发生时的地位。㉔也就是说，通过剥夺侵权人的利润，使得侵权行为变得无利可图，从而消除侵权行为的诱因，达到遏制侵权发生的目的。美国最高法院明确指出，支付侵权获利是一种具有威慑功能的金钱救济方式。㉕为了强化支付侵权获利的遏制功能，美国法律在证明责任分配方面做出了如下调整：在侵权获利的计算过程中，权利人仅需证明侵权人的违法

㉓ See Suzanne Scotchmer, "Standing on the Shoulder of the Giants: Cumulative Research and the Patent Law", *Journal of Economic Perspectives*, Vol. 5, No. 1, 1991, p. 31. 亦参见蒋舸，见前注㉑，第 84 页。

㉔ 参见（美）彼得·凯恩：《侵权法解剖》，汪志刚译，北京大学出版社 2010 年版，第 126 页。

㉕ See Senpp v. United States, 444 U. S. 507, 514 (1980).

所得，由被控侵权人证明其中应予扣除的成本和必要费用。[66] 在美国商标侵权领域，司法实践甚至已经转向支付侵权获利不以实际损失的存在为前提。[67] 上述做法体现了支付侵权获利的独立化趋势。在普通法系，支付侵权获利已经被归入一种不同于传统补偿性损害赔偿的返还性的损害赔偿（restitutionary damage）。[68] 德国学者亦认识到，支付侵权获利的直接目的并非是为了补偿损失，而是为了分配侵权获得的收益。[69] 在我国，亦有学者主张支付侵权获利实际上是一种处于侵权法和不当得利之间过渡地带的独立的请求权类型。[70] 支付侵权获利的独立化，改变了侵权获利作为实际损失替代方式的地位，使得该规则与补偿性损害赔偿规则之间的关系变得更加复杂。[71]

从发挥补偿功能的角度来看，许可费标准的引入认可了一种许可机会丧失的损失。从有效遏制侵权发生的角度来看，适用许可费标准的效果仅仅是使侵权人处于不比事先获得许可而支付许可费的被许可人更优的地位。[72] 然而在商业许可实践中，双方当事人签订许可合同时通常会达成双赢的效果，即许可方在保障收益的同时亦会保障被许可方的收益。从这个角度来看，如果严格按照市场标准计算许可费损失，侵权人在承担损害赔偿责任之后通常仍然有利可图。[73] 此外，严

---

[66] 参见《美国版权法》第504第（b）款、《美国商标法》第35条第（a）款。
[67] See J. Thomas McCarthy, *McCarthy on Trademark and Unfair Competition*, 5th ed., Westlaw, database updated 2020, §30：63.
[68] See David A. Thomas & Harvey McGregor, *McGregor on Damages*, 18th ed., London：Sweet & Maxwell Press, 2009, 12－001.
[69] See Thomas Dreier, "How Much 'Property' is there in Intellectual Property? The German Civil Law Perspective", in Helena R. Howe & Jonathan Griffiths（eds.）, *Concepts of Property in Intellectual Property Law*, Cambridge：Cambridge University Press, 2013, p. 129.
[70] 参见朱岩："'利润剥夺'的请求权基础——兼评《中华人民法共和国侵权责任法》第20条"，《法商研究》2011年第3期，第142页。
[71] 关于支付侵权获利与赔偿实际损失适用关系的比较法考察，参见朱冬：《知识产权侵权损害赔偿救济制度研究》，知识产权出版社2018年版，第122—124页。
[72] 参见曾世雄：《损害赔偿法原理》，新学林出版股份有限公司2005年版，第223页。
[73] See Playboy Enterprises, Inc. v. Baccarat Clothing Co., 692 F. 2d 1272, 1274－1275（9th Cir. 1982）.

格地按市场标准计算许可费损失，反而可能使侵权人节省缔约成本，甚至可能导致侵权人在原本无法通过正常的商业谈判获得知识产权许可的情况下，选择以实施侵权行为的方式来变相地获得许可。[74] 有鉴于此，各国在许可费标准的适用过程中，均会在市场水平之上适当增加其数额，以实现遏制侵权发生的目的。在美国，法院通常要求专利侵权中的合理许可费需要适当地高于市场决定的许可费标准，以此来遏制侵权发生。[75] 在德国和日本，亦有人提出以许可费的倍数确定损害赔偿数额的建议。[76] 我国知识产权损害赔偿中以许可费倍数来计算损害赔偿数额的做法，亦可以根据上述原理进行解释。

为了有效遏制侵权发生，根据侵权行为的严重性加重赔偿责任已经成为各国知识产权损害赔偿规则的共同特征。在我国，法定赔偿中侵权行为的恶劣程度、侵权人的主观恶意均是增加赔偿数额的考量因素。[77] 有的国家甚至专门引入了惩罚性赔偿规则。例如，美国在专利和商标侵权领域中引入了加重赔偿（enhanced damages）规则，[78] 英国在版权侵权领域允许法院考虑侵权情节的严重性以及被告的获利情况，在实际损失之外给予版权人附加赔偿（additional damages）。[79] 澳

---

[74] See J. Thomas McCarthy, supra note [67], §30：87；范长军：《德国专利法研究》，科学出版社2010年版，第129页。

[75] See Amy L. Landers, "Let the Games Begin：Incentives to Innovation in the New Economy of Intellectual Property Law", *Santa Clara Law Review*, Vol. 46, No. 2, 2006, p. 338.

[76] 为了贯彻《欧盟知识产权执法指令》，德国联邦参议院曾建议在立法中增加以双倍许可费计算赔偿数额的规定。（FN 8）S. 53 r./54.1. 范长军，见前注[74]，第130页。在日本专利侵权的司法实践中，亦有以既有许可费的1.5~2倍计算赔偿数额的案件出现。参见张鹏："日本专利侵权损害赔偿数额计算的理念与制度"，《日本问题研究》2017年第5期，第77页。

[77] 参见《最高人民法院关于审理著作权民事纠纷案件适用法律若干问题的解释》第25条第2款、《最高人民法院关于专利纠纷案件适用法律问题的若干规定》第21条、《最高人民法院关于审理商标民事纠纷案件适用法律若干问题的解释》第16条第2款。

[78] 参见《美国专利法》第284条第（b）款、《美国商标法》第35条第（a）款。

[79] 参见《英国版权、设计和专利法》第97条第（2）款。

大利亚则在版权、专利、商标侵权领域中全面引入了附加赔偿的规定。⑧ 这些制度显然均是出于遏制侵权行为发生、鼓励权利人向法院主张权利的考虑而设定的。这些变化使得在我国知识产权领域引入惩罚性赔偿的呼声更加高涨。

（三）防止过度遏制阻碍后续创新的规则调整

从整个创新环境的角度来看，知识产权侵权损害赔偿规则，在有效遏制侵权发生的同时，需要进一步进行调整，防止过度遏制的出现。在累积性创新特征明显的领域，防止过度遏制给后续创新带来不利影响显得尤为重要。美国在信息技术领域专利侵权案件中关于防止损害赔偿救济产生过度遏制的讨论，具有启示意义。

一项美国学者的实证研究表明，美国的专利侵权案件中，原样照抄他人专利的案件已经非常少见，绝大部分被控侵权人实际上都是独立开发者。⑧ 上述现象在信息技术领域表现得尤为突出，因为在该领域，技术更新换代非常快，创新表现出很强的累积性。如果说对于那些不添加任何实质改变直接盗用他人知识产权的侵权行为，或者在侵权人没有权利人有效率的侵权中，剥夺侵权获利能够起到较好的遏制效果，那么在累积性创新的情形，被控侵权人在原有专利的基础上进行再创造，对该种侵权行为的过度遏制则显然不利于整体创新环境的优化。尤其是，如果侵权人通过其改进获得了高于专利权人的利润，那么侵权人显然是更加有效率的。此时，剥夺侵权人侵权产品的全部

---

⑧ 参见《澳大利亚版权法》第115条第（4）款（b）项、《英国设计法》第75条、《英国专利法》第122条第（1A）款、《英国商标法》第126条第（2）款。根据上述规定，法院适用附加赔偿时应当考虑如下因素：侵权情节的严重性、遏制类似侵权行为的需要、持续的侵权行为、侵权人被通知构成侵权仍然从事侵权行为、侵权人因侵权行为获得利益，其他相关因素，等等。

⑧ 据统计，美国专利侵权案件中完全照抄他人专利的仅占全部样本的1.76%。其中，制药和化工类案件中2/3以上涉及直接照抄他人专利的情形，而在计算机和软件类案件中构成照抄他人专利的案件则不足1%。See Christopher A. Cotropia & Mark L. Lemley, "Copying in Patent Law", *North Carolina Law Review*, Vol. 87, No. 5, 2009, p. 1424.

获利显然不符合鼓励创新的政策目标。最佳的遏制水平应当是，将侵权获利限制在被侵害的专利权的贡献范围内，将被控侵权人的后续创新带来的利润剥离出去。这就要求分摊（apportionment）专利对侵权产品价值的贡献度。[82] 但是，美国国会对这种剥离的实现可能性持悲观态度，1952年《美国专利法》的修订直接将支付侵权获利从损害赔偿规则中删除。[83] 因此，美国专利法上权利人是无法主张侵权获利的。

根据美国学者的建议，在侵权人比权利人更有效率的情形下，在损害赔偿中适用合理许可费似乎更加合适。[84] 但是，近年来美国法院确定合理许可费的司法实践也出现了问题。如前所述，为了有效遏制侵权发生，美国法院在司法实践中通常会适当增加合理许可费的数额。但是，并没有为合理许可费的上限设定限制。美国联邦上诉巡回法院甚至明确指出，许可费可以高于侵权者的边际利润。[85] 据学者统计，美国专利侵权中法院确定的平均合理许可费水平已经高于产业界的边际利润。[86] 高于侵权获利水平的合理许可费可能造成过度遏制的后果。受充分补偿原则的影响，美国法院在合理许可费的计算过程中援引了全部市场价值规则，将许可费涵盖的范围从专利部件扩展至整件产品甚至其他产品。[87] 在通信技术领域，大部分产品均是由多元件组成的，被控侵权的专利可能仅仅是整体产品上的一个部件或者一个特征，一个产品上往往集成了多项专利。在合理许可费的确定过程中，全部市场价值规则的适用可能导致许可费涵盖了非专利部件，而

---

[82] 关于美国专利法上分摊原则的介绍，参见吴广海："美国专利侵权损害赔偿中的分摊规则问题"，《知识产权》2012年第6期，第82—88页。

[83] See S. Rep. No. 79-1503 (1946), reprinted in 1946 U. S. C. C. A. N., p. 1387.

[84] Roger D. Blair & Thomas F. Cotter, supra note [58], p. 1632.

[85] See Golight, Inc. v. Wal-Mart Stores, Inc., 355 F. 3d 1327, 1338 (Fed. Cir. 2004).

[86] See Mark A. Lemley & Carl Shapiro, "Patent Holdup and Royalty Stacking", *Texas Law Review*, Vol. 85, No. 7, 2007, pp. 2034-2035.

[87] See Mark A. Lemley, supra note [16], p. 662.

这部分相对于专利可能具有独立的价值。[88] 过高的合理许可费可能导致对非侵权创新活动的遏制,[89] 也使得通信技术领域的专利劫持(holdup)变得更加严重。[90] 在这种情形下,美国联邦上诉巡回法院开始强调,当专利仅仅是整个产品的一部分或者一个特征时,需以其本身的价值为基础计算合理许可费。[91] 这种变化是全面的,在累积性创新特征不显著的药品领域,美国法院亦开始适用分摊原则确定合理许可费。[92]

通过上述讨论可以得出一个结论:为了防止过度遏制后续创新,在知识产权领域需要对全部赔偿原则的适用进行一定的限制,尤其是在累积性创新特征明显的领域,应当将损害赔偿限定于涉案知识产权的自身贡献之内,防止知识产权保护范围的过度扩张,为后续的创新预留空间。为此,要求对知识产权在整体产品中的贡献进行分摊。[93] 这种观念与传统侵权法上以因果关系确定损害赔偿范围的全面赔偿原则存在一定差异。关于分摊原则和全部赔偿原则的适用关系,是知识产权侵权损害赔偿领域中的重要议题。美国的经验同样值得参考:原则上,在知识产权侵权损害赔偿数额计算过程中应当适用分摊原则,即将知识产权的贡献度纳入考量范围;只有当权利人能够证明专利特征已经成为整体产品市场需求的主导因素时,方能考虑产品的整体市场价值。[94]

综上所述,从有效预防侵权发生、维护整体创新秩序的角度,知识产权侵权损害赔偿规则已经呈现出不同于传统以补偿功能为中心构

---

[88] See Brian J. Love, "Patentee Overcompensation and the Entire Market Value Rule", *Stanford Law Review*, Vol. 60, No. 1, 2007, pp. 276 – 277.

[89] See Amy L. Landers, supra note [75], p. 375.

[90] See Mark A. Lemley & Carl Shapiro, supra note [86], p. 1993.

[91] See Luncent Technologies, Inc. v. Gateway, Inc., 580 F. 3d 1301, 1337 (Fed. Cir. 2009).

[92] See Astra Zeneca AB v. Apotex Corp., 782 F. 3d 1324, 1338 (Fed. Cir. 2015).

[93] See Amy L. Landers, "Patent Claim Apportionment, Patentee Injury, and Sequential Intervention", *George Mason Law Review*, Vol. 19, No. 2, 2012, p. 476.

[94] See Uniloc USA, Inc. v. Microsoft Corp., 632 F. 3d 1292, 1320 (Fed. Cir. 2011).

建的规则的特点。在实现有效遏制侵权发生目的的同时，需要看到遏制功能的界限所在。不加区分地强调提高赔偿数额以有效遏制侵权发生的观点是片面的。㉕ 随着我国产业升级转型，需要细致考察不同产业领域，根据案件的具体情况，在有效遏制侵权发生的同时考虑如何兼顾后续创新，适时对知识产权侵权损害赔偿规则的适用做出调整。

四、惩罚功能：独立性之否定与惩罚性赔偿的规则设计

对损害赔偿惩罚功能的讨论，通常是围绕惩罚性赔偿制度展开的。㉖ 目前，在知识产权领域引入惩罚性赔偿制度在我国已经成为共识。但是，以补偿功能为中心的传统损害赔偿规则，并不接受惩罚功能；传统大陆法系民刑严格区分的法律框架，亦给惩罚性赔偿制度的引入造成了体制性障碍。㉗ 从优化创新环境的角度来看，引入惩罚性赔偿制度的正当性基础在于有效遏制侵权发生。如果暂时抛开体制性障碍不谈，对于是否应在知识产权领域引入惩罚性赔偿制度问题的回答，需要考察现有知识产权侵权损害赔偿规则在遏制侵权发生方面存在的不足，从而给惩罚性赔偿制度找到存在的空间。作为针对个别严重侵权行为进行遏制的补充性规定，在知识产权领域惩罚性赔偿的规则构建过程中，需要严格限制其适用范围和适用条件，并关注其与现有知识产权侵权损害赔偿规则的协调，防止过度遏制效果的出现。

（一）惩罚功能与优化创新环境的关系

惩罚性赔偿制度起源于英美法，主要是指在补偿性和象征性赔偿外，用以制裁行为人之恶性行为以及吓阻该行为人和其他人再为类似

㉕ 参见林广海，见前注㉓，第22页。
㉖ 参见张新宝：《侵权责任法》（第4版），中国人民大学出版社2016年版，第7页。
㉗ 关于传统大陆法民事责任与刑事责任的严格区分，参见王泽鉴："损害赔偿法之目的：损害填补、损害预防、惩罚制裁"，《月旦法学杂志》2005年第8期，第215—216页。

行为所给予的赔偿金。[98] 报复主义是惩罚的重要思想基础,[99] 与补偿功能相对,传统的惩罚性赔偿强调对侵权者的非难。美国最高法院指出,惩罚性赔偿的适用需要考虑被惩罚的行为的应受指责性。[100] 从起源来看,"惩罚效力最常见的情形是故意或者相当于故意侵害身体完整性或隐私时,对非财产损害的评定"。[101] 现代侵权法理论则不仅仅关注惩罚性赔偿的非难功能,也承认惩罚性赔偿具有制裁、遏制、促进私人的法律实施等多重功能。[102] 就知识产权而言,由于创新行为具有伦理中立性的特征,并不需要通过惩罚性赔偿对知识产权侵权行为进行谴责。[103] 因此,对侵权行为的责难与创新环境的优化无关。从这个方面来看,知识产权领域的惩罚性赔偿具有不同于传统的惩罚性赔偿的特点。有学者更倾向于适用加重赔偿一词以示区别,强调加重赔偿通常"不涉及加害人道德问题,纯粹是以发挥抑制违法之机能作为目的的制度"。[104]

现代以来,对惩罚性赔偿功能的关注逐渐转向通过制裁来达到遏制的目的。法经济学认为,"惩罚本身并不是一种目标,而是服务于预防的目标"。[105] 在这种视角下,惩罚功能并不具有独立性,而是附属于预防功能,是对损害赔偿预防功能的补充。当补偿性的损害赔偿

---

[98] See *Restatement (Second) of Torts*, Sec. 908 (1979).

[99] 参见阳庚德,见前注㉔,第 849 页。

[100] See BMW of North America v. Gore, 517 U.S. 559, 575 (1996).

[101] 参见 U. 马格努斯,见前注⑫,第 270 页。

[102] 参见王利明:"惩罚性赔偿研究",《中国社会科学》2000 年第 4 期,第 115—116 页。Lisa M. Broman, "Punitive Damage: An Appeal for Deterrence", *Nebraska Law Review*, Vol. 61, No. 4, 1982, p. 652.

[103] 参见蒋舸,见前注㉠,第 91—93 页。

[104] 参见(日)田中英夫、竹内昭夫:《私人在法实现中的作用》,李薇译,法律出版社 2006 年版,第 146 页。当然,也有学者对惩罚性赔偿和加重赔偿不做区分,加重赔偿的目的在于遏制潜在的蓄意侵权,以及对故意侵权行为进行制裁或者报复。See Ira V. Heffan, "Willful Patent Infringement", *Federal Circuit Bar Journal*, Vol. 7, No. 2, 1997, p. 118.

[105] 参见(荷)路易斯·菲斯海尔:"对惩罚性赔偿的经济分析",载(奥)赫尔穆特·考茨欧、瓦内萨·威尔科克斯主编:《惩罚性赔偿金:普通法与大陆法的视角》,窦海洋译,中国法制出版社 2012 年版,第 290 页。

无法引导行为人采取符合成本的预防措施时，就需要采用超出补偿性赔偿数额的方法以迫使行为人将由其行为带来的损失全部内部化。[106] 服务于预防目标的惩罚性赔偿制度，对于优化创新环境政策目标的实现具有一定的意义。在知识产权领域，出于存在逃避追责的可能性或者权利人的全部损害无法被法院完全确认的原因，少数恶意侵权人即使冒着承担损害赔偿责任的风险，仍然会去从事侵权行为，此时仅仅充分补偿权利人不会达到有效遏制恶意侵权行为的效果。在这种情形下，有效的遏制应当是通过惩罚性赔偿的适用使故意照抄者处于一种比未从事侵权行为时更差的地位，[107] 使得侵权对于潜在侵权人而言变得得不偿失。与将实际损失内部化或者使侵权行为无利可图从而预防侵权发生的机理不同，惩罚性赔偿要求侵权人支付超越实际损失数额的损害赔偿金，从而对侵权人产生威吓作用进而实现遏制功能。一般来讲，通过威吓的遏制是刑事责任的主要特征。因此有观点认为，在知识产权侵权缺乏有效的刑事制裁的情形下，尤其是在专利领域，引入惩罚性赔偿来强化遏制侵权发生显得尤为必要。[108]

除了有效遏制恶意侵权之外，惩罚性赔偿还具有其他优势。例如，惩罚性赔偿有利于解决知识产权侵权的易发性和失控性、侵权的低成本性和高获利性、取证难成本高风险大带来的赔偿不足问题。[109] 此外，通过惩罚性赔偿可以补偿权利人付出的诉讼成本，鼓励权利人提起诉讼，促进法律实施，[110] 进而维持知识产权制度的正常运行。然而，如前所述，解决我国目前知识产权侵权损害赔偿数额偏低

---

[106] See Catherine M. Sharkey, "Economic Analysis of Punitive Damages: Theory, Empirics, and Doctrine", in Jennifer H. Arlen (ed.), *Research Handbook on the Economics of Torts*, Cheltenham: Edward Elgar Publishing, 2015, p. 487.

[107] See Mark A. Lemley & Ragesh K. Tangri, "Ending Patent Law's Willfulness Game", *Berkeley Technology Law Journal*, Vol. 18, No. 4, 2003, p. 1123.

[108] 参见冯晓青、罗娇："知识产权侵权惩罚性赔偿研究——人文精神、制度理性与规范设计"，《中国政法大学学报》2015年第5期，第26页。

[109] 参见曹新明："知识产权侵权惩罚性赔偿责任探析——兼论我国知识产权领域三部法律的修订"，《知识产权》2013年第4期，第6页。

[110] 参见田中英夫、竹内昭夫，见前注[104]，第147页。

的有效途径应该是，使损害赔偿尽量准确反映知识产权市场价值。另外，我国现行法律已经明确规定，败诉的侵权人应当承担权利人的合理维权开支。⑪ 该规则已经可以实现补偿权利人诉讼成本的作用。上述两个方面的确是惩罚性赔偿可能带来的好处，但是以此为理由来说明在知识产权领域引入惩罚性赔偿制度的必要性，说服力尚显不足。

(二) 引入惩罚性赔偿应当考虑的问题

从优化创新环境的角度，惩罚性赔偿的引入需要考虑的问题主要有二：

首先，惩罚性赔偿在知识产权侵权损害赔偿规则中应当处于附属地位。对于在知识产权领域引入惩罚性赔偿主要理由的探讨，应当从损害赔偿的功能入手，以对现有规则发挥功能进行评价为基础，探讨惩罚性赔偿对于优化创新环境的积极意义。主张引入惩罚性赔偿的观点认为，惩罚性赔偿可以从总体上改善我国知识产权侵权损害赔偿实践中的补偿不足和遏制不足问题。⑫ 该种观点中隐含了对现有规则遏制功能不足的判断。相反的观点则以现有规则在一定程度上已经具有惩罚功能为由，认为没有必要专门引入惩罚性赔偿。⑬ 此外，有观点虽然承认现有规则具有惩罚功能，仍然赞同引入惩罚性赔偿，但是同时主张应当对现有的损害赔偿规则进行改造，清除其中的惩罚性因

---

⑪ 参见《著作权法》第49条第1款、《专利法》第65条第1款、《商标法》第63条第1款。
⑫ 参见曹新明，见前注⑩，第6页；钱玉文、骆福林："论我国知识产权法中的惩罚性赔偿"，《法学杂志》2009年第4期，第113页；和育东等："知识产权侵权引入惩罚性赔偿之辩"，《知识产权》2013年第3期，第58页；罗莉："论惩罚性赔偿在知识产权法中的引进及实施"，《法学》2014年第4期，第29页。
⑬ 参见李晓秋："专利侵权惩罚性赔偿制度：引入抑或摒弃"，《法商研究》2013年第4期，第141页；张廣良："惩罚性赔偿并非破解中国知识产权保护难题的良策"，《中国专利与商标》2012年第1期，第86页。

素，将其限定在发挥补偿功能的范围内。[114] 如前所述，传统损害赔偿将预防功能作为补偿功能的反射效果，的确可能存在遏制不足的问题。但是，现有知识产权侵权损害赔偿规则的调整，已经可以使知识产权侵权损害赔偿规则在预防功能的发挥方面不断提升。如果说手段意义上的惩罚功能应当服务于预防功能，那么在损害赔偿的制度设计已经体现或者提升了预防功能的前提下，惩罚性赔偿的正当性只能从现有规则预防功能发挥不足的领域寻找。惩罚性赔偿在知识产权侵权损害赔偿规则中仅仅处于附属地位，其适用范围应当限制在现有遏制机制无法有效发挥作用的领域，需要警惕惩罚性赔偿泛化的危险，[115] 在制度设计方面就应当严格限定其适用范围，关注惩罚性赔偿与现有规则之间的协调关系。

其次，在规则设计方面，需要尽量降低惩罚性赔偿对创新秩序的负面影响。如前所述，惩罚性赔偿是通过威吓来实现遏制功能的。与现有规则相比，这种特殊的手段更有可能带来过度遏制后续创新的后果。美国学者担心，对于那些很可能被宣告无效的专利而言，惩罚性赔偿的过度适用可能会消除被控侵权者发动专利无效或者不侵权之诉的动力，甚至有可能导致被控侵权者放弃生产商品，[116] 不利于提高专利质量。尽管这种担心是否具有现实性尚有待考证，但是亦能提示我们关注惩罚性赔偿遏制作用对于专利质量的影响。此外，《美国专利法》将是否适用加重赔偿的自由裁量权交给法院，[117] 美国司法实践中

---

[114] 我国有观点认为，在引入损害赔偿之后，应当删除法定赔偿、将许可费标准限定在市场水平。罗莉，见前注[112]，第 30 页。在美国，有观点认为，既然专利法领域存在 3 倍赔偿的规定，那么就不应过分强调合理许可费的遏制功能。See Brian J. Love, "The Misuse of Reasonable Royalty Damages as a Patent Infringement Deterrent", *Missouri Law Review*, Vol. 74, No. 4, 2009, p. 925.

[115] 参见冯术杰、夏晔："警惕惩罚性赔偿在知识产权法领域的泛用——以商标法及其实践为例"，《知识产权》2018 年第 2 期，第 44—46 页。

[116] See Thomas F. Cotter, supra note [34], pp. 323–325.

[117] 参见《美国专利法》第 284 条第（b）款。

法院通常要求侵权人存在恶意。[118] 在恶意认定的司法实践中，美国法院一度采用故意无视标准，即明知他人享有专利权仍然从事侵权即可构成恶意。[119] 该标准遭到了批评，主要理由是该标准可能导致潜在侵权者为了避免故意侵权指控，选择不去研究专利文献，这种现象的出现破坏了专利制度的公开功能，[120] 可能导致大量无效研发的出现，反而不利于专利法促进创新政策目标的实现。美国学者建议，由于现有规则已经能起到遏制侵权发生的作用，应当删除加重赔偿条款。[121] 在看到惩罚性赔偿的负面效果后，美国法院则变得不愿认定侵权人存在恶意，很少支持专利权人加重赔偿的主张。[122] 在《美国专利法》改革期间，有建议主张明确将加重赔偿限制在权利人向侵权人发出通知，或者侵权行为人原样照抄他人专利的情形。[123] 2016 年，美国最高法院改变了司法实践长期秉承的客观忽视标准，转而采用主观标准来认定侵权人是否存在恶意，要求法院在充分考虑案件事实的基础之上做出认定，[124] 体现了对加重赔偿适用条件的严格化倾向。上述讨论对于我国知识产权惩罚性赔偿规则的构建具有参考意义。

（三）知识产权惩罚性赔偿的规则设计

作为一种补充性的规则，知识产权领域的惩罚性赔偿在规则设计方面需要着重处理好以下问题：

---

[118] See Beatrice Foods Co. v. New England Printing & Lithographing Co., 923 F. 2d 1576, 1578 (Fed. Cir. 1991).

[119] See In re Seagate Technology, LLC, 497 F. 3d 1360, 1371 (Fed. Cir. 2007).

[120] 在实践中，为了规避加重赔偿的适用，美国专利律师通常会建议当事人不要进行专利挖掘和检索。Mark A. Lemley & Ragesh K. Tangri, supra note [107], p. 1100; Thomas F. Cotter, supra note [34], pp. 299-300.

[121] See Samuel C. Means, "The Trouble with Treble Damages: Ditching Patent Law's Willful Infringement Doctrine and Enhanced Damages", *University of Illinois Law Review*, Vol. 2013, No. 5, 2013, p. 2045.

[122] See Kimberly A. Moore, "Empirical Statistics on Willful Patent Infringement", *Federal Circuit Bar Journal*, Vol. 14, No. 2, 2004, p. 235.

[123] See Patent Reform Act of 2007, H. R. 1908, 110th Cong. § 5 (c) (2) (2007).

[124] See Halo Elecs., Inc. v. Pulse Elecs., Inc., 136 S. Ct. 1923, 1934 (2016).

第一，严格限制惩罚性赔偿适用的条件。惩罚性赔偿的适用应当限定在对情节恶劣的知识产权侵权行为进行有效遏制的范围内。为此，需要严格区分普通的侵权者和公然的照抄者。[125] 采用恶意标准来界定侵权行为的恶劣程度，是英美法上的做法。我国《商标法》亦采用了恶意标准，规定惩罚性赔偿适用于出于恶意的、情节严重的侵权行为。[126]《著作权法》和《专利法》修订过程中，官方公布的征求意见稿则采用了故意这一表述。[127] 在学界，有观点倾向于使用故意的表述，[128] 有人则不对故意和恶意做本质的区分。[129] 若采用恶意标准，则需要对该标准进行进一步的解释说明和限定。美国专利司法实践在适用加重赔偿时将恶意放宽解释为故意忽视的做法，造成了过度遏制、妨碍专利公开制度的问题，为我们提供了警示。在适用恶意标准的过程中需要保持谨慎，应当要求法院综合考量各种因素，识别出那些主观恶性强、侵权情节严重的侵权行为，从而达到有针对性地予以遏制的目的。

第二，明确惩罚性赔偿与其他知识产权损害赔偿规则的关系。通常来讲，惩罚性赔偿的计算方法是以补偿性赔偿为基础进行翻倍。如前所述，尽管我国在立法上仍然将侵权获利、许可费和法定赔偿作为实际损失计算的替代方式，但是这些规则已经能够起到遏制侵权发生的作用。惩罚性赔偿的计算能否以上述规则确定的数额为基础不无疑问。根据本文前述讨论得出的结论，可以认为，如果前述规则已经实现了对恶意侵权行为的遏制，那么就不应将其纳入惩罚性赔偿的计算基础。由于法定赔偿数额的计算通常会考虑侵权人的主观恶性、侵权情节的恶劣程度等，在功能上与惩罚性赔偿存在重叠，因此法定赔偿

---

[125] See Brian J. Love, supra note [114], p. 943.
[126] 参见《商标法》第63条第1款。
[127] 参见《著作权法修订草案（送审稿）》第76条第2款、《专利法修订草案（送审稿）》第65条第3款。
[128] 参见袁秀挺："知识产权惩罚性赔偿制度的司法适用"，《知识产权》2015年第7期，第23页。
[129] 参见曹新明，见前注[109]，第8页；冯晓青、罗娇，见前注[108]，第38页。

不宜作为惩罚性赔偿的计算基准。[130] 而侵权获利和许可费的计算通常不会考虑侵权人的主观恶性，因此可以作为惩罚性赔偿的计算基础。关于许可费倍数能否作为惩罚性赔偿的计算基准，反对的观点认为只能以许可费的1倍作为惩罚性赔偿的计算基数。[131] 但是如此一来，惩罚性赔偿的引入与现有规则出现重合，这种重复是否有必要就不无疑问。

第三，注意惩罚性赔偿与刑事责任、行政责任和民事制裁的协调。惩罚性赔偿的引入不仅仅涉及知识产权法内部规则的调整，还涉及其他法律部门相关内容的调整。如前所述，惩罚性赔偿通过制裁的威吓效果达到遏制侵权发生的目的，其作用机制类似于公法上的制裁。因此，在侵权人已经承担刑事责任、行政责任或者已经受到民事制裁的情况下，惩罚性赔偿的适用应当受到限制。与之相关的问题还在于，如果侵权人已经承担了惩罚性赔偿责任，是否可以减轻甚至免除其刑事责任、行政责任或者民事制裁？对此，学界存在肯定的观点。[132] 这个问题已经超出了本文讨论的范围，容不详述。

综上所述，从优化创新环境的角度来看，惩罚性赔偿的引入有助于提升知识产权侵权损害赔偿规则的遏制功能。与此同时应当看到，在现有规则已经具备遏制功能的前提下，惩罚性赔偿遏制功能的发挥仅仅是附加性的，其适用范围应当受到严格的限制。从法律构造的角度来看，惩罚性赔偿的引入将使得知识产权侵权损害赔偿规则变得更加复杂，在引入惩罚性赔偿的过程中，需要对知识产权侵权损害规则进行全面的梳理和整体的改造。

---

[130] 根据《商标法》规定，实际损失、侵权获利和许可费的倍数均可以作为惩罚性赔偿的计算基准，法定赔偿数额则非惩罚性赔偿的计算基准。参见《商标法》第63条第2款和第3款。但是，在《著作权法》和《专利法》修订过程中，公布的修订草案则将法定赔偿作为惩罚性赔偿的计算基准。参见《著作权法修订草案（送审稿）》第76条第2款、《专利法修订草案（送审稿）》第68条第1款。

[131] 参见冯晓青、罗娇，见前注[108]，第40页。

[132] 有观点认为，在侵权人承担了惩罚性赔偿责任之后，可以不追究其刑事责任。和育东等，见前注[112]，第59页。亦有观点认为，侵权人承担了惩罚性赔偿责任可以作为量刑情节予以考虑。冯晓青、罗娇，见前注[108]，第44页。

五、结论

对知识产权法的功利主义解释，提示我们要跳出法律形式主义的框架，从创新政策的视角观察知识产权侵权损害赔偿应当如何发挥功能，并服务于促进创新的总体政策目标。本文以创新政策为切入点，对知识产权损害赔偿的现有司法政策和发展趋势进行了分析。在创新政策的视角下，需要将知识产权侵权损害赔偿的预防功能作为关注的重点。当然，强调预防功能并非否定补偿功能和惩罚功能。只是在创新政策视野下，知识产权侵权损害赔偿的补偿功能退居第二位，成为预防功能的基础；惩罚功能也是基于其威慑效果，最终服务于预防功能。

在创新政策视野下对知识产权侵权损害赔偿功能定位的解读，加深了我们对现有规则和司法政策的认识，为规则的调试和完善提供了理论上的指引。充分补偿权利人损失，维护知识产权法的激励机制，为恢复知识产权市场价值的司法政策找到了理论依据。作为私权救济途径的知识产权侵权损害赔偿，在应然层面上不应当否定其主要功能在于充分补偿权利人损失。但是对现有规则准确反映知识产权市场价值方面的固有缺陷的分析，提示我们正视知识产权侵权损害赔偿规则的局限性，为法定赔偿面临的压力"减负"。更为重要的是，从维护整体创新秩序的角度看，知识产权侵权损害赔偿规则还应当关注对未来侵权行为的预防或者遏制。现有规则中很多方面能够利用遏制侵权发生的理论加以解释；与此同时，为了防止对后续创新造成过度遏制，知识产权侵权损害赔偿规则还需要进一步调整。在寻求最佳遏制的视角下，知识产权侵权损害赔偿规则表现出一些与传统侵权损害赔偿规则不同的特征。惩罚性赔偿在本质上不同于补偿性赔偿，其正当性只能在强化知识产权侵权损害赔偿规则的遏制功能方面寻找。然而，在现有规则已经具备遏制功能的情形下，惩罚性赔偿规则只能处于附属地位，其正当性仅仅在于弥补现有规则在遏制恶性侵权行为方面存在的不足。在规则构建方面，需要注意严格限制惩罚性赔偿在知识产权领域的适用范围，亦需要与其他规则做好协调，防止过度遏制危害创新秩序的不良后果。

电子游戏直播中玩家的著作权地位探究

李亚兰

　　我国电子游戏产业已发展为一个包含游戏开发商、玩家、直播平台、俱乐部等多主体的庞大市场。以电子竞技游戏为例,2018 年其用户规模超过 5 亿,市场规模超过千亿元,2019 年上半年市场实际销售收入高达 513.2 亿元,从业人数超过 40 万人。① 2015 年的斗鱼案引发了学界对电子游戏画面著作权属性问题的争论,之后的奇迹 MU 案又提供了另一个案例模型。本文将对两案所涉画面的性质进行对比分析,以对电子游戏直播画面做出界定,指出未经加工的单纯的电子游戏实时操作画面的著作权属性是该问题的研究起点;在明确了研究对象之后,笔者将分别从独创性、可复制性、是否构成著作权法意义上的表达三个角度对其具有可版权性加以论证;在此基础之上,再进一步考察谁是该作品的作者以及谁应当是著作权人;直播画面的著作权属性问题将通过以上两个部分的集中讨论得到明确,接下来不得不涉及权利的行使问题。要解决这一问题,一方面需要对单纯的电子游戏实时操作画面属于何种法定作品类型加以界定,这关系到著作权人具体应当如何行使权利。另一方面需要对玩家的直播行为是否构成对原

---

* 作者系山东大学(威海)法学院 2019 级硕士研究生。
① 参见何希:"推动电竞行业健康发展",载《人民日报》2019 年 8 月 19 日,第 5 版。

游戏软件作品的合理使用做出界定，这关系到玩家（其通常也为直播者）与游戏开发商之间的著作权法律关系认定及利益分配。本文的结构如上所述，各部分虽有别，但都遵循一条主线，即以玩家为讨论基点，这也是文章标题的拟定原因。

一、电子游戏直播画面的界定——基于斗鱼案与奇迹 MU 案所涉画面之对比分析

2015 年，"中国游戏直播第一案"——耀宇诉斗鱼游戏直播著作权侵权及不正当竞争纠纷案（以下简称"斗鱼案"）二审宣判。2017 年，"我国确认网络游戏画面构成作品第一案"——壮游公司诉硕星公司、维动公司、哈网公司著作权侵权及不正当竞争纠纷案（以下简称"奇迹 MU 案"）二审宣判。两案分别包揽了电子游戏直播画面著作权领域中的两个第一，前案否认了电子游戏实时操作画面的可版权性，后案则认可了电子游戏中的画面要素可以构成作品。有观点据此认为，就电子游戏画面的著作权属性问题，上海市浦东新区人民法院在这两个具有代表性的案件中做出了截然相反的判决，② 而上海知识产权法院在两个案件中都维持原判。这两案的二审审判长为同一人，其是否做出了前后矛盾的判决，还有待分析。

在斗鱼案中，斗鱼网站未经许可对本应由原告耀宇公司独家直播的电子游戏赛事进行了直播。该案的争议焦点之一为：斗鱼公司是否侵害了耀宇公司的信息网络传播权或者其他著作权。一审法院认为电子游戏比赛画面不属于著作权法规定的作品，电子游戏赛事过程具有随机性，比赛结果、画面不具有可复制性，比赛画面不是作品，耀宇公司关于斗鱼公司侵害其著作权的主张不能成立，并转而通过反不正

---

② 参见刘文杰："网络游戏画面构成类电影作品吗？"，《中国知识产权报》2017 年 4 月 14 日，第 10 版。

当竞争法对原告加以保护。③ 二审维持了这一原判。④ 在奇迹 MU 案中，被告硕星公司完成的网页游戏《奇迹神话》与原告游戏产品《奇迹 MU》在地图的名称和等级限制、地图的俯视图及场景图、角色及其技能等方面相似度极高。该案的争议焦点之一为：壮游公司主张的上述游戏要素是否构成作品以及构成何种作品。上海知识产权法院做出的二审判决认为，奇迹 MU 游戏整体画面符合我国著作权法规定的类电作品的构成要件，属于著作权法意义上的作品。类电作品的特征性构成要件在于其表现形式由连续活动画面组成，涉案网络游戏整体画面在运行过程中呈现的也是连续活动画面，玩家的不同操作会产生不同画面，但这是因操作不同而产生的不同选择，未超出游戏设置的画面，不是脱离于游戏之外的创作，故具有独创性的网络游戏整体画面具备类电作品的实质构成要件，属于类电作品。⑤

通览两案，可以发现两者所涉游戏画面存在如下差异。第一，权利对象不同。斗鱼案中被告行为所侵害的对象是用于直播的游戏画面，而奇迹 MU 案中被告行为所侵害的对象是作为原游戏软件组成要素的图画；第二，权利主体不同。斗鱼案中，游戏画面的著作权人指向游戏直播者。而奇迹 MU 案中，游戏画面的著作权人指向原游戏软件的著作权人，原游戏著作权人通常是游戏开发商，他们是游戏程序的设计者；第三，权利内容不同。游戏直播画面的著作权人享有的著作权的核心内容是阻止他人二次直播或以其他方式传播其直播的内容，而原游戏画面的著作权人享有的著作权的核心内容是阻止他人未经授权擅自使用游戏程序预先设置的图片、场景等画面以开发相同或实质性相似的电子游戏；第四，问题本质不同。斗鱼案所反映的问题在于我国著作权法应当怎样看待游戏直播者在线直播他人开发的电子

---

③ 参见斗鱼案一审判决，上海市浦东新区人民法院民事判决书（2015）浦民三（知）初字第 191 号。
④ 参见斗鱼案二审判决，上海知识产权法院民事判决书（2015）沪知民终字第 641 号。
⑤ 参见奇迹 MU 案二审判决，上海知识产权法院民事判决书（2016）沪 73 民终 190 号。

游戏的行为。而奇迹 MU 案反映的问题在于我国著作权法体系到底应该采用何种形式对电子游戏本身进行保护，作为文字作品进行保护，作为绘画作品进行保护，还是多种方式相结合。

在斗鱼案中，法官为了将游戏玩家排除于著作权享有者范围之外，认定单纯的电子游戏实时操作画面无法构成作品。而在奇迹 MU 案中，法官认定原游戏画面因为具有独创性及可复制性而可以构成著作权法意义上的作品，涉案"原游戏画面"只是游戏软件的构成要素，不是游戏实时操作画面。前者是预先设定好的，而后者是实时操作形成的。可见，后案判决不但没有推翻前案的司法观点，反而是一脉相承，最终结果都是拒绝认定游戏玩家对单纯的电子游戏实时操作画面享有著作权，而对游戏开发商的利益给予大力保护。这也体现出我国司法实践通常不承认游戏玩家对单纯的电子游戏实时操作画面享有著作权。

由上可知，在讨论电子游戏直播画面的著作权问题时，首先应当区分游戏程序画面与单纯的电子游戏实时操作画面。游戏程序画面是预先写入程序代码的要素，而单纯的电子游戏实时操作画面⑥则是指游戏玩家在游戏过程中通过输入指令而将网络游戏软件预先设置的元素进行选择性的组合形成的动态视频画面。单纯的电子游戏实时操作画面具有原始性与未被加工性，但现实中存在的游戏直播画面往往都添加了额外的要素，例如游戏玩家的声音解说、视频画面、聊天文字、背景音乐等。所以在此基础上还应当区分单纯的电子游戏实时操作画面与经过加工后的电子游戏实时操作画面。通常所称的游戏直播画面有可能是单纯的游戏实时操作画面，也可能是经过加工后形成的游戏实时操作画面。在进行著作权属性认定时，应该严格将这些画面区分开来。因为游戏程序画面的著作权主体可能只涉及游戏开发商，而单纯的游戏实时操作画面与经过加工的游戏实时操作画面的著作权主体则还涉及游戏玩家。若进行直播的主播不是游戏玩家本人，则游

---

⑥ 冯晓青教授亦有此提法，参见冯晓青："网络游戏直播画面的作品属性及其相关著作权问题研究"，《知识产权》2017 年第 1 期，第 6 页。

戏直播画面的著作权主体还可能涉及其他画面加工人。

　　同时需要指出,现有成果在研究对象的称谓上存在差异,如"游戏直播画面""网络游戏直播画面""电子竞技游戏直播画面""游戏动态画面"等,笔者统一称为"电子游戏直播画面"。一来可以将本文研究对象与日常嬉戏打闹的直播区分开来;二来可以具有一定的普适性。电子竞技游戏与网络游戏不是同一个概念,电子竞技游戏是指依托于真实的体育竞技项目设计的,使用个人计算机和局域网设备、通过操作实体软件、在一定的比赛时间和规则下进行的人与人之间的智力和心手协调技能的公平对抗运动,⑦ 它是一项国家认可的体育运动项目。相较于网络游戏,它更强调统一的竞技规则与对手间的智力对抗。而网络游戏则是相对于单机游戏而言的,它强调在方式上采用网络互连,而在内容上没有限制。事实上,不仅仅是网络游戏,也不仅仅是电子竞技游戏,非电子竞技类网络游戏,甚至是非网络在线性的单机游戏,目前都可以通过电子产品或者直播平台进行直播。故笔者将它们统称为"电子游戏",并以"电子游戏直播画面"作为本文的研究对象。同时,电子游戏并没有非常明确的分类。按人数来说,大致可以分为单人游戏与多人游戏;按游戏平台来说,大致可以分为街机游戏(使用大型游戏机操作)、主机游戏(使用家庭式游戏机主机操作)、电脑游戏(使用计算机操作)、便携游戏(使用手机或掌上游戏机操作);按游戏内容来说,可以分为动作类、模拟类、角色扮演类、棋牌类、冒险类、音乐类、赛车类、射击类、卡片类等等。但无论电子游戏的种类如何繁多,需要考察的核心都只针对最终形成的游戏画面,而具体的游戏内容如何,对可版权性的认定并不会构成实质性的阻碍,下文将详细述及。

二、单纯的电子游戏实时操作画面是否具有可版权性

　　作为游戏软件构成要素之一的游戏程序画面早已被囊括在游戏软

---

⑦ 参见佚名:"电子竞技与网络游戏的区别",http://esport.sport.org.cn/gfgg/2007-08-06/1225640.html,最后访问日期:2021年1月21日。

件著作权之中，在我国被视为文字作品进行保护，此处无须多言。因狭义著作权无论如何都是生发于作品的权利，无作品则无著作权，故首先应当判定所研究之画面是否具有可版权性。又因为单纯的电子游戏实时操作画面是直播画面的最原始状态，故电子游戏直播画面的著作权问题的研究起点，是对这种画面的可版权性进行判定。上已提及，单纯的电子游戏实时操作画面是指游戏玩家在游戏过程中通过输入指令而将网络游戏软件预先设置的元素进行选择性组合形成的未经加工的动态视频画面。一项智力成果要想成为著作权法意义上的作品，需要同时满足是智力劳动成果、是具体的表达、具有独创性、能够以有形形式复制等要素。反对这种画面具有可版权性的观点也多从这几个角度出发进行论证，笔者也将根据这几个角度分别加以辩驳。

（一）单纯的电子游戏实时操作画面是否具有独创性

反对观点之一认为，游戏中的任何视觉性内容都不是玩家创作的结果，人物形象、道具及其他细节元素均是游戏程序的预先设定，已被纳入原电子游戏软件著作权人的权利之内，玩家无法对该权利进行再度请求。游戏生产商研发网络游戏时，已通过计算机的海量算法预设了游戏运行的无数种操作选择及与之相应的操作结果画面，[8] 玩家虽然付出了一定的智力劳动，但其贡献仅仅表现在对这些元素的有限组合，即便这种组合体现了玩家的个人选择，也受到软件的极大限制，玩家不可能大范围地进行自由发挥。亦有观点指出，诸如竞技类的电子游戏的操作目的在于对战而非美学创作，软件本身为玩家提供的自发创造的可能性很小，玩家难以通过实时操作形成具有独创性的作品。[9] 这些

---

[8] 参见祝建军：" 网络游戏直播的著作权问题研究"，《知识产权》2017 年第 1 期，第 29 页。

[9] 关于这个问题，有研究者提出了"圈子理论"，将游戏软件提供给玩家的自由创作空间比喻为一个"圈子"，并认为圈子太小，玩家的发挥空间就小，往往无法创作出新的作品；而"圈子"够大的话，就意味着玩家的发挥空间足够，有可能形成新的作品。参见夏佳明："电子游戏直播中知识产权保护研究"，《电子知识产权》2016 年第 2 期，第 21 页。

观点的核心质疑在于：游戏开发者并没有为再度创作留下足够的空间，所以玩家生成的电子游戏实时操作画面不可能具有独创性。⑩

笔者认为，这种说法存在逻辑错误，其认为游戏开发者为事后以游戏软件为基础的再创作关上了大门，然而没有任何人有能力穷尽任何作品的继续创作空间、潜力及可能，游戏开发者没有也没有能力从此断绝他人的再创作。同时，就算规则及要素为游戏开发者预先设定，游戏玩家通过点击鼠标与敲击键盘来改变这些预先设定的游戏要素的"出场顺序"，也足够为其独创性提供可能。这就犹如对舞蹈动作的不同顺序的编排，完全可能产生不同的艺术效果。最极端的例子是诗歌的创作，文字排列顺序的不同，完全可能产生差异甚大的语言意境。所以就算游戏玩家对游戏画面的最终形成的唯一贡献仅仅在于对游戏要素的"排列组合"，从理论上讲，只要存在改变的可能，就留下了创作空间，游戏玩家就有可能据此注入创造力，从而使游戏动态画面具备新的独创性。同时，游戏开发商设计游戏时没有为玩家提供创作素材的意图并不会影响玩家将游戏作为道具进行创作的可能性，正如有观点将游戏视为工具，认为游戏操作画面是玩家利用游戏进行的创作行为，⑪ 笔者赞同这种观点。玩家玩游戏的过程是一种积极主动过程，并非处于完全的消极被动状态以至于"一切都早已被游戏程序预先设定好"。微软公司推出的 OFFICE 以及金山软件股份有限公司推出的 WPS 办公软件最初仅仅致力于优化人们的办公方式，让打字变得方便快捷，但如今这些软件的使用者已经可以利用它们制作出精美的动画、艺术绘画甚至是音乐，而这些显然可以构成著作权法意义上的作品。由此可见，目前有些研究将"游戏自由度"作为考

---

⑩ 参见李扬："网络游戏直播中的著作权问题"，《知识产权》2017年第1期，第18页。

⑪ 参见赵银雀、余晖："电子竞技游戏动态画面的可版权性研究"，《知识产权》2017年第1期，第43页。

察画面独创性的标准,是不够严谨的。⑫ 一言以蔽之,还是应当以最终形成的画面为准,形成画面之前的各种因素都不是考察画面可版权性的决定性因素。

反对观点之二提出了如下质疑:很多人都能生成的智力成果可以被认定为具有独创性吗?以及如果认为游戏玩家的贡献具有独创性并且可以成为作者,则成千上万甚至上亿玩家将会"晋升"为著作权法意义上的作者,⑬ 这将带来权利归属的混乱。

笔者认为,首先,独创性中"创"之要件的具体内容是指:"最低限度的创造性",智力成果无须具备过高的创造性即可满足;其次,多个主体同时对一件作品享有著作权并不违背我国《著作权法》采用的自动保护及权利共存原则;再次,没有强有力的证据证明数以万计的玩家会操作生成一模一样的电子游戏实时操作画面,尽管游戏的要素已被游戏开发者事先设定好,但游戏的具体操作中存在着众多的选择路径,背景音乐、人物角色、道具、装扮、场地、技能、游戏难度、动作衔接等要素都是游戏玩家可以自主选择的,玩家不同,操作出的游戏动态画面通常就会表现出个体特征,并且明显存在着技术水平的高低之分,通常玩家的操作技巧越高超,越具有观赏价值。正如学者所言:"对于游戏画面而言,除了游戏开始、结束部分和其中某些过渡场景和特效固定不变之外,其余部分基本都根据用户的个性化选择和操作而有所区别。"⑭ 此外,目前涉及网络直播的电子游戏通常为大型竞技游戏,大型竞技游戏意味着实时对垒的玩家数量较多,而每增加一个游戏主体,最后能呈现出来的画面就增加了无数的可能性;最后,某些游戏操作画面本身就是具有"稀有性"的,只有达到超高的技术水准才能形成,游戏玩家为习得技巧也需要进行大量的训

---

⑫ 例如朱艺浩:"网络游戏直播画面的著作权定性及归属规则",《人大法律评论》2018 年第 3 辑,第 343 页;陈虎:"论视频游戏玩家行为的著作权法定性",《山东科技大学学报(社会科学版)》2020 年第 1 期,第 40 页。
⑬ 参见李扬,见前注⑩,第 18 页。
⑭ 参见王迁:"电子游戏直播的著作权问题研究",《电子知识产权》2016 年第 2 期,第 16 页。

练，此时若将这种作者排除在权利享有者的范围以外，会有失公平。

上文已论述了单纯的电子游戏实时操作画面有满足独创性的可能，但可能性并不意味着就具备了独创性。所以紧接着需要考察要达到何种程度的独创性才能成为作品。现有的电子游戏类型数不胜数，若真是根据不同的游戏类型设计出不同的独创性辨别标准，实在是不可能也无必要。就算是司法实务中确需考虑每种游戏自身的特性，也只需借助"自由裁量"这一工具，让法官在个案中单独考察即可。加之对作品的判断应以最终的画面结果为准，因此立法的任务在于，总结出一些适用于绝大部分电子游戏独创性认定的抽象标准。笔者认为至少有如下标准可供参考。

第一，以电子游戏为工具生成了目前明确被我国著作权法规定的作品类型。典型代表如专门为美学创作目的开发的游戏产品，此种游戏的卖点即是鼓励玩家创造出独特的作品，以满足玩家的艺术追求，此时玩家完全可能创作出著作权法意义上的作品。例如在填涂类游戏中完成了绝妙的绘画作品，在模拟建造类游戏中设计出了良好的建筑作品，在音乐类游戏中谱写出优美的音乐作品等。第二，展现了高超的游戏技巧。当电子游戏画面体现的技巧十分高超以至于鲜有人能够达到同等水平时，实际上也就意味着玩家注入了充分的智力、个人技巧、劳动与判断，足以满足独创性要求，而且具备了较高的独创性。竞技类、益智类侧重于技巧的电子游戏都可以适用该规律。例如利用"贪吃蛇"游戏打破了某一区域的最高纪录，又如对"黑白块"游戏进行的超高手速操作，又如棋牌类游戏中的精彩博弈等。第二，产生了巨大的商业价值。典型代表如大型电竞赛事，其所产生的商业价值是其稀有性的证明，能够体现独创性，至少能够满足最低限度的创造性。

（二）单纯的电子游戏实时操作画面是否具有可复制性

斗鱼案一审裁判认为"直播过程具有随机性、不可复制性，结果具有不确定性"，进而否认电子游戏画面的可版权性。该三段论推理的大前提为"过程具有随机性与不可复制性的，其结果就具有不确定性",小前提为"直播的过程具有随机性与不可复制性",据此得出的结论是"直播结果具有不确定性"。但此大前提存在错误,创作过程的随意性并非绝对意味着创作结果的随意性,现实中的任何一种作品的创作过程都带有随意性,而且往往就是创作过程中的那些让人没有事先预料到的成分最终造就了作品的不朽。

  法官在此混淆了"随意性"与"不可复制性"这两个看似一样却存在差异的概念。著作权理论确实对作品有"可复制性"要求,但绝没有人说著作权理论对作品有"非随意性"要求。严格意义上说,只有"可复制性"才是著作权法的一项原理,而后者只是一种误解性的口头表达。要区别这两个概念,必须认识到"可复制性"原理的法理精髓,它实质上是对著作权法"促进作品传播"立法宗旨的回应,对于那些无法被复制,无法被再现,呈现机会极为渺茫的表达,该理论认为没有必要受到著作权法的保护,因为就算不被保护,这些表达也无法传播,无法传播也就意味着不会被他人侵权,对其进行立法反而会浪费法律资源。所以著作权法意义上的"可复制性"真实所指在于要求作品在结果上具有被再现、被传播、被复制的可能性,而不是要求创作过程要具有"可复制性"与"非随意性"。否则,难道有人能够复制出曹雪芹写作《红楼梦》的过程吗?没有人有能力穿越时空回到清朝去实施与曹雪芹一模一样的创作行为。将"可复制性"等同于"非随意性",是一种在司法实务中常见的对作品构成要件原理的误解。况且,"随意"这个形容词本来就不适合修饰"作为创作结果的作品",其顶多可以修饰"作品的创作过程",著作权法并不在乎作品的创作过程是否随意,常常被提到的例证就是:婴儿的随手涂鸦也有可能因为具备艺术性而受到著作权法的保护。

  再者,"能以某种形式固定"是对固定的可能性与可行性的判断,而非对事实上固定与否的判断,[15] 单纯的电子游戏实时操作画面由于

---

[15] 参见陈晓屏:"论'可固定性'在作品定义中的规范意义——兼议'梦幻西游'案、'奇迹 MU'案中网游画面的可作品性认定",载张平主编:《网络法律评论》(第 21 卷),北京大学出版社 2019 年版,第 36 页。

可以通过录屏等手段暂时或者永久地被保存下来而具备了固定的可能性。实际上，能以某种形式固定的含义只能解释为具有固定的可能性。凡外在的表达，皆有固定的可能。[16] 而其具有可复制性的原因不仅仅在于此，还在于游戏玩家的单个游戏指令在发出后便可形成一个游戏指令体系，游戏指令被固定下来之后，由于游戏程序的特殊规则，其他玩家亦可通过观察游戏画面而反推出玩家操作游戏的各个步骤，尽管游戏技巧不可能成为著作权的客体，但这从侧面证明了游戏实时操作画面的可复制性。有研究认为，可复制性要求作品具备可固定性，不具有可固定性的典型例子是花田，如果当事人将设计图记载在纸张或其他载体上，无疑具备可版权性，但是以鲜活植物为表达符号的"园艺作品"却很难具备固定性，因为植物无时无刻都处于变化之中。[17] 以花田为参照物，则单纯的电子游戏实时操作画面的可固定性立马显现出来，游戏实时操作画面一旦形成，便已确定，并非处于变动不居的状态。电子游戏画面的随机性和不确定性，只是玩家个体视角的感受。[18]

综上，就算游戏操作过程具有随机性与不可复制性，其最终操作的画面结果却是固定的、可复制的、可传播的，符合"可复制性"要件。

（三）单纯的电子游戏实时操作画面是否是一种表达

反对观点认为，蕴含在电子游戏实时操作画面背后的是一系列指令，玩家通过敲击键盘或点击图标来输入指令，游戏程序在接收到指令之后反馈一定的画面，这种指令是技巧与玩法的体现，属于不受著作权保护的"思想"范畴。对纯粹技巧的展示，不是具有独创性特征的智力创作行为。[19] 同时以电子竞技游戏为例，由于2003年我国国家

---

[16] 参见李琛："论作品定义的立法表述"，《华东政法大学学报》2015年第2期，第15页。
[17] 参见陈晓屏，见前注[15]，第39—40页。
[18] 同上，第45页。
[19] 参见李晓宇："网络游戏直播的著作权侵权认定"，《中国版权》2017年第1期，第29页。

体育总局已将其列入正式的体育项目,所以其实时操作画面的著作权属性问题也常常被纳入体育比赛动作的框架下思考,意即将电子竞技游戏类比为体育动作,由此否认游戏实时操作画面的可版权性,即认为电子竞技游戏是一项体育运动,而体育动作不是表达,无法成为作品。

这种观点值得商榷,因为在游戏操作过程中,游戏玩家的游戏技巧与方法已经转化为具体的、唯一的、可固定的、可复制的表达。认定游戏玩家对单纯的电子游戏实时操作画面享有著作权并不会阻止其他玩家使用相同的技巧与方法操作游戏,其效果仅仅在于阻止他人不正当地传播或者以其他方式利用玩家生成实时操作画面。著作权法允许权利的并存,只要玩家是运用自己的技巧生成的实时操作画面,即便他人已经对同样的画面享有著作权,也不会阻碍其对自己操作出来的画面享有同样的著作权。

综上,电子游戏实时操作画面完全具有成为著作权法意义上的作品的可能性,现有研究常常因为其是游戏实时操作画面而一概否认其作品性,这是错误的。实际上,早在20世纪80年代,美国便已涌现出一些类似的案例,法官在这些案件中就已认可了单纯的电子游戏实时操作画面的可版权性。[20]

三、单纯的电子游戏实时操作画面的作者界定及著作权归属

上文中笔者论述了单纯的电子游戏实时操作画面具有可版权性,在此基础上,需要考察谁是该画面的创作者以及谁应当是著作权人。

(一)谁是单纯的电子游戏实时操作画面的创作者

游戏玩家是单纯的电子游戏实时操作画面的真实操作者,是游戏指令的客观输入者,游戏玩家无疑是电子游戏实时操作画面的创作者

---

[20] 参见易健雄:"游戏玩家:从'被动使用者'走向'积极创作者'",《西南民族大学学报(人文社科版)》2018年第9期,第90页。

之一。有观点对玩家是创作者这一观点提出质疑。[21] 然而以"MOD"（游戏模组）概念的兴起为表现，电子游戏玩家早已从"被动使用者"走向"积极创作者",[22] 玩家完全可能成为创作者。在此基础上，游戏开发商（通常也是游戏软件作品的著作权人）是否也参与了创作，从而应当享有创作人地位呢？要解决这个问题需要从游戏行为本身出发，看游戏开发商是否确实参与了游戏实时操作画面的创作。

单纯的电子游戏实时操作画面的生成至少需要两个要素，第一个要素是游戏软件，第二个要素是玩家主体。游戏软件由游戏开发商提供，游戏开发商提供的游戏代码及游戏素材事先就已产生，但这些代码与素材并不产生于游戏实时操作画面形成当时，游戏软件的创作与单纯的游戏实时操作画面的创作是两个相分离的过程，时间的一维性决定了单纯的游戏实时操作画面的产生时间总是在游戏程序产生之后。只有游戏软件被开发出来之后，玩家才有玩游戏的可能，玩家一旦玩游戏，也就意味着其操作的游戏程序或者软件早已产生出来，此游戏程序的创作过程早已结束。概言之，单纯的游戏实时操作画面的创作过程与游戏程序的创作过程不处于同一时间段，游戏开发商并没有参与游戏实时操作画面的创作，更提不上实质性的贡献。

但从现实情况来看，游戏软件被开发出来之后，游戏开发商还必须对其进行维护与更新，才能保证游戏软件的正常运行。游戏开发商与游戏实时操作画面的联系有两方面：一是提供游戏软件，二是维护与更新游戏软件。因此尽管如上文所述，通过第一层联系（游戏开发商提供游戏软件）赋予游戏开发商以创作者地位已不可能，游戏开发商提供的游戏程序是"已发表作品"，游戏实时操作画面的形成过程并没有附随游戏开发商的新创作行为，只含有游戏玩家的新创作行为。但还是需要考察游戏开发商对游戏软件的持续维护与更新是否也可被认定为一种创作行为，考察可否通过第二层联系（游戏开发商对

---

[21] 参见网易诉华多公司侵害著作权及不正当竞争纠纷案，广东省高级人民法院民事判决书（2018）粤民终 137 号。
[22] 参见易健雄，见前注[20]，第 90—92 页。

游戏软件的维护与更新）赋予游戏开发商以创作者地位。

根据笔者的调查，对于大多数电子游戏而言，玩家操作游戏时，游戏开发商并不会在后台同时进行操作，游戏程序早已设定好规则，玩家在没有游戏开发商后台操作的情况下就可以生成电子游戏实时操作画面。通常所说的游戏开发商对游戏的维护主要是指接收玩家的使用反馈，玩家的使用反馈通常是指游戏程序中存在的漏洞，或者是外挂举报等。而游戏开发商对游戏的更新则主要是指对游戏程序的改进，通常包含修复游戏漏洞、添加新玩法，以维持原有的游戏玩家或者吸引新的游戏玩家。可见，游戏开发商对游戏的维护与更新只是对游戏的间断性的选择性改变，并不是游戏实时操作画面产生的必要条件。况且游戏的更新与维护总是会发生在游戏实时操作画面产生以前，两者并不是同时发生，也就不存在共同对电子游戏实时操作画面进行创作的事实。正因为如此，冯晓青教授认为玩家进入游戏界面开始游戏时，是将网络游戏当成自身的创作工具。[23] 笔者赞同这种思路，其看到了玩家对游戏实时操作画面的实质性贡献，并且清楚地认识到了游戏开发商与电子游戏实时操作画面之间的真实关系。

此外，笔者必须提醒读者注意，在游戏操作行为中，就算认为原游戏软件对单纯的电子游戏实时操作画面的生成发挥了必不可少的作用，也只能说这是游戏软件本身的"自动化操作"，而不是游戏开发者的有意识操作行为。对于这种游戏软件在无须开发者时时刻刻指挥的情况下自动做出的指令选择，是难以被直接解释为游戏开发者本身的行为的。这与人工智能生成的作品很难直接被看作是开发者自己的创作行为类似。

总而言之，就大部分电子游戏而言，游戏开发商对单纯的电子游戏实时操作画面的创作并没有实质性的创造性贡献，因此也不能够享有创作者的地位。而对于少数的电子游戏，如果游戏开发商确实存在创作行为，则其可以成为单纯的电子游戏实时操作画面的创作者，进而享有著作权法意义上的作者地位。

---

[23] 参见冯晓青，见前注⑥，第8—9页。

（二）谁应当是单纯的游戏实时操作画面的著作权人

常有观点认为，游戏开发商为游戏的开发付出了大量的人力与物力，因此《著作权法》需要加强对其利益的保护。但《著作权法》授予著作权的基本前提是游戏开发商确实实施了创作行为，创作行为是事实行为，倘若无法满足这个条件，游戏开发商就算是付出了天价成本，也不可能成为著作权法意义上的作者进而享有著作权。《著作权法》虽然在某些特殊情况下也会对最终著作权人进行法律拟制，而不全然遵从作者地位的自然状态，但这种法律拟制无疑需要十分充分的理由。这些理由显然不能仅仅考虑对某个社会个体利益的保护，还必须以社会公共利益为基点，做出最有利于社会公共利益的选择。单纯的电子游戏实时操作画面的著作权问题涉及的核心主体通常只包含游戏开发商与游戏玩家，牺牲玩家利益而保护游戏开发商利益，笔者认为这不是一项保护社会公共利益的最佳选择。

事实上，在我国，著作权人与作者发生错位的情形主要发生在类电影作品、委托作品与法人作品之上。就类电影作品来说，《著作权法》第十五条将著作权人拟制为"制片者"的原因显然并不在于维护制片者的商业利益，其核心目的在于使权利的行使变得便捷；就委托作品来说，《著作权法》第十七条规定当委托人与受托人之间没有约定时，著作权归属受托人，而受托人通常就是作品的作者，这是尊重作者地位的体现。两相对比，从目的解释的角度出发，可以发现对著作权归属进行法律拟制的适用情形应当限制在"便捷权利行使"的目的之内，仅仅保护某一方的商业利益并不构成对著作权归属进行法律拟制的合理原因。再者，单纯的电子游戏实时操作画面的著作权归属问题也不见得都能够适用法人作品，除非游戏玩家正好是游戏开发商的员工。将著作权拟制给游戏开发商既不符合立法目的，也没有现行法上的依据。

冯晓青教授认为："如果由玩家享有网络游戏直播画面作品的著作权，并可以以此禁止网络游戏开发者使用该直播画面，则会造成网络游戏开发者与游戏玩家之间权利义务关系严重不对等，有失公平和合理……会对网络游戏开发者和第三方使用网络游戏带来严重障碍，不利于网络游戏产业发展。"[24] 笔者不赞同这种观点，首先，如上所述，游戏开发商没有享有游戏实时操作画面著作权进而垄断电子游戏实时操作画面传播权的法理基础。其次，相较于由游戏开发商来掌控游戏实时操作画面的传播权，由玩家掌控游戏实时操作画面的传播权可能更有利于其传播，更符合著作权法促进作品传播的立法宗旨。一个游戏的开发商只有一个或者几个，而一个游戏的玩家却有成千上万。

亦有观点认为，"保护各方的利益，未必一定要赋予那些作品价值很低的直播画面以著作权，而是可以以不正当竞争为由给予必要保护，以维护游戏产业的竞争秩序和分配秩序"。[25] 该观点认为对玩家进行反不正当竞争法上的保护或许就足够了。但是，首先，其没有说明为什么牺牲玩家利益是值得的，没有回答为何著作权法应该对玩家的创造性智力付出视而不见；其次，这种处理方式不具有现实的可操作性。该观点认为对于相关纠纷可以通过反不正当竞争法给予保护，而非赋予游戏玩家著作权，然而反不正当竞争法的适用前提是两者之间存在市场竞争关系，而游戏玩家与游戏开发商在游戏画面的问题上很难说一定会具有市场竞争关系，所以反不正当竞争法并不一定能为游戏玩家提供充分的保护。正如有学者言："对于游戏直播平台来说，剥夺著作权保护资格，尚且可以利用反不正当竞争法来阻止竞争对手未经授权的利用，玩家就没有这么幸运了。因此有必要对玩家游戏视频的著作权保护资格进行全面的检讨。"[26] 没有强劲的理由能让我们理所当然地对游戏玩家对游戏动态画面的智力贡献视而不见，如果要将游戏玩家排除出游戏画面著作权的享有者范围，唯一实质性的法理依据只是在于功能及后果主义的考虑。然而绝对的功能主义的思考方

---

[24] 参见冯晓青，见前注⑥，第11页。

[25] 参见张平、朱艺浩、郑晔晴："网络游戏直播的著作权保护"，《人民司法》2018年第10期，第22页。

[26] 参见许辉猛："玩家游戏直播著作权侵权责任认定及保护途径"，《河南财经政法大学学报》2017年第4期，第28页。

式存在明显的缺陷,那就是置"朴素正义观"于不顾,这种立场下制定的法律规范可能不会十分容易地为社会公众所接受;再者,前文业已论述,单纯的电子游戏实时操作画面具有可版权性,那么就应当首先考虑通过《著作权法》来规制。正如有言,"在知识产权法能够对相关行为进行有效规制的前提下,《反不正当竞争法》就不应逾越本分"。㉗ 最后,通过《著作权法》保护与通过《反不正当竞争法》保护在效果上存在着强弱之差。前者因属于赋权型财产规则,所以赔偿金额较高。后者因属于责任规则,所以通常适用较为笼统与模糊的计算标准,赔偿额相对来说偏低。㉘ 可见,仅仅适用《反不正当竞争法》是不足以保护玩家利益以及规制相关行为的。

综上,只有玩家才是单纯的电子游戏实时操作画面的创作者,玩家应当享有著作权法意义上的作者地位。游戏开发商对单纯的游戏实时操作画面的生成并没有实质性的创造性贡献,甚至没有创作行为,故不应被认定为作者。关于谁是作者,是一个客观的事实性问题,只能尊重客观事实,不存在法律拟制的问题;而关于谁是著作权人,则存在法律拟制的可能性与空间,这主要是因为有时著作权法会出于方便权利行使的目的,将原本归属多个主体的著作权归于单个主体,以节约协商成本。但具体到单纯的电子游戏实时操作画面的著作权归属问题,现实中是否真有这种效率上的需求,要求立法进行著作权人的法律拟制,笔者持怀疑态度。

四、单纯的电子游戏实时操作画面属于何种作品类型

如上所述,单纯的电子游戏实时操作画面具有可版权性,并且其作者与著作权人都是玩家。接下来需要回答的问题是单纯的电子游戏实时操作画面属于著作权法中的哪种具体权利类型。我国现行《著作

㉗ 参见肖顺武:"网络游戏直播中不正当竞争行为的竞争法规制",《法商研究》2017年第5期,第45页。

㉘ 参见秦佺:"游戏动态画面的著作权保护之道及其利用机制检讨",载张平主编:《网络法律评论》(第21卷),北京大学出版社2019年版,第22页。

167

权法》根据作品类型的不同设计了不同的权利行使制度,例如电影作品的著作权归属于"制片者",而演绎作品的著作权归属于"演绎者",所以只有在明确作品类型的基础之上,才能进一步明确如何行使权利。

(一) 单纯的电子游戏实时操作画面是否属于类电作品

有观点认为单纯的电子游戏实时操作画面属于类电作品,[29] 并提出将其归入类电作品的唯一障碍在于《著作权法》关于类电作品必须被"摄制在一定媒介上"的要求,而通说已经达成共识,"摄制"要素是我国《著作权法》移植《伯尔尼公约》时机械翻译法律文本的结果,在我国《著作权法》修订中,相关法条有望被纠正从而使其被顺利纳入类电作品的范畴。实际上,在奇迹 MU 案中,法官也确实认为单纯的电子游戏实时操作画面是由一系列有伴音或无伴音的画面组成的,与电影作品具有相似的表现形式,属于类电作品。[30]

笔者认为,倘若《著作权法》对类电作品不再做"摄制"要求,则单纯的电子游戏实时操作画面确实符合类电作品的形式要件。但深入分析,则会面临如下障碍:根据我国《著作权法》关于类电作品权利归属的规定,[31] 其著作权归属于"制片者",那么谁能够称得上是电子游戏实时操作画面的制片人呢?在类电作品的框架之下,权利人归属存在两种可能,要么将游戏软件著作权人视为"制片者",要么将游戏玩家视为"制作者",笔者将分别进行分析。

第一种情形:如果立法将游戏开发者拟定为"制片者",那么按照法律规定,游戏开发者是电子游戏实时操作画面的总体著作权人,但游戏开发者作为"制片者"有义务对游戏玩家的智力贡献做出适当

---

[29] 参见冯晓青,见前注⑥,第 4 页。
[30] 参见奇迹 MU 案二审判决,上海知识产权法院民事判决书(2016)沪 73 民终 190 号。
[31] 《中华人民共和国著作权法》(2010 年修正)第十五条第一款规定:电影作品和以类似摄制电影的方法创作的作品的著作权由制片者享有,但编剧、导演、摄影、作词、作曲等作者享有署名权,并有权按照与制片者签订的合同获得报酬。

补偿。初步看来，这种制度安排是合理的，因为不少研究者认为游戏开发者是成为"制片者"最可能也最合适的主体，由其享有著作权可以最大限度地促进"游戏画面作品"的传播，使用起来更具效率，同时游戏玩家也能通过"有权按照与制片者签订的合同获得报酬"获得利益。这种做法似乎是做到了利益平衡，然而在学理上仍然存在困境。首先，正如本文第三部分论及的，对于单纯的电子游戏实时操作画面，游戏开发商并没有创作行为，难以被认定为著作权法意义上的作者，无法通过事实行为而享有著作权。其次，游戏开发商作为游戏软件的提供者，相较于游戏玩家而言，无疑总是处在强势的位置之上，游戏玩家的权利地位较为被动，其不仅受到游戏规则的限制，甚至连是否有权玩游戏都受到游戏开发商的限制。现实生活中大量存在的情形就是，游戏玩家在正式进入游戏操作界面之前，如果拒绝点击同意游戏开发商提供的制式合同，即"玩家须知"，便无法开始游戏。如果法律选择将游戏开发商视为"制片者"，进而认定其为总体著作权人，很有可能导致的结果就是在正式进入游戏之前，玩家的"获得补偿权"便被游戏开发商通过制式合同予以剥夺，这无疑会使玩家的权利被架空，进而导致玩家的创造性智力贡献得不到任何补偿。最后，如果将游戏开发商拟定为总体著作权人，那么结合我国目前已经将计算机软件视为文字作品从而对其实施垄断性保护、游戏中的单个要素也可以通过美术作品等受到保护的现状，电子游戏这一客体便会享受到多重保护的"优待"，如此高强度的垄断性保护就算不是绝对的不合理，至少其正当性基础也值得质疑。诸多观点认为游戏开发者为开发游戏付出了大量的人力物力，法律需要对其实施更加全面的保护，然而在知识产权强保护时代，如此一味地追求严丝合缝的垄断性保护，是值得质疑的。

第二种情形：如果立法将游戏玩家规定为"制片者"，那么按照法律规定，游戏玩家是游戏实时操作画面的总体著作权人，游戏玩家作为"制片者"有义务对游戏开发商的智力贡献做出适当补偿。但这样仍然存在逻辑上的矛盾，法律之所以要对类电作品的著作权人进行法律拟制，是因为同一视频中同时蕴含着多方主体的著作权，而单纯的游戏实时操作画面却是玩家单独的创造性智力成果，如此说来，便不存在对著作权享有者进行法律拟制的必要，著作权法只需要按照个人作品的归属原则就可以认定玩家是单纯的游戏实时操作画面的著作权人，不必启动多人作品的著作权归属机制。

尽管单纯的电子游戏实时操作画面与类电作品在外在表现形式上极其相似，但却与类电作品的立法逻辑存在内在矛盾，无法被顺利地纳入类电作品的范畴之内。有观点提到我国《著作权法》第三次修改草案欲将电影作品、类电作品等整合为视听作品，但笔者认为可能会存在与上文相同的困境。

（二）单纯的电子游戏实时操作画面是否属于合作作品

在现有研究中，关于单纯的电子游戏实时操作画面的著作权归属问题研究，通常提到的主体有两方，即游戏软件著作权人（通常为游戏开发商）与游戏玩家，通说认为两方主体对单纯的游戏实时操作画面的形成都有一定的贡献，故需考察其成果是否构成合作作品。

将电子游戏实时操作画面视为合作作品的最大好处在于，游戏开发商与游戏玩家可以自由协商游戏实时操作画面的著作权归属。然而根据通说观点，合作作品的形成需要具备如下要件：（1）成果符合作品的构成要件；（2）创作人都具有合作创作的意图，不仅要求单个创作人本身有合作意图，还要求对方亦知晓其有合作意图；（3）创作人基于共同创作的意图进行创作，并且都对作品的最终形成有实质性贡献。可见，单纯的电子游戏实时操作画面很难符合后两个要件。首先，除特殊情况外，玩家在玩游戏时通常不抱有这里所称的合作意图。同时，"从正常的商业角度看，成为合作作者并不符合开发者的利益，因此几乎没有游戏开发者表达过此类合作意愿"。[32] 其次，上文已述，大部分情况下游戏软件著作权人并没有参与到创作中。

需要指出的是，现实生活中的网络游戏大都是对抗类游戏，需要多个游戏玩家的同时参与。因此在玩家与玩家的关系上，可能构成合

---

[32] 参见崔国斌："认真对待游戏著作权"，《知识产权》2016年第2期，第11页。

作作品。但在玩家与游戏开发商的关系上，很难构成合作作品。

（三）单纯的电子游戏实时操作画面是否属于汇编作品

《著作权法》第十四条规定：汇编若干作品、作品的片段或者不构成作品的数据或者其他材料，对其内容的选择或者编排体现独创性的作品，为汇编作品，其著作权由汇编人享有，但行使著作权时，不得侵犯原作品的著作权。

汇编作品最初的规制对象是对已有文字作品的编撰行为，随着互联网的发展，数据库也被纳入其中。《现代汉语词典》对"汇编"一词的解释为：把文章、文件等汇总编排在一起。[33] 可见，就现实的语言环境而言，"汇编"的对象通常只包含文章与文件，数据库之所以能够被顺利纳入汇编作品中，一个重要的原因就是其汇编的对象也是文章与文件，而游戏软件以及其中的各种要素，很难被解释为此种文字性表达。将电子游戏实时操作画面强行解释为汇编作品存在公众理解障碍。同时有学者指出，玩家的选择细化的是电子游戏内含的故事情节，从而导致不同玩家形成的游戏画面在细节上千差万别，所以独创性最终体现在故事情节上，而非选择或编排上。[34] 因此，不宜将单纯的电子游戏实时操作画面解释为汇编作品。

（四）单纯的电子游戏实时操作画面是否属于演绎作品

《著作权法》第十二条规定：改编、翻译、注释、整理已有作品产生的作品，其著作权由改编、翻译、注释、整理人享有，但行使著作权时不得侵犯原作品的著作权。有观点认为单纯的电子游戏实时操作画面可以构成演绎作品。[35]

如果将玩家的游戏操作行为视为对演绎作品的创作行为，则依据

---

[33] 参见中国社会科学院语言研究所词典编辑室编：《现代汉语词典》，商务印书馆2016年第7版，第583页。
[34] 参见来小鹏、贺文奕："论电子游戏画面的作品属性"，《电子知识产权》2019年第11期，第37页。
[35] 参见冯晓青，见前注⑥，第9页。

我国《著作权法》的规定，会产生以下权利行使规则：游戏玩家有权在原有游戏的基础上进行再创作，但其权利的行使应当获得原著作权人的同意，并且不得损害原著作权人的利益。这种二次创作如果可以构成对原游戏作品的合理使用，则游戏玩家直播游戏画面无须经原游戏著作权人的同意也无须支付费用。这也是为什么许多研究热衷于讨论玩家操作游戏是否符合"转换性使用"从而构成合理使用的原因及逻辑起点。从以上权利行使的角度来说，将单纯的电子游戏实时操作画面认定为演绎作品对保护游戏玩家的利益是很有利的。

从文义解释的角度来讲，玩家玩游戏的行为显然不是"翻译、注释、整理"中的任何一种，单纯的电子游戏实时操作画面只能被纳入"改编"中进行考察，然而玩家玩游戏的行为又与日常生活语境中的"改编"存在明显差别。我国《著作权法》对演绎作品的这种列举式规定，实际上限缩了演绎作品的规制范围，演绎作品的核心在于对已有作品的二次创作，翻译、注释、整理与改编只是演绎形式的一部分，演绎行为还存在除此之外的其他形式。所以如果不仅仅局限于我国现行《著作权法》关于演绎作品的规定文本，在学理上，单纯的电子游戏实时操作画面可以构成著作权法意义上的演绎作品。单纯的电子游戏实时操作画面对已有作品的演绎包含两个方面：首先是在游戏开发商提供的游戏程序的基础上进行的再创作，其次是在其他作品（如音乐、绘画等）的基础上进行的再创作。尽管游戏程序作品与此处所说的其他作品的著作权通常同属于游戏开发商，可以将他们视为一个整体进行考虑，但也不排除其他作品的著作权人保留了对其作品的原始著作权，而游戏开发商享有的只是使用权的情形，所以笔者选择将两者区分开来。

综上，单纯的电子游戏实时操作画面在逻辑上很难被认定为类电作品、合作作品或者汇编作品，它产生于游戏玩家独立的事实创作行为，是一种基于已有游戏软件的演绎作品，游戏玩家是其最可能以及当然的著作权享有者。

五、玩家的直播行为是否构成对原游戏软件作品的合理使用

尽管上文的大量笔墨已经表明电子游戏直播画面的著作权属性认定当以游戏玩家为核心，但在此问题之上，游戏软件著作权人（通常也为游戏开发商）始终是一个绕不过去的相关主体。因此，为了明确玩家的著作权地位，有必要对玩家与游戏软件著作权人之间的著作权法律关系进行说明，而两者的关系又主要体现在合理使用之上。

合理使用制度是各国对著作权进行限制的一种主要手段。一种使用作品的行为如果符合合理使用制度规定的情形，则不需要经过著作权人的许可，也不必向其支付报酬。单纯的电子游戏实时操作画面是游戏玩家以游戏开发商提供的游戏软件为工具，利用其素材生成的智力成果，直播不仅是对电子游戏实时操作画面的公开传播，也是对游戏软件的商业性利用，因此需要考察游戏玩家的直播行为是否侵犯了游戏开发商就游戏软件享有的著作权。在学理上主要有两种判定是否构成合理使用的方式。

其一为《伯尔尼公约》规定的"三步检验法"。其所包含的要件有：（1）对作品的使用必须是基于法定的特殊情况；（2）使用未影响原著作权人的正常使用；（3）没有损害原权利人的利益。只有在同时满足这三个要件的情形之下，才可能构成合理使用。第一，我国目前对合理使用的情形采用穷尽列举式的规定，且无兜底性条款。因我国《著作权法》在2010年修订之时，现实中还未出现游戏直播侵权案件，立法者当时很难预见此种情形，故未将电子游戏直播行为列为合理使用的一种情形。但《著作权法》第三次修改草案中增加了"其他情形"作为合理使用情形的兜底条款，且将"三步检验法"纳入判断合理使用的标准之中，故在将来存在被列入的可能。第二，对于游戏软件著作权人来说，其对于游戏软件的使用通常是指将游戏提供给玩家操作，玩家是否直播不会影响游戏软件著作权人将游戏提供给其他玩家使用，故玩家直播行为不会影响原著作权人的正常使用。第三，关于是否损害原权利人的利益，这是最富有争议的地方。若将此处的利益理解为既得利益，则玩家直播行为一般不会给游戏开发商

带来现有利益的损失。如果将游戏软件著作权人的现有利益大致理解为现有游戏玩家的总人数，至少没有直接证据能够证明玩家直播行为必然导致游戏玩家数量的大幅减少从而损害其现有利益。而且现实中，常常存在玩家的直播为游戏带来更多玩家的情形，这也是很多游戏开发商希望并鼓励玩家对自己的游戏产品进行广泛传播以提高知名度的原因之一；若将此处的利益理解为可得利益，则需要考察玩家直播行为是否会侵占游戏开发商的潜在市场。而要明辨这个问题，又需要考察游戏开发商因游戏软件而生发的市场是否应当包含游戏直播市场。若认为游戏开发商的市场包含游戏直播市场，则玩家直播行为会侵害游戏软件著作权人的可得利益，则自然不能构成合理使用。反之，则构成合理使用。

其二为美国版权法采用的"四要素法"。其包含的要素有：（1）使用的目的和性质，包括这种使用是否带有商业性与是否为非营利性的教育目的；（2）作品的性质；（3）使用部分占原著作权作品的数量和比例；（4）使用是否影响作品的潜在市场或价值。涉及玩家游戏直播行为认定的，主要是第一个和第四个要素。首先，就使用目的来说，玩家对游戏的直播行为应当认为是带有商业性质的。㊱ 但有研究认为，在合理使用的判断上，公益性和非营利性目的并非其判断的决定性标准，㊲ 即不能仅凭使用目的是否带有营利性，就得出是否构成合理使用的判断。其次，就玩家的直播行为是否会影响游戏软件作品的潜在市场或价值，"三步检验法"亦有考虑到这个方面，上一段已经论及。

如上，在利用"三步检验法"与"四要素法"对玩家直播电子游戏行为进行分析之后，可以认为，认定是否构成合理使用的关键在于判定玩家的直播行为是否侵害了游戏软件著作权人的利益。这在

㊱ 但也不排除某些普通用户，因为未受到太多粉丝的追捧，因此传播游戏视频主要在于个人分享，而几乎没有商业目的。崔国斌，见前注㉜，第14页。
㊲ 参见郑敏慧：“电竞赛事直播中的著作权主体研究”，载张平主编：《网络法律评论》（第21卷），北京大学出版社2019年版，第10页。

"三步检验法"中体现为"没有损害原权利人的利益",在"四要素法"中体现为"使用是否影响作品的潜在市场或价值"。而要考察玩家的直播行为是否侵害了游戏软件著作权人的利益,其关键又在于如何理解游戏软件著作权人的利益的范围。具体来说,在坚持玩家是单纯的电子游戏实时操作画面的作者及著作权人的观点的前提下,该问题的核心就在于是否将直播市场也划入游戏软件作品的市场射程范围之内。

首先,玩游戏与游戏直播实际上是本质不同的两个行为,游戏直播只是玩游戏的下游行为。玩游戏行为针对的是电子游戏软件,而游戏直播行为针对的则是电子游戏实时操作画面。游戏直播开发出来的是一个全新的产业与市场,在著作权法视域之下,如果认为游戏开发商的利益触手可以伸向电子游戏直播,那么必须要证明游戏开发商对电子游戏直播画面的创作付出了足量的创造性智力贡献,否则,仅仅是对这个产业的金钱投入是不足以构成其享有垄断权的正当性基础的。其中的道理类似于《著作权法》只会赋予一个真正创作出作品的人以著作权,不会仅仅因为付出了大量心血而将著作权赋予一个最终未能创作出作品的人。其次,如果认为游戏开发商对电子游戏直播画面的创作付出了足量的创造性智力贡献,那么就面临一个难题:为什么能将游戏程序的自动操作解释为游戏开发商的有意识行为?要在法理上讲通这一点,是存在许多困境的。再者,早有学者从转换性使用的角度论述过,电子游戏直播不同于电影直播,它高度依赖于每名用户的个性化与互动性参与,其目的并不在于再现游戏软件本身,而是展示游戏技巧与战果,其对原游戏软件的使用具有转换性。这种转换性也决定了它对游戏软件市场的影响是有限的,游戏制作者获得收入的主要方式,是以良好的游戏体验吸引用户购买游戏光盘、服务和其中的虚拟道具,而不是播放画面。㉞

可见,电子游戏软件市场与电子游戏直播市场是两个相互区分的市场。因此要考察玩家直播行为是否构成合理使用就需要回答两个问

㉞ 参见王迁,见前注⑭,第16页。

题：第一，游戏开发商针对游戏软件形成的市场是否能将游戏直播市场囊括在内；第二，如果认为囊括在内，可以推导出玩家直播行为确实损害了游戏开发商的市场。否则，还需要考察玩家在直播市场中的直播行为是否会附带地损害游戏软件市场。

  从第一个层面来说，笔者认为立法及司法在认定直播也是游戏开发商的潜在市场这件事上，应当秉持十分审慎的态度。从原因上看，是因为存在前文所述的一些法理上的困难；从结果上看，是因为在我国现有的环境之下，如若认为玩家的直播行为不构成合理使用，则会造成游戏著作权人的权利过大从而吞噬玩家权利的结果。[39] 实务中已经出现诸多游戏开发商利用自身优势地位试图控制电子游戏实时操作画面的二次传播的情形，例如，"日本任天堂公司、美国英雄联盟运营商、中国网易公司等推行严格的著作权政策，主张游戏内容的传播必须经过游戏著作权人的授权，并就未经授权的直播行为发出警告信、发表著作权声明或起诉侵权"。[40] 在梦幻西游案中，二审法官认为，"在直播技术还没有充分发展的时期，著作权人[41]可能由于某种原因（比如技术瓶颈或者权利保护成本）而暂时不行使某项专有权利，但这并不意味其放弃行使该项权利"。[42] 但实际上，是否将来只要出现与游戏软件相关的其他产业和市场，我们就一概将其归入游戏开发商的利益范围内呢？游戏开发商因为开发了一款游戏，就可以控制未来的所有衍生产业吗？这是值得怀疑的。因此，明确玩家的地位与权利是十分必要的，而认定玩家对电子游戏的直播行为构成合理使用也是有一定积极意义的。

---

[39] 需要说明的是，此处讨论的合理使用情形仅仅是指对单纯的电子游戏实时操作画面进行直播的行为。倘若直播的内容不仅仅包含单纯的电子游戏实时操作画面，还包含其他内容，则"其他部分"是否构成对除原游戏软件之外的作品的合理使用，还须另行谈论。

[40] 参见谢琳："网络游戏直播的著作权合理使用研究"，《知识产权》2017 年第 1 期，第 33 页。

[41] 这里指的是游戏开发商。

[42] 见前注㉑。

从第二个层面来说，从实际情况看，玩家直播行为在绝大多数情况下不仅没有造成游戏软件用户数量的大幅缩减，反而为游戏软件带来了更多的玩家。这也是微软、索尼等公司倾向于鼓励玩家免费直播游戏画面的原因所在。此外，有研究提到，对于闯关类游戏的直播可能会导致游戏玩家数量的减少。[43] 但即便是在此类游戏中，也不能一概而论。在梦幻西游案中，法官便提道："游戏直播对于游戏本身呈现促进效应还是替代效应是一个实证问题，需要在具体游戏的不同生命周期中进行实证研究。"[44]

结论

电子游戏直播市场潜力巨大，快速发展的情势在不断催促我们，应当早日厘清该领域内相关主体的权利义务关系。斗鱼案与奇迹 MU 案掀起了学界对游戏直播著作权问题的研究热潮，两案虽有不同，但判决相互印证。基于对两案的对比分析可知，电子游戏直播画面著作权问题的研究起点是对单纯的电子游戏实时操作画面的著作权属性进行认定；玩家的操作形成的单纯的电子游戏实时操作画面可能具有独创性与可复制性，且是一种具体表达，具有可版权性；由于单纯的电子游戏实时操作画面是玩家的客观操作结果，且可能显示出玩家的创造性智力贡献，所以玩家是单纯的电子游戏实时操作画面的创作者，其应享有作者与著作权人地位。游戏开发商对游戏软件的提供、维护与更新，都是事先早已实施完毕的行为，并未发生在创作过程中，其并非创作者，自然也无法享受作者地位。"谁是作者"是一个客观事实性问题，只能尊重客观事实，不存在法律拟制；而关于"谁是著作权人"，则存在法律拟制的可能性与空间，但笔者认为，目前还不存在将游戏开发商拟制为著作权人的正当性法理基础。单纯的电子游戏实时操作画面是一种演绎作品，有可能构成合作作品，但不是类电作品与汇编作品。在坚持玩家是单纯的电子游戏实时操作画面的作者及

---

[43] 参见崔国斌，见前注○32，第 16 页。
[44] 见前注○21。

著作权人的观点的前提下,处理玩家对游戏的直播行为是否构成合理使用的问题,核心在于是否将直播市场也划入游戏软件作品的市场射程范围之内。认为直播市场也应被游戏开发商控制的观点,在原因和结果上都存在着法理困难。所以明确玩家地位,认定玩家直播电子游戏的行为构成对电子游戏软件的合理使用,具有一定的积极意义。

纵观著作权起源史,作者也并非一开始就掌握主动权,图书出版商为争夺利益相互博弈到一定阶段之后才将作者搬上了历史舞台。出版商最终选择利用作者这一"媒介"来为自己争取利益,乃是因为无论著作权法表现出多少的政策性与工具性,它的权利源头都是作品,而与作品联系最紧密的永远都是作者。因此,尽管著作权产生时的目的是分配商业主体间的利益,但最终都必须回到对作者利益的保护上来,作者才是著作权制度的灵魂人物。至于非作者的商业主体的利益,实际上除了少有的一些被著作权法拟制为著作权人之外,其保护途径乃是债权等普通民事手段。如今电子游戏直播画面的著作权问题再一次印证了这个规律,游戏公司间的利益争夺使电子游戏直播画面的著作权问题进入公众的视野,以至于最初的研究焦点多集中于游戏公司身上。随着讨论的深入,作者地位才被重视起来,而电子游戏直播画面著作权属性的认定,也必将以游戏玩家为核心,本文便是以玩家地位为主线为游戏直播确权所做的一次尝试。

网络法

扫码：流动性治理的技术与法律

胡凌

一、引言：抗疫的遗产

自新冠疫情暴发以来，最早由互联网公司在地方开发[①]、后来逐渐被更多城市采纳、最后上升为全国性措施的健康码，在帮助恢复社会生产生活秩序过程中起到较为关键的作用，"扫码"意料之外地成为非常时期平衡大规模流动性和安全性的技术—制度抓手。二维码发明已经有 25 年时间，[②] 在中国得到广泛推广也有多年，[③] 如果说此次

---

* 作者系上海财经大学法学院副教授、副院长。本文是国家社科基金重大项目《大数据时代个人数据保护与数据权利体系研究》（批准号：18ZDA146），教育部重大攻关项目"大数据时代个人信息保护边界与策略研究"（项目批准号：17JZD031）的阶段性成果。欧树军、贾开、李晟、李谦、沈伟伟、戴昕、岳林对文章初稿提出了修改意见，特此致谢。

[①] 2020 年 2 月初腾讯和阿里就分别在深圳和杭州推出类似的健康码，并迅速在全国城市推广。详细的过程见焦建："解码'健康码'：杭州深圳首发后，全国通用有多远？", https：//news. caijingmobile. com/article/detail/415167? sovnce_id = 40，最后访问日期：2021 年 1 月 22 日。

[②] 1994 年日本人原昌宏发明了 QR 二维码。

[③] 以微信支付和支付宝为代表的第三方支付平台一直在线下推广普及扫码支付，给予商铺和消费者以补贴，2016 年还推动了"8.8 无现金日"活动。

抗击疫情过程中有什么新的治理实践和遗产的话,健康码可能是首屈一指的。④ 本文关注健康码背后的治理逻辑和相关法律问题。本质上讲,作为一种技术措施的扫码可以置于作为理想类型的两种不同治理模式下观察,其最终目的都在于"控制",但不同模式下扫码的功能十分不同。一种是相对固化的降低流动性的网格化(grid)治理,一种则是更加动态的推进流动性的网络化(network)治理,前者侧重于通过"组织"起作用,而后者则侧重于通过"信息"起作用。在此次疫情期间,两类治理模式先后出现并发挥作用,突出展示了各自的核心特征,而更多情况下我们处于两类模式的混合状态中。

现有关于扫码的讨论多集中在个人信息保护和算法公正问题上,⑤ 较少关注扫码本身如何发挥作用。本文试图通过对健康码这一对象的分析,展示扫码的权力运作过程,凸显两种治理模式之间的差异与关联,最终加深我们对中国国家治理的认识。尽管扫码是在非常状态下出现的治理技术,但其之所以成功,恰好是因为社会中具备了大规模使用这一技术的基础条件,其要素已经逐渐嵌入人们的日常生活;这可能也意味着,在疫情结束之后,随着社会主体逐渐习惯,扫码的部分功能会继续在国家和社会治理领域得到应用,这不仅对重新塑造信息基础设施产生影响,也会打破日常与非常状态的界限。

作为一种控制技术的扫码,本质上是社会主体身份的认证、识别和追踪的合并,在非常状态下能够起到证明公民身份、展示出行资质和记录出行踪迹的社会功能,这一点十分接近于疫情出现之前的"刷脸",是这一技术手段的逻辑延伸。⑥ 扫码还意味着源于赛博空间中的控制逻辑进一步扩展至线下,通过智能手机和 App 扫码这样常见的

---

④ 另一个遗产本文认为是方舱医院,应该也没有太大异议。
⑤ 例如,参见张勇:"疫情防控中个人信息的刑法保护",学术华政公众号,2020 年 3 月 11 日;查云飞:"健康码:个人疫情风险的自动化评级与利用",《浙江学刊》2020 年第 3 期,第 28—35 页;朱悦:"拆解'健康码'的伦理难题:算法治理的'三道坎'",腾云公众号,2020 年 4 月 22 日。
⑥ 尽管有公司已经基于小规模样本模型开发出较为精确的针对戴口罩主体的人脸识别技术并在小范围内应用,但尚未在全国推广。

行为将不同层次的控制元素有机融合在一起，并延伸至日常行政执法形态，最终为某种"控制论社会"奠定技术—制度基础。法律在某种程度上也具有类似的目标，在两类治理模式下对扫码技术的使用起到限制或推动的作用，本文对扫码的讨论也能增进对法律和法治不同功能的理解。

本文的论证结构如下，第二节讨论扫码的基本技术和制度原理，即扫码如何实现对社会主体的身份认证、识别与行为追踪，如何使有效的控制发生。第三节和第四节分别讨论"网格"和"网络"两类理想治理模式，前者的特征在于流动性较弱的情况下通过组织性力量约束人的外在行为，而较少利用信息和数据，二维码更多地起到身份认证的功能；而后者的特征则在于流动性较强的情况下更多地使用信息和数据对人的行为进行追踪和控制，二维码在其中起到识别和追踪功能。同时，法律（以及具体的法律问题，如个人信息保护）在不同治理模式下也有着不太一样的表现和形态。第五节进一步讨论疫情结束后网络化控制模式在多大程度上可能保留和延续，并突破日常和非常状态的法律界限，以及这意味着什么。

二、扫码的治理逻辑

在此次疫情以前，二维码主要用于支付、社交和内容传播等场景，并未成为身份证明的替代品，但在民众认知上已经较为普及。身份证件（身份证或其他得到认证的文件）是人们开展线下活动的主要媒介之一，其首要功能是证明资质，即隶属某一组织的身份，从而享有该组织赋予的权利和义务。在社区封闭期间，健康码成为帮助社会尽快为全体社区成员发放能够证明身份的便携通行证，可以看成是早期大量纸质通行证的数字迭代。对社区管理者而言，他们需要核实持证人是隶属本小区的居民，还要核实他们过去的行程，以及进出小区时体温是否正常。为每户居民发放大量纸质通行证成本很高，需要不断更换、核对，特别是在无法确切掌握社区人口信息的情况下。二维码可以快速分发，帮助更多居民以低成本填报个人信息，只要填报信息属实，就会自动生成不同颜色的二维码，从而反映当下的状态。因此健康码本身代表了一种表明身份和状态的通行证，可以更便捷地被本社区或其他主体承认。对企业而言，健康码同样可以帮助进行人员精准管理，从而避免将精力资源耗费在信息精细统计上。

承认意味着某种权威性和信任。社区、单位或其他组织经由隶属关系向其成员发放二维码，就体现了这种权威性。其背后更深层次的逻辑是信息的准确性和及时性。如果填报的信息不准确或被刻意隐瞒，则可能意味着健康码反映的颜色错误，进而人员流动起来会产生风险，也意味着发放主体采集有误，需要提升精准度。因此，一旦不同社区、单位、城市或省份开始采用自己的健康码，则一定说明其具有强大的权威性推广健康码，以免管辖范围内的主体不予承认，同时也说明健康码背后的个人信息需要统一标准，并及时更新，否则其他主体完全有理由不承认外来的健康码，而只相信自己基于数据采集发放的通行证或自行执行土政策（如要求来自特定地区人员的强制隔离），因为一旦出现问题，责任会落在属地管理者自己身上，而不是其他发放二维码的主体。因此，在一个省内或城市内出现若干个二维码通行证，在不同场合展示不同的码就不难理解了。⑦ 健康码在的早期仅用于返程复工人员，并未强制所有人申领，也意味着很难立即大规模推行。其普及需要自上而下地推行，而非自下而上地自愿申领填报。可以对比一下支付码，由一个全国性的互联网公司开发并逐步推广到每一个商家、饭店和摊贩，其获取的信息是标准化的，在后台能够很快进行清算转账。但健康码在开始的时候并非如此，只是后来通过政府进行推广时，才开始意识到信息标准的问题。⑧ 统一的二维码

---

⑦ 国家卫健委人口家庭司司长杨文庄表示，由于不同省份的风险等级、响应级别和防控要求不同，各地健康码生成标准不一，健康码无法追踪申报人后续健康状况等原因，一码通行的环境条件尚不成熟。在各省内也是如此，见蒋琳："健康码互认之困：是技术受限、标准缺失，还是数据共享不畅？"，隐私护卫队公众号，2020年3月11日；陆柯言、佘晓晨："一个人六个码，健康码为什么这么难统一？"，界面新闻公众号，2020年3月12日。

⑧ 2020年2月底国家政务服务平台推出防疫健康信息码，根据《全国一体化政务服务平台防疫健康信息码接口标准》与各省健康码进行对接互认。

更适用于那些囿于成本无法自行为其成员发放身份证明的组织，特别是流动性较大的组织或服务主体，例如商场、公共交通等场景，这些组织就更容易认可政府统一要求的健康码。

一旦人们拥有了得到权威机关认证的健康码，且一定区域内不同社会主体开始承认其权威性和准确性，健康码就开始发挥更大的展示功能，成为一种社会规范。当人们说"扫码"的时候，并不意味着使用一个读码器扫描二维码，而主要是通过人眼来审查核对，⑨ 因此健康码的颜色就不能太丰富，而只能采用社会中能广泛认知和认可的三种普通颜色进行快速识别查验。⑩ 健康码如果要在一个封闭可追踪的环境中真正发挥作用，需要具备以下条件：（1）事先需要一个数据库存储成员经过认证的个人信息（如头像、联系方式等），确认"你是谁"；（2）强制要求全体成员申领，赋予独一无二的身份证件，填报更多个人信息（如过去行程信息、体温等），根据需要随时调整数据范畴）；（3）信息需要即时更新（如若干天一次）；（4）确保人证合一，查验时需要出示最新的基于云端数据生成的二维码，证明"你是你"；（5）在封闭环境中如果需要进入不同场所或使用服务，就需要不断出示健康码，以证明自身安全。不难看出，能够较好满足上述条件的，只有能够承担较高组织成本的机构，这解释了为什么最终都会由地方政府牵头进行推广，只有政府才有足够的合法性强制收集个人相关信息，⑪ 并拥有足够大的权力通过公共服务进行强制申领使用，并承担更广泛领域的威慑、核查、认证和数据分析成本。一旦成功，也可以

---

⑨ 在有些地方社区，自行开发的二维码仍然由社区人员使用扫码器进行检验，这意味有较强的信息系统保障。

⑩ 但不同地方红黄绿三色代表的含义和权限不同。吉林省的"吉祥码"有红黄绿橙四种颜色。

⑪ 2020 年 2 月 9 日，中央网络安全和信息化委员会办公室发布《关于做好个人信息保护利用大数据支撑联防联控工作的通知》，要求各地方各部门要高度重视个人信息保护工作，除国务院卫生健康部门依据《中华人民共和国网络安全法》《中华人民共和国传染病防治法》《突发公共卫生事件应急条例》授权的机构外，其他任何单位和个人不得以疫情防控、疾病防治为由，未经被收集者同意收集使用个人信息。

更好地推广至其他领域。

扫码的逻辑和疫情发生之前越来越普及的"刷脸"功能十分接近,并成为佩戴口罩情况下的替代性措施。和人脸识别不同的是,人脸识别通常是在认证后在后台对不同的数据库进行打通比对,而健康码则是用于查验展示,并可以在更大范围内以低成本进行布置,实际上是将成本分散到每个个体的手机终端进行身份认证,类似于网络服务提供者依赖于经过实名认证的电话号码提供注册服务。另外,健康码是依靠主动申领填报,相比被动隐蔽的刷脸,提供了更强的个人信息收集知情场景,也能提升公民对自身个人信息保护的关切程度。

这一流程也出现了一定的问题。首先,理论上讲,任何组织都可以为其成员开发健康码进行管理,这需要人们对智能设备的操作具备一定的熟练程度,这显然会排斥相当多不太使用智能手机的老年人以及不拥有手机的儿童,在很多农村地区,人们仍然选择纸质通行证这样易于操作的方式。[12] 其次,传统身份认证中的"人证分离"问题没有消失,事实上健康码很容易被规避,例如通过截图等方式使用自己之前的或别人的二维码,即使上面有头像照片也不容易立即识别出不是本人;但如果要求即时操作更新信息,又会延缓识别速度。从这个意义上说,健康码强烈依赖于云端的信息更新,具有较强的时效性,而不简单是一种通行证。第三,健康码的另一个隐性功能——追踪——并未大规模开发。[13] 如果只是用于展示,则意味着无须每一个场所实时记录流动的个体访问情况,而只是验证身份和信息即可,即认证和识别、追踪行为相互分离。如果更进一步,要求追溯个体行程,就意味着需要在各个网格配备扫码器记录每一次扫码,无疑会提升整个社会的成本,在时间上也很难同时布置那么多终端设备,只能

---

[12] 广州规定,老人、儿童以及其他无法使用智能终端设备获取"穗康码"的人员,可由共同居住的成年亲属或所在居(村)民委员会、物业服务企业安排人员代为线上申报生成"穗康码"。
[13] 因此和西方一些国家采用的接触追踪技术在功能上十分不同。即使有追踪,也主要是针对密切接触者的。

在火车站飞机场这类远程流动公共场所配备。[14] 从成本收益的角度看，扫码器理论上可以追踪到社会主体的一切公共行为，效果远超无处不在的公共摄像头，对于寻找密切接触者是有好处的，但同时必定以收集大量个人隐私信息为代价，具有较大的信息泄露风险隐患。目前我们看到的只是事后针对病毒传播过程中特定密切接触者的集中筛查，而没有扩展至所有个体。[15] 封闭后再次流动时，疫情整体状况已经基本稳定，也就没有必要通过二维码进行持续追踪。

在那些需要查验身份（而不只是健康信息）的场合，也开始在后台打通其他类型的认证方式（如身份证信息数据库、人脸信息数据库）和健康码信息数据库，更好地实现身份认证，做到"人码合一"。[16] 其带来的效果将非常不同，例如，传统线下刷身份证和刷脸的基础设施已经铺开，经由这些措施就可以同时实现前台对个体健康安全信息的感知、该个体的真实身份认证和后台对该个体行踪的记录和追踪。相比而言，在疫情发生之前，身份认证、行踪追踪和特定信息的收集行为是分离的，经由各自不同的程序和授权，主要应用于城市中大型公共场所，后台数据库也较少打通。

二维码反映了特定情形下的一类重要信息如何得到搜集和使用，恰好依托于智能手机终端，使得这类信息既发挥其身份认证的功能，也发挥其信息展示的功能。通过真实信息的输入和认可，个体获得了以二维码形态出现的特定领域的资质，并能够在一定范围内进行展示查验，以此获得更大范围内的安全感和信任。社会由此从一个个封闭状态下的"网格"，逐渐增强了流动性，变成了连接在一起的"网络"。接下来本文将分别讨论两种理想类型的治理模式，以及扫码在其中所处的不同位置。

---

[14] 连额温枪都供不应求，以至于出现多起伪造诈骗事件。
[15] 这种筛查往往靠的是密集的人力，见罗闻哲、陈乐乐："以破命案的高度专案专办！检察人员这样筛查密切接触者"，方圆公众号，2020年3月13日。
[16] 还有些地方实现了集身份证、人脸识别、健康码、红外测温一体化的门禁设备，见"让通行更高效，杭州健康码还能这么用！"，杭州市数据资源局公众号，2020年3月11日。

三、网格与区隔

在新冠疫情快速传播期间，各地政府需要采取行动尽快降低人传人的概率，首先是阻断人与人的接触，因此需要极大程度地降低人们的出行和流动性，甚至隔断物理交通，要求居民在家隔离，并限制其外出的频率，发放限制性通行证等。同时，各地政府还必须尽快掌握潜在已经受到传染的个人，防止其在家或在外再次传染他人，因此就需要实时了解掌握其信息，包括需要自我申报健康信息、隔离时间信息和行踪信息等，如果瞒报会受到事后严厉处罚（包括刑罚以及社会信用处罚）。⑰ 上述两类任务都需要以固定的网格化方式得到执行，即层层逐级落实，一直落到基层行政组织、各类企业甚至小区物业。在条块分隔的情况下，不难理解各个条块都在接受上级的指令，限制隶属本条块人员的行动，并大量收集健康和行踪信息。因此我们也看到了每个人可能都在重复大量地填报各种表格、汇集数据，并且不太清楚这些数据会被如何使用甚至滥用。地方性的二维码不过是这类数据的标准化体现。

从这个意义上说，疫情初期的网格化管理实际上延续了近二十年的中国社会综合治理模式，即在社会底层分隔为若干格子，利用传统行政执法的逻辑落实治理目标。⑱ 执法人员接受行政命令对上负责，成为组织过程的重要一环。在日常状态社会中，行政组织形成了较为稳定的治理模式，但在紧急状态下，这种逐级下压的以行政组织为基础的网格治理无法进行更加精细的治理，会给自身合法性带来影响。首先，信息传递层级过多，可能无法有效统合至上级政府进行科学判断；其次，面对上级模糊的指示，下级很可能用力过猛，过度甚至粗暴地完成执行任务；再次，不同的格子重复收集不同的数据，但相互

---

⑰ 一些地方启动了失信惩戒措施，将不如实申报个人信息的人纳入个人信用记录进行惩戒。
⑱ 参见唐皇凤："社会转型与组织化调控：中国社会治安综合治理网络研究"，武汉大学出版社 2008 年版，第 48—49 页。

之间缺乏协调，无法发挥数据的规模优势。更不用说特定疫情信息公开的范围和使用方式的问题。格子之间的数据往往也无法协调一致，各自为政。这不仅体现在不同层级的组织关系之中，甚至也体现在同一层级的不同部门之间。

更抽象地说，传统行政方式的核心内容是区隔，不仅社会主体需要被纳入不同的相互平行/叠加的条块格子中，而且权力本身在日常状态下是碎裂化的，分散在不同的位置。区隔的目标是限制流动性，仅仅在有限的辖区内掌握所属人员的活动信息，但价值十分有限。要做到有效区隔，基层组织需要做到（1）对本组织人员进行身份认证（给予身份，如户籍、雇佣关系），（2）赋予其相应权限（通行证、员工卡），（3）熟悉和掌握本组织人员信息，通过各类手段进行有限追踪（收集本领域或组织内的个人信息）。只要做到这三点，及时将相关信息上报，排查相关人员，对每一个个体都加以落实，基层组织就完成了任务，它们并不关注整体上是否安全有效。从上级组织的角度来看，只要每一个下级网格实现了行政任务，落实了主体责任，那么整体上的政策目标也就会大致实现。无疑，这是一种机械的简单叠加的思维方式，往往适用于流动性不太大的领域，或者试图避免太强流动性而采用的措施。疫情中随处可见的小区（有限）通行证制度完美展示了这类治理的逻辑，基层综治中心和网格员仍然是非流动性网格模式中的关键环节。

与这类网格模式相适应的组织形态是行政系统，具有封闭或半封闭的边界，并有能力对其成员资格的获取或退出施加约束。下级组织成为上级组织的代理人，帮助落实政策，接触社会主体，并解决实际问题，因此激励对于该系统就变得十分重要。行政部门或具有准行政职能的组织，其领导人受到晋升的激励，准行政职能的组织则有通过政府获取经济资源的需求。

此外，个体分散化的多元社会身份在网格中能够起到十分重要的作用，它不仅决定社会主体可能分配到的社会资源，也决定了自身的社会标签和声誉，这种社会声誉更多是在本行业或地区的有限条块领域中发挥作用。另一种基础身份——身份证——则是国家统一为社会主体发布的超越具体社会身份的政治身份,但其使用已经不限于公民接受公共服务,在特定情况下(如打击犯罪)也广泛地被用于追踪,但也仅限于使用身份证接受服务的特定公共场所(如酒店或机场)。[19]

网格实现政策目标的方式可以是使用法律或其他成文规范进行惩罚的事后威慑,也可以是通过柔性社会规范发挥声誉的作用,但鉴于网格本身范围的局限,它本身不太关注所属成员的行为和声誉的溢出效应,因此也无法从整体的角度观察问题,进而理解自己的行动。甚至法律本身也在帮助形成不同的区隔,塑造社会身份,无论是横向的属地管辖授权,还是纵向的职业伦理,都试图为社会主体赋予一个明确的身份,从而通过这一相对不变的身份进行识别和监管。

网格化社会涵盖了福柯所说的纪律社会和惩罚社会。[20] 纪律需要各个网格不断加深对自身成员的强化和约束,通过愈加理性化的条文、程序、说理等方式解决纠纷,并将社会想象成一种相对固定不变的状态,只要国家确立一整套规则并严格执行,就可以预期实现完美的治理。围绕成文规则衍生的教义学也随之发展,规则愈加复杂和体系化,法律作为一种高度理性化的社会系统通过运用自己特定的语言和符码,将社会其他系统的诉求和冲突转化为法言法语,保持相对独立。专家在其中要做的是不断创造和解读每个领域出现的新规则,使之动态地框住不断变化发展的社会,并认为只有这样才能抵御流动性带来的巨大风险。

在网格化治理模式下,由于人员流动性十分有限,扫码往往是地方性的技术措施,成为纸质通行证的替代品,本身没有特别大的风险。其社会功能反而可能加强原有组织性纪律和成员身份认同,并增强了组织内部的信任和协作程度。尽管创设健康码的原初目的是推动

---

[19] 参见胡凌:"塑造数字身份:通过账户的认证与识别",载《北航法律评论》2020年第1期(即将出版)。

[20] 参见(法)福柯,《规训与惩罚》(修订译本),刘北成、杨远婴译,生活·读书·新知三联书店2012年版,第36—40页。关于惩罚在中国的转型,参见强世功:《惩罚与法治:当代法治的兴起(1976—1981)》,法律出版社2009年版,第13—20页。

一些地方的流动性，解决外来务工人员尽快安全返工的问题，这种技术理念一旦推广，就会产生不同的效应和后果。在网格模式下，扫码不太可能加强流动性，而是会强化网格自身。例如，一些市区或县城将城区分成数字化网格，推行"社区大脑"，使疫情防控排查更加智慧。[21] 若想突破网格，只有将大量网格连在一起形成更大范围的网络，从一个更高维度吸纳网格，同时保留其基层治理功能，才能实现更大价值。

因此不难理解，传统执法和治理过程中较少使用信息工具，更多地依赖组织的外在约束，如果有也只是地方性的声誉惩罚，适用于小规模的熟人社区，但不适用于较大规模的社会。在这种状态下较少在日常生活中收集社会主体的个人信息，通常在出现特定问题以后才需要作为证据进行收集（往往是非法行为信息），而且需要成本更高更严格的程序（如刑事诉讼程序中的技术侦查措施）。类似地，包括司法和执法在内的法律过程同样是事后导向的，并仅仅通过立法和执行力度（同时展示执法概率）来增加针对潜在违规者的威慑力。在紧急状态下，分散的社会权力被临时号召动员起来，通过运动式执法方式落实就不难理解了。加强部门协调可以在短时间内集聚强大的执法能力，但无法持久，故而没办法从根本上解决问题。大量有用信息仍然留存在本地的社会主体身上，不会对其行为形成约束，也无法扩散至全社会形成新的价值。同时，个人信息和隐私的保护需求也被创设出来，即超越该种治理模式而过度收集个人信息的行为会被认为是不合比例的。同时出现的还有如下紧张关系，即一方面要求政府在法治授权的范围内收集个人信息，不得过度收集使用，另一方面却不断要求政府扩大披露公共信息范围，减少恐慌。显然，如果不增加对社会主体私人生活的入侵或加强公共领域的监控，就无法有效提供足够充分的公共信息，或者此类公共信息仅能停留在基层网格的层面上，无法扩散至更广的范围，甚至很难说是"公共的"。

---

[21] 这仍然是传统的组织实践，见"人脸识别、智慧监测……信息化技术筑牢疫情防控的社区防线"，网信中国公众号，2020年3月17日。

网格的存在对维持一个大型社会的秩序稳定无疑十分关键，风险被降低至特定网格，即使出现也不会影响全局，但却可能和其他社会价值发生冲突，例如更大的流动性（即自由或经济发展）。流动性不仅意味着在物理世界中人的流动，也意味着其他生产要素也一并伴随着人类活动而发生流动（如物品、金钱、服务等），还意味着社会主体需要具备多元的社会身份，其活动也不仅限于与其隶属的组织之间，而且和其他社会主体有更多交往，形成一个扁平式的网络。网格模式限制了社会主体流动的自由，同时获得了免于日常追踪的自由。在这个社会架构转变的趋势之中，逐渐出现另一种作为理想类型的控制模式，后者适合于更大流动性，看重信息在治理和监管过程中的功能，更多地通过数字化设备进行追踪，积累数据，并重塑社会主体的身份体系。

四、网络与流动性

　　网络化治理模式来源于"赛博空间"（cyberspace），一个从"控制论"（cybernetics）变种而来的拟制空间。[22] 赛博空间要求自治与独立，因其特定的生产方式和商业模式而要求规则例外。[23] 互联网平台企业提供的虚拟服务为探索大规模社会主体的治理提供了机遇。赛博空间中需要两种身份交替发挥作用，一种是用于认证的固定不变的基础身份（证明你是你），一种是用于识别的多变的社会身份（证明你是谁）。传统线下身份完全可以转移至线上，在新的数字场景中发挥作用，平台可以通过识别该种身份进行商业活动并潜在获利，甚至产生更多的社会身份；但基础身份则需要依靠身份证或经过认证的电话号码或不可更改的其他生物信息（如脸部信息）才能确定是同一社会主体，从而通过建立固定账户为该主体积累数据进行追踪。[24]

---

[22] 关于两者的关系，参见（德）托马斯·瑞德：《机器崛起：遗失的控制论历史》，王晓、郑心潮、王飞跃译，机械工业出版社2017年版，第87—90页。

[23] See Julie E. Cohen, *Between Truth and Power: The Legal Constructions of Informational Capitalism*, Oxford University Press, 2019, pp. 1—10.

[24] 参见胡凌，见前注⑲。

在流动性强的网络模式下,信息/数据的累积不只是用于事后(一次性地)进行性质认定和惩罚,否则和流动性弱的网格模式没有区别。对它而言,没有合法/非法行为信息的区别,一切信息都面向未来,都可以为理解未来可能的难以预知的风险提供依据和数据支撑。因此广泛地事先收集各类信息,并对未来趋势进行研判本身就是流动性治理的应有之意。由此,网络化模式的控制方式较少禁止社会主体做什么,而更多的是控制和引导,后者因此展示出比前者更多的自由度,并拥有事实上更强的控制力。㉕

具体而言,网络治理模式允许更多社会主体不被封闭在特定组织或空间中,而是鼓励其跨越不同组织或网格,而传统网格组织仅能捕捉到关于该主体的少量碎片化信息,却没有能力对其持续追踪。持续追踪意味着对超越特定社会身份的大范围基础身份的使用,并将认证和追踪合二为一,以便在确定同一个主体的同时记录其行为轨迹。这首先意味着无处不在的认证。身份证关联着重要人身财产安全事项,如果频繁使用容易出现身份失窃、人证分离问题,尽管在所有公共服务场合都已经如此使用了。随着人脸识别技术的提升,刷脸成为替代性技术方式,通过低成本的识别系统实现唯一身份认证,或者同时使用双重因子验证。刷脸极大地降低了行政管理与治安的成本,广泛应用于获取公共服务、抓捕逃犯等政府行为。问题在于,刷脸作为一种技术措施的权限仍然较为模糊,可能触及身份证法和刑事诉讼技术侦查措施的程序和权限,但毫无疑问,技术的强大使原来不具备此种能力的组织可以得到赋权,并降低原来需要特定程序和集中行政资源的活动的门槛。

在刷脸无法广泛适用的疫情期间,新技术被开发出来弥补认证与追踪的困难,即无处不在的扫码。尽管此前电信运营商也通过手机大数据向国家提供人员流动趋势和疫情扩散状况分析,但始终不能反映更为具体的状况。在这种状况下,健康码的主要功能就在于确保人员

㉕ See Gilles Deleuze, "Postscript on the Societies of Control", *October*, Vol. 59, Winter 1992, pp. 3–7.

大范围流动的前提下，继续保持对社会主体的认证与追踪，同时可以解决网格模式存在的三个问题：第一，不再需要基层网格用重复填表这种原始的方式收集个人信息，避免个人信息泄露和任意使用，也降低行政成本。第二，允许个人自由流动，同时不失去对其活动的记录，这样可以在超越网格的范围内持续追踪。值得注意的是，网格仍然有存在的必要，它是与网络相互依存的要素，因为每一个网格（网络节点）都是强制要求社会主体扫码记录留痕的执行者，而且可以延伸至更多场所和主体（例如出租车、商店，甚至无人机㉖），并降低了他们的执行成本。只要社会主体习惯于不间断地扫码（相当于不间断地刷脸），就可以更自由地从一个网格流动至另一个，并忽视其存在和边界。第三，传统网格中的个人信息可以在更大范围内进行实时计算，从而动态地对每个主体进行预警。杭州之所以能够允许大规模外地人员返程复工，是因为事先要求人们使用健康码获得第一手准确信息，并利用 14 天的隔离观察期动态调整信息，通过大数据分析实时勾画出全市的高低风险地区，提示个体加强自我防护，并有针对性地对重点人群进行盯防。㉗ 信息不再留存在每个基层网格手中，而是需要逐级（甚至越级）汇总计算，最终形成更大范围的统计和决策，再返还给网格进行指导。这就避免了网格化一刀切的状况，使风险变成一个相对概念，只有不断汇总全部信息才能识别特定区域和人群进行重点盯防。网络治理将原来的网格升级为网络，其中相互连接的网格更像是一张"网"，而非"格"，每一个格子变得更加智慧，动态地呼应整个网络。

如前所述，尽管也无法彻底摆脱人证分离、虚假证件的问题，扫健康码作为微观权力形态第一次将体现在以往做法中的诸多要素无缝

㉖ 嘉兴市秀洲区使用警用无人机搭载喊话器摄像头，还悬挂健康码申领二维码，在高速路省际防疫检查点供车主快速申领通过检测。

㉗ 《杭州市人民政府关于调整"防控疫情、人人有责"十项措施的补充通告》，2020 年 2 月 18 日发布，https://ori.hangzhou.com.cn/ornews/content/2020-02/18/content_7678658.htm，最后访问日期：2020 年 5 月 1 日。这一划分不同风险地区的政策后来在全国推广。

整合在一起，也迎合了社会主体的使用习惯：身份认证、多点信息录入收集、追踪、根据疫情变化形成因人而异的颜色标识符、风险信息公开预警、转颜色惩戒等。而呼声很高的区块链技术在疫情中依然没能大规模登场，反而是像扫码这样的行为更接地气。如果仅靠人眼识别，健康码还无法真正适应流动性，只有在每一个网络节点保持自动记录、积累数据，才能真正上升为较高水平的流动性管理。

新冠疫情对于传统网格化治理模式而言是极大的冲击，是一种战时状态，但对网络化治理模式来说却是一种常态。在这种常态下，个人信息和公共信息密不可分，健康码收集个人健康信息，代表了个人身体状况，是一种隐私，但一旦和他人接触，就转化为其他社会成员需要知道的公共信息，这可以通过相互扫码来获取相关信息，或者通过匿名化处理提示告知辖区内的风险区域。对收集处理个人信息的万金油比例原则仍然存在，但需要符合流动性治理的目标，而非简单地根据特定场景进行判断。因此网络化模式中个人信息保护法的主要内容不是要根据比例原则限制信息的收集，而是将特定种类的个人信息的收集分析常态化、透明化，在使用方式上下功夫（例如披露、报送、可视化），从而对未来风险进行提前预警，及时采取预防性措施。这对于习惯传统网格模式下的个人信息保护、希望知情同意的人们而言，无异于侵犯了重要的法律权利，但也只能加以接受，承认形式上的用户协议格式条款有效。人们寄望于个体通过财产权利控制数据的收集和分析，但流动性经济学将指出这类主张是徒劳和自我矛盾的，因为只有在流动过程中，数据才会源源不断地生产和再生产出来，而一旦回归到网格模式的固定财产权模式，就不会有任何大数据，小数据也变得毫无价值。

因人而异是网络化模式下的常态，不仅默认规则（如用户协议或社会规范）因人而异，而且社会主体访问的 App 界面、购买商品的价格和需求都会基于账户进行个人化实时安排。[28] 这不仅带来了歧视嫌

---

[28] 参见胡凌：" 超越代码：从赛博空间到物理世界的控制/生产机制"，《华东政法大学学报》2018 年第 1 期，第 6—21 页。

疑的批判和指控，还进一步指向作为黑箱的算法需要透明化和可解释。[29] 这些诉求实际上揭示出网络化模式给社会主体带来的核心问题，即基于过去行为痕迹和数据进行的推荐与推送（"助推"）在多大程度上影响了个体的自主选择，以及像神经科学揭示的那样，自由意志是否还存在。通过数据计算出的因人而异表明，区隔在赛博空间中并未消失，只是名义上伴随账户的不同访问权而已，人们活在自己的网络世界中，整个世界就是因人而异的回音室，这实际上是最极端的以开放为名义的区隔。

网络化模式同样依靠法律进行事后处罚或事前威慑，但治理的手段更多转向柔性的信息和声誉（如社会信用），通过对历史信息的事前积累判断未来可能的风险概率并采取相应措施。[30] 法律作为一种信息和激励本身变得更加接近柔性规范，变得更加可计算和个性化，而司法组织作为信息处理者也变得更加平台化和智能化。如果疫情信息（本质上是个人信息）可以转化为令牌和信用记录，那么其他种类的信息经过设计也可以实现类似功能。

网络化模式的最终目标是通过量化而自我监控，即社会主体（往往被转化为商业用户）习惯于使用各类 App 或随处打卡签到留痕，并利用开发出的工具进行分析使用，形成行为习惯；[31] 而在抽象层面上形成社会范围内的大数据，汇总成一种"公意"，即默认数据收集合法，更多关注使用方式及其后果，这一论证指向卢梭意义上的自我统治和福柯意义上的自我技术，仍然会被认为和自由的表象发生冲突。

网络化模式还直接围绕"信息"推动了行政组织的转型，并要求和新的"市场"与"社会"相适应。诸如公共数据归集和一网通办这样的实践都表明政府正缓慢地变成平台化政府，无处不在地收集行

---

[29] 由于每个地方的健康码的算法设计与数据搜集种类不同，又无法短时期互认，在一些情况下被公众质疑不透明。

[30] 参见戴昕："理解社会信用体系建设的整体视角——法治分散、德治集中与规制强化"，《中外法学》2019 年第 6 期，第 1469—1491 页。

[31] 一些健康码也开发了为公众提供本人防疫健康信息的查询服务，例如是否为新冠肺炎确认或疑似患者，是否为通行密切接触人员等。

政相对人的数据并实时转化成有用的公共信息予以发布。对于信息基础设施建设较为成熟的地方政府而言，还能进一步通过数据开放和平台应用对接，让有能力的企业帮助其加强数据收集与分析，但由政府部门最终掌控数据的存储和使用。所有网格都成为网络节点或平台上的一项服务。但这一理想类型在现实中遇到不小冲击，疫情不仅暗示着在全国很多省份建设多年的电子政务（1.0 版本）只是花架子，无法回应防疫甚至一般性的流动性控制，如果需要互联网巨头大规模介入行政过程，也意味着强制性地将以商业目标为导向的基础设施建设移植到以公共利益为目标的行政基础设施中来（典型的如"中台"概念的引入[32]）。从一个意义上讲，网络化模式意味着一整套以应对强流动性为目标的信息基础设施的建设（2.0 版本），对信息的处理和把握更加精准，对行政资源的使用也更加精细，定点治理能力更强，也能够博得对社会主体行动限制较少的民众声望，但真正将政府变成一个平台的尝试仍然需要不断对抗传统行政体制逻辑和强大的组织惯性。

　　这进一步引申出若干问题：首先，上面描述的流动性治理模式事实上是赛博空间中微观权力机制的映射，并不是通常认为的线下治理规范吸纳了线上活动，而是反过来，由于互联网平台的不断扩张而将整个社会资源都逐步纳入其运作范围，使得社会主体更加适应这类控制方式（流行的意识形态称之为"自由"），由此不断试图倒逼政府体制进行更快的适应性转型，因此最终是赛博空间的治理逻辑胜出，不断涵摄物理空间。一个可以展望的例子是智慧城市，如果将整个城市的架构组织按照赛博空间的技术分层和端点的横纵向架构来设计和运作，而非按照传统行政体制的架构进行权力设计，那么在资源调配、信息收集共享、行政审批、打击犯罪等公共服务方面将会有较大的改变。其次，其他社会组织也需要同步适应扁平化和流动性的需求，一旦企业形成扁平化组织，就会在一定程度上被吸纳和对接到既有更加庞大的平台上，成为平台生态系统的一部分，无法逃离。再次，线下区隔

---

[32] 参见张建锋：《数字政府 2.0：数据智能助力治理现代化》，中信出版集团 2019 年版，第 61—62 页。

和网格事实上为赛博空间的全面覆盖提供了数据源和认证节点,悖论在于,超越区隔的流动性恰好以区隔的存在为前提,互为表里,并在区隔的基础上衍生出更强的超级控制力,但在意识形态上却把自己塑造成对网格的反动或降维打击。从身份认证到刷脸和扫码再到社会信用,国家已经为网络化模式开好了头,但它无非是以一种新型区隔取代了另一种,以一种自由取代了另一种,以一种理性化取代了另一种。

五、代结语:当扫码成为常态

本文简要讨论了二维码如何作为一种技术—制度措施出现在疫情防控过程中。由于健康码在各地的使用方式并不完全一致,我们只能看到扫码在帮助恢复正常生产生活的过程中所起到的有限作用,类似于一种柔性的安全阀和警报器,其发挥作用的基础仍然是疫情整体状况迅速好转,以及政府要恢复生产和流动性的决心。本文分析了扫码在两种看起来截然不同的治理逻辑下的表现和功能,这两种治理逻辑在中国国家与社会的日常治理中时常交替混合出现,由此也赋予此类技术措施以极大的灵活性,能够稳妥地嵌套在治理机制中,既能够稳固网格,强化区隔,也能推动网络,增强流动性。这也说明,并不是技术本身决定了群体行为和社会变化,而是反过来,社会总体趋势的变化和意愿为技术赋予使用方式和功能,并将技术转化为一种行为制度;同时,技术的使用也会逐渐改变组织的形态和目标。只有当技术转变为制度时,我们才能将其与其他正式或非正式的制度进行比较和衔接,共同促成治理目标的实现,但也意味着它可能会继续留在未来的治理体系中。

目前还很难预测扫码是否会成为疫情结束之后的常态治理手段,普及推广至各个领域。[33] 这可以分解为两个问题,其一是社会治理是

---

[33] 杭州最近对深化健康码常态化应用进行工作部署,提出健康码"一码知健"的设计思路:通过集成电子病历、健康体检、生活方式管理的相关数据,在关联健康指标和健康码颜色的基础上,探索建立个人健康指数排行榜。这看起来非常接近于通行的互联网创新应用。

否会趋于严格,通过搜集更多信息进行控制,以应对未来不可预知的下一次公共卫生风险。[34] 其二是扫码本身作为一种行政管理手段,是否能够持续存在。

正如本文多次强调的,扫码成为特殊时期的关键技术抓手,有其独特的生成条件,包括:(1)有大型互联网平台能够快速开发,帮助运营维护,并在主流App上使用;(2)智能手机的普及和扫码习惯的养成;(3)地方政府快速跟进推广;(4)承担背后一系列制度支撑,如核对查验信息,对隐瞒造假进行威慑处罚等;(5)并非不重要的是,无论是网格还是网络模式下使用健康码,都离不开深入的大众动员和宣传。这些生成条件只有在特殊时期才能形成,使广泛的社会动员和社会认知成本降至最低,而在日常状态下也许无法复制。

如果简单地将扫码看成是一种技术措施,那么是否继续采用这种技术措施就取决于施行的成本和预期收益。从成本角度看,如果为了动态地获得流动人员的体温安全信息,也可以有多种手段(如小规模的额温枪、大规模的测温仪和红外扫描仪等),这些手段有时候更加灵活;从收益角度看,扫码本身成为大规模行为控制的安全阀,已经在疫情期间逐步嵌入已有的公共行为模式中,起到查缺补漏的作用,很难说有直接的收益。随着疫情逐渐好转,不难发现无论是测温还是扫码,都仍然在一定程度上阻碍了流动性。由此,除了在那些特别需要安全追踪的公共场所(如地铁、火车站、机场)可能会继续保留扫码手段,其他场所(如商场、社区)实际上没有必要继续维持这一管理成本高昂的手段。[35]

如果不只是把健康码看成一种发现体温异常的技术,而是一种管理流动性的技术—制度手段,也不难看到恰好是在需要进行身份认证

---

[34] See Peter Conrad, *The Medicalization of Society: On the Transformation of Human Conditions into Treatable Disorders*, Johns Hopkins University Press, 2007, p 45.

[35] 事实上也已经不这样做了,例如公交车、出租车很难维持要求出示健康码的规定,对老年人乘客也不友好。

和追踪的领域更有动力保留二维码作为特殊条件下的身份认证和追踪方式。健康码最大的遗产可能是在技术上实现了身份认证、追踪,可以和任何种类的其他信息在后台的融合,可以即时查验,并可以大规模推广,因此也改变了相关制度实践,可以从紧急状态过渡到日常状态,成为一种基础设施。㊱ 同时,作为个人基础信息的身份证信息,也已经和人脸信息、健康码信息等打通使用,如果广泛使用,会淡化基础信息的唯一性地位,出现泄露风险。因此,在疫情结束后,如果继续在特定领域保留二维码作为公共服务通行证,除了传统的火车站、机场外,没有必要保留和身份信息的随时查验联通,或者在访问数据库时设定严格的权限。

扫码的观念一旦流行起来,各级政府和各个垂直领域都可能以此进行所谓的行政创新投入(特别是在现在的新基建政策下),但可能仍然是电子政务1.0版本,即强调属地主义管理,拒绝更强的流动性,无视信息和数据在治理中的作用,于是可能会出现形形色色的政务二维码,大量收集个人信息,加重了公民的负担,增加了信息安全隐患。只有升级为电子政务2.0,切实有效地使用数据,才可能在实践中理解何种信息是有用的,何种信息只是浪费行政资源,没有必要过度收集。从实践看,允许地方政府根据实际情况自主(但不过度、重复)收集使用数据,并根据需要进行地域性信息系统的联通互认也会优于自上而下一刀切地推行建设,这实际上是网格适时升级为网络的应有之意。㊲

更深层次的问题还在于如何应对未来类似的公共卫生安全。健康码展示了如何在网络化治理下确保流动性(尽管会一定程度地减缓),即在广泛收集各类信息的基础上,通过特定渠道发现特定种类的异常

㊱ 参见陈永伟:"'码'的历程——从管理工具到基础设施",《经济观察报》2020年6月1日,第33版。

㊲ 3月11日,山东省发布文件,统一健康码标准,首先与京津冀等14省(市、区)实现互认;目前,广东、四川、重庆健康码实现初步互认,浙江、河南两省已实现互通互认,此外,京津冀健康码互认亦正加速推进中。参见姚佳莹:"防疫下半场,健康码将往何处去",财经E法公众号,2020年3月16日。

行为需要被禁止，才需要通过二维码这类柔性的治理机制，首先通过自愿申报，到逐渐推广以获得更多单位认可，促成社会规范，甚至上升为法律。在日常状态下，可以以此为契机，鼓励公民自愿通过二维码申报一些特定种类的卫生数据，为下一次可能的疫情风险做好准备。

健康码也体现了一种独特的公私合作模式，即先行由大型互联网企业免费开发，并向全国逐步推广。由于这些企业可以绑定其自身的 App，变相地帮助其增加了用户和流量，因此有动力提供这类服务。但在此过程中，如果缺乏中央的统一协调，就会出现企业之间的标准主导权之争，将市场竞争逻辑而非公共服务逻辑带进来。㊳

本文的最后试图将扫码在概念上引申至在中国语境下的控制论逻辑和治理过程。控制论形成于 20 世纪中期，最早体现为工程学（特别是军事工程和武器设计），自维纳以来，控制论的理念延伸至社会的方方面面，包括经济、社会统计、国家治理、法律等。㊴虽然没有一个明确的控制论定义，但基本上是围绕对信息的处理来实现某个特定领域的闭环但动态的目标，即在给定目标的情况下，如何动态地引导信息生产，实时分析数据，从而最终达到既定目标。从 20 世纪 80 年代起，控制论已经从单纯的技术领域转向社会经济管理，并影响了法治建设路径。㊵网格化和网络化可以看成是控制论在实践中的不同理路，两者既分离又交叉，共同围绕着组织、技术和信息的使用而演化铺陈开来。伴随着互联网和赛博空间的延伸，中国已经大踏步进入

㊳ 例如，阿里健康码就曾在微信端识别遇阻，阿里认为是因微信全面封杀钉钉的域名所致，但腾讯认为健康码无法跳转是因为该码标记的口令类信息触发了《微信外部链接管理规范》。参见刘逸伦："健康码难互认，阿里与腾讯谁能成为标准制定者？"，中科财经公众号，2020 年 3 月 6 日。

㊴ 参见（美）维纳：《人有人的用处：控制论与社会》，陈步译，北京大学出版社 2010 年版，第 32—35 页。

㊵ 参见钱学森："现代科学技术与法学研究和法制建设"，《政法论坛》1985 年第 3 期，第 4—9 页。

了"控制论社会",其思维方式还将继续影响中国的治理形态和模式。透过扫码这一技术—制度抓手,不难看到就网格和网络两类理想治理模式而言,扫码都远未发挥其潜力,随着疫情结束、社会经济生活重启,有待于进一步观察二维码如何在公共治理中被创造性地使用。

算法"黑箱"背景下监管算法的具体方法

杨曦

即将到来的算法时代像潘多拉的故事一样有很多令人憧憬的地方，同时也有很多让人忧虑的地方。[①] 算法公开一直被认为是监管体系中的重要一环，即通过提高算法的透明度，打开算法黑箱以达到监管算法的目的。然而，算法公开对于监管算法的效果是较为有限的，学界提倡的算法解释权通过私法救济的方式无法从根本上破解算法黑箱的难题。

一、对通过算法公开进行算法监管的质疑

弗兰克在《黑箱社会》一书中将"黑箱"难以开启的原因归为三点："真正"保密、法定保密和模糊处理。真正保密让人们在未经授权的情况下无法获取秘密信息。给电子邮件设置密码就是在实行这种保密措施。法定保密意味着某些信息属于隐私，不得公开。模糊处

---

[*] 作者系江苏警官学院讲师，本文受 2019 年度司法部国家法治与法学理论研究课题"行政自动化决策的法律规制研究"（19SFB3015），江苏高校哲学社会科学重点建设基地"总体国家安全与法治研究中心"项目（2018ZDJD－B007），江苏警官学院 2019 年度高层次引进人才科研启动基金项目（JSPI19GKZR405）资助。

[①] 参见（美）克里斯托弗·斯坦纳：《算法帝国》，李筱莹译，人民邮电出版社 2014 年版，第 6 页。

理是一种故意隐藏秘密的行为。保密做法和模糊处理方式最终导致了一种"不透明性",体现为可矫正的"不可理解性"。② 算法作为数据处理的主要工具难逃身处"黑箱"的困境。学界寄望于通过增加算法透明度的方式来打开黑箱,但是事实上的效果却不尽如人意,尤其是在自主搜索的算法设计中,准确性的提高往往以牺牲透明性为代价。③

(一) 对于算法公开的质疑

随着算法开发者的"全能性"假设遭到否定,算法监管的节点从结果监管转移到风险防范,④ 算法公开成为新的规制方式。那么,算法黑箱能否被打开?人们在强调算法公开正确性的同时,也对算法公开的可实现性提出了相应的质疑。主要障碍来自三个方面。(1) 商业秘密。算法本身具有很大的商业价值,对算法代码进行公开事实上会损害算法制定者的利益。正确的算法会给用户带来极佳的体验,但公开会让竞争对手获利。例如,谷歌的保密政策不仅使垃圾邮件发送者不能操纵谷歌的搜索结果,而且可以防止竞争对手借助或模仿它的算法来创建新的算法。与专利程序不同,谷歌的算法不能被强制披露,而且所受保护没有终止日期。⑤ (2) 算法权威与功能的维护。正如古代强调权力受命于天,通过神秘的宗教维持其统治的权威一样,算法权威在一定程度上来自神秘性。对决策的各个方面保密,有助于防止系统的策略性"博弈"。例如,美国国税局可能会根据之前审计过的报税表,在与逃税高度相关的报税表中寻找迹象。但是,如果公众确

---

② 参见(美)弗兰克·帕斯奎尔:《黑箱社会》,赵亚男译,中信出版集团2015年版,第32页。
③ See Peter Margulies, "Surveillance By Algorithm: The NSA, Computerized Intelligence Collection and Human Rights", *Social Science Electronic Publishing*, Vol. 68, No. 4, 2016, p. 1054.
④ 参见张凌寒:"风险防范下算法的监管路径研究",《交大法学》2018年第4期,第49—62页。
⑤ 参见弗兰克·帕斯奎尔,见前注②,第95页。

切地知道纳税申报单上的哪些东西被视为欺诈的迹象,逃税者可能会调整他们的行为,而这些迹象可能会失去对该机构的预测价值。⑥(3)过于专业。算法的复杂性命名使其很难与公众的可理解原则相协调。公开系统的源代码充其量只是自动决策可问责性问题的部分解决方案。计算机系统的源代码对非专业人士来说是难以辨认的。事实上,即使是专家也常常难以理解软件代码的功能,因为检查源代码是预测计算机程序行为的一种非常有限的方法。回到算法公开的目的,突出算法的透明,实际上是为了实现算法的可问责性以实现算法的公众监督。显然传统意义上的直接公开是不可能满足以上质疑的。

此外,利用算法公开进行监管的模式自身也存在明显的"短板"。首先,主导算法输出结果的因素是多元的,深度神经网络的输出依赖于多层计算,以复杂的方式连接,没有一个输入或计算可能是主导因素。⑦ 于是就难以寻找到主要责任点。自主学习算法的选择往往是全面的与不可预见的,其被称为"不可预知的设计",⑧ 在面对真实世界中的信息不完全状况时,计算机通过算法已展现其可以进行"类人"式互动与决策的潜质。⑨ 因此,越复杂的算法,其责任标准越难建立。如此,对算法归责极为困难,算法的开发者可以以技术中立的方式逃避追责。根据《侵权责任法》第35条规定的"避风港原则",网络平台作为算法提供者,除非直接参与侵权,否则不会直接承担侵权责任。只有在接到被侵权者要求采取删除、屏蔽和断开链接等必要措施的通知后,未采取相应的措施才承担连带责任。个人论证平台的算法责任是极为困难的,例如在"魏则西"事件中百度并没有承担相

---

⑥ See Joshua A. Kroll, Joanna Huey, Solon Barocas, Edward W. Felten, Joel R. Reidenberg, David G. Robinson & Harlan Yu, "Accountable Algorithms", *Social Science Electronic Publishing*, Vol. 165, No. 3, 2016, p. 658.

⑦ See Bryce Goodman & Seth Flaxman, "European Union Regulations on Algorithmic Decision-making and a 'Right to Explanation'", *AI Magazine*, Vol. 38, No. 3, 2017, p. 61.

⑧ See Jason Millar & Ian Kerr, "Delegation, Relinquishment and Responsibility: The Prospect of Expert Robots", *SSRN Electronic Journal*, Vol. 70, No. 5, 2016, p. 3.

⑨ 参见(英)阿里尔·扎拉奇、莫里斯·E.斯图克:《算法的陷阱:超级平台、算法垄断与场景欺骗》,余潇译,中信出版集团2018年版,第78页。

应的民事责任。其次,是输入数据的不稳定、输入样本局限性等原因导致的。在处理算法偏见时,我们应当首先评估偏见是由算法本身产生的,还是由数据提供者导致的。在很多情况下,对算法决策的批评实际上反映的是对算法代码的不信任,乃至对社会本身不平等的谴责,即所谓的输入偏见得出输出偏见。2004 年,谷歌搜索算法将名为"Jew Watch"的反犹太网站在人们搜索"Jew"一词时置于榜首,但是谷歌拒绝手动改变它们的评级,声称是因为带有偏见的搜索偏好让"Jew Watch"排在第一位,而不是谷歌给出的任何标准排名。[10]《麻省理工学院技术评论》报道了这些发现,指责"种族主义正在毒害在线广告传播,"[11]《赫芬顿邮报》同样写道:谷歌的在线广告结果存在种族定性。[12] 近期谷歌在面对算法可能造成的歧视时,也在重新考虑如何应对这种可能存在歧视的结果。[13] 但实际上,算法依赖用户实际点击广告的倾向。随着时间的推移,人们比其他人更频繁地点击一类广告,算法分配的权重会发生变化,点击最多的广告文本最终会显示得更频繁。在没有政策导向的算法指引下,算法得出的结论与输出的价值是由网络供需决定的。因此,广告投放的差异反映了用户对广告

---

[10] See Danny Sullivan, "Google in Controversy Over Top-Ranking for Anti-Jewish Site", Search Engine Watch, https://searchenginewatch.com/sew/news/2065217/google-incontroversy-over-top-ranking-for-anti-jewish-site. Searchering watch, Retrieved March 4, 2007, 转引自 Elizabeth Van Couvering, "Is Relevance Relevant? Market, Science, and War: Discourses of Search Engine Quality", *Journal of Computer-Mediated Communication*, Vol. 12, No. 2, 2007, p. 886.

[11] See Emerging Technology from the arXiv, "Racism Is Poisoning Online Ad Delivery, Says Harravd Prodessor", *MIT Technology Review*(February 4, 2013) https://www.technologyreview.com/s/510646/racism-is-poisoning-online-ad-delivery-says-harvard-professor/. 最后访问日期:2020 年 4 月 27 日。

[12] See Bianca Bosker, "Google's Online Ad Results Guilty of Racial Profiling, According to New Study", *Huffington Post*, http://www.huffingtonpost.com/2013/02/05/online-racialprofilingn_2622556.html. 最后访问日期:2018 年 1 月 3 日。

[13] See Samuel Gibbs, "Google Alters Search Autocomplete to Remove 'Are Jews Evil' Suggestion", *The Guardian*, https://www.theguardian.com/technology/2016/dec/05/google-alters-search-autocomplete-remove-are-jews-evilsuggestion. 最后访问日期:2017 年 12 月 5 日。

205

已经持有的偏见。换句话说，谷歌的广告投放服务是一面镜子，摆在一个有偏见的社会面前，而不是算法本身导致的。这种歧视本身是数据引起的，由于数据引发的歧视是较为漫长的过程，而根据《产品质量法》第41条，"产品投入流通时，引起损害的缺陷尚不存在的"情况可以作为免责事由，因此，在设计者无法预测算法可能带来的损害的情况下，无须为算法歧视负责，算法开发者于是也没有主动修改算法的动力。综上，即使算法公开也无法解决算法歧视带来的问题。

（二）算法解释权作用的有限性

算法解释权被视为算法公开的另一种重要形式，被视为是增加算法透明度、纠正数据与权重错误的重要途径。[14] 然而，算法解释权的设置能否达到算法透明的目的是有争议的，主要体现在算法解释权本身是否应当存在以及算法解释权适用范围的有限性等问题上。

1. 对于"算法解释权"的质疑

从算法公开到解释，即赋予个人算法解释权，进而可以更正算法的权利。[15] 如此，算法解释权逐渐成为一种事后救济形式。[16] 从公开算法到解释算法，算法解释权给人一种可以打开算法"黑箱"的错觉，产生一种"透明度谬论"的现象，通过解释给人一种可以补救的幻觉，却很难有任何实质性的帮助。[17] 首先，在正式法律文本中并没有算法解释权的概念。2018年5月生效的欧盟《通用数据保护条例》（简称GDPR）第22条规定，数据主体有权反对完全依靠自动化处理对其做出具有法律影响或类似影响的决策，被视为是算法解释权存在

---

[14] 参见姜野、李拥军："破解算法黑箱：算法解释权的功能证成与适用路径——以社会信用体系建设为场景"，《福建师范大学学报（哲学社会科学版）》2019年第4期，第89页。

[15] 参见张凌寒："商业自动化决策的算法解释权研究"，《法律科学》2018年第3期，第68页。

[16] 参见张凌寒："算法规制的迭代与革新"，《法学论坛》2019年第2期，第25页。

[17] See Edwards Lilian & Veale Michael, "Slave to the Algorithm? Why a 'Right to an Explanation' is Probably Not the Remedy You are Looking for", *SSRN Electronic Journal*, Vol. 16, No. 1, 2017, p. 4.

的文本依据。GDPR 的第 22 条来源于 1995 年《数据保护指令》（DPD）第 15 条规定，即"重大"决定不能仅仅基于自动数据处理。但是第 22 条的主要内容甚至没有包括要求解释的权利，而仅仅是一项停止处理的权利。第四部分"反对的权利和自动化的个人决策"（包括第 21 条和第 22 条）主要是指当数据主体反对处理时，"控制者须立即停止针对这部分个人数据的处理行为"，并没有关于算法的解释权利。其次，算法解释权没有法律约束力。虽然 22 条第 3 款规定了"表达其观点和对决策进行异议的基本权利"。GDPR 序言第 71 条也提及了解释权，⑱ 但是在欧洲立法中，只有在正文当中的规定才具有法律约束力。正是因为对此条争议较大，才没有规定在正文条款中，因此实际上 GDPR 中并没有明确规定算法解释权。最后，算法解释权实际上缺乏可操作性。依靠解释来支持个人权利，将挑战错误决策的主要责任交给了个人。由于算法涉及专业技术的问题，算法中蕴含的歧视性代码很难通过消费者举证的方式得出结论，甚至欧洲国家数据保护机构（DPAs）也很难做到。⑲ 即使得到了解释，也可能无助于发起挑战。算法模型、输入和权重，无论如何公开，可能仍然不能表明系统被设计成有偏见的、不公平的或欺骗性的。大多数算法将显示无意的偏差，而不是显示编码的偏差。这使得通过个人去监管算法缺乏可操作性。

此外，主张算法解释权的学者在论证算法解释权时，也出现了对

---

⑱ Wachter 教授认为 GDPR 中规定正确地解释特定的自动化决策其实只是知情权。特定决策的事前解释是不可能的，只有特定决策结果或结论产生后，才可能对该结果或结论结合输入数据以及算法机制做出解释。因此只有特定决策的事后解释才是可能的，而这在 GDPR 第 22 条没有规定，只能在 GDPR 序言第 71 条中找到，而序言又是不具有法律约束力的，所以"获得解释权是不存在的"。See Sandra Wachter, Brend Mitte lstadt & Luciano Floridi, "Why a Right to Explanation of Automated Decision-making Does Not Exist in the General Data Protection Regulation", *International Data Privacy Law*, Vol. 7, No. 2, 2017, pp. 76 – 99.

⑲ See Lilian Edwards & Michael Veale, "Enslaving the Algorithm: From a 'Right to an Explanation' to a 'Right to Better Decisions'?", *IEEE Security & Privacy*, Vol. 16, No. 3, 2018, pp. 46 – 54.

解释主体的不同解读：是算法开发者解释算法给公众,[20] 还是个人拥有解释算法的权利？倘若是前者，那么算法解释权仅仅是算法知情权，后者指的算法解释权才是个人的救济性权利。近些年来，提倡算法解释权的学者逐渐增多。在算法无法公开的情况下，更多学者认为算法公开不应当是完全公开而更多的是解释黑箱，即算法透明度的增强，达到一种"适当的透明"而非"完全透明"。[21] 这种事前的公开不是算法解释权，特定决策的事前解释本质上是算法的知情权。算法的目的和政策议程等需要进行可理解的简化介绍才能更好地进行公开，需要解释具体决定的逻辑和个人数据的权重。通过算法开发者的解释让公众知情，这种知情的范围极为狭小，哪些应当被知晓并没有明确的标准，实际上难以操作。至于能否赋予个人事后救济的算法解释权仍旧是有待论证的问题。

2. 事后救济性的算法解释权的适用范围有限

即使算法的个人救济性权利存在，但是算法运行后，赋予个人解释权的适用范围也是有限的。算法解释主要在两个层面进行：一是针对算法系统的功能、结构、代码、预定义模型和标准等；二是针对算法制定过程中对算法决策、运算时数据的权重。解释算法，对算法公开的方式有独特的要求。由于决策、权重等容易被理解与解释，属于公众的理解范围，因此，算法解释权也常常是针对后者进行，国内学者大多也是主张在这个层面对算法进行解释。在这种强透明性的公开形式之下，赋予个人解释算法的权利仿佛是事后救济的极佳途径。在特定决策的事后解释方面，主要指个人通过解释算法达到修改算法的目的。在美国的一场诉讼中，保险公司的信用评分标准在法庭上受到质疑，原因是它们对少数族裔的影响各不相同。经过数年的诉讼，双方同意就"信用评分程序的缺陷"达成数百万美元的和解。[22] 原告

---

[20] 参见张恩典："大数据时代的算法解释权：背景、逻辑与构造"，《法学论坛》2019 年第 4 期，第 159 页。

[21] See Frank Pasquale, *The Black Box Society*, Harvard University press, 2015, p. 142.

[22] Dehoyos v. Allstate, 240 F. R. D. 269, 275（W. D. Tex. 2007）.

称,这一缺陷导致约 500 万名非裔美国人和西班牙裔客户受到歧视。作为和解协议的一部分,保险公司允许原告的专家对未来的评分模型进行批评和改进。㉓ 这表明个人是可以解释算法的,并间接地达到了监管算法的效果。但由于专业性的限制,通过个人解释进行事后救济的监管方法的适用范围过于狭小。

作为一种救济性权利,算法解释权看似是很有诱惑力的解决方案,但是适用空间是有限的。由于专业性的限制,仍旧需要通过专业机构辅助进行。经过漫长的论证与司法鉴定而得到的算法歧视的结论,从成本收益角度分析,对当事人而言往往是不划算的。这种诉讼也具有极强的"公益性"。个人行使权利更正算法的同时,受算法影响的其他人同样受益,"搭便车"现象的存在很容易导致个人监管算法出现"公地悲剧"的情况。这种集体行动的困境在移动应用软件侵犯隐私权的个人救济中极为常见。㉔ 并且,当算法处于"黑箱""感知""智能"阶段时,研发者和使用者难以对算法进行预测,此时算法解释权的设置便形同虚设。㉕ 因此,相对于通过解释改变算法,选择其他的方法更加合理。在世界范围内赋予个人算法解释权的制度并不常见,一般是通过设置数据处理权利与义务来保证结果正义。例如我国的《数据安全管理办法(征求意见稿)》第 23 条对广告推送规定了标明义务,并规定用户有权停止该项推送,但没有直接规定算法公开披露的义务。在算法歧视、"大数据杀熟"的处理上,《电商法》第 18 条规定应向消费者提供不针对其个人特征的选项,保证了消费者的知情权并最终落实到消费者的选择权,而不是更正算法的权利。这些都决定了算法解释权的事后救济形式不具有可普及性。

因此,通过增加算法透明度无法真正达到事前预防与事后救济的目的,并且这种透明度也很难把握。在无法确定透明标准的情况下,

㉓ Dehoyos v. Allstate, 240 F. R. D. 269, 275 (W. D. Tex. 2007).
㉔ 参见李延舜:"我国移动应用软件隐私政策的合规审查及完善——基于 49 例隐私政策的文本考察",《法商研究》2019 年第 5 期,第 35—36 页。
㉕ 参见孙建丽:"算法自动化决策风险的法律规制研究",《法治研究》2019 年第 4 期,第 113 页。

试图通过算法解释权、算法知情权等方式进行公众监管，即便在个案中能够适用，但欲借此修正算法设计中的所有歧视现象不啻杯水车薪。

二、算法"黑箱"背景下监管介入的必要性：博弈论的视角

围绕算法，数据主体与算法开发者进行着一场博弈。博弈既可以是一种竞争，也可以是一种合作。法律促成的算法设计者与数据主体之间的博弈，应当是合作博弈，而非相互侵犯的零和博弈。合作博弈与非合作博弈的区别在于能否形成有强制效力的契约，从对抗竞争到合作竞争是有利于社会发展的。[26] 零和博弈中，博弈的一方获利必然导致另一方受损。合作博弈是指博弈双方的利益都有所增加，或者至少是一方的利益增加，而另一方的利益不受损，因而整个社会的利益有所增加。这种利益的增加模式与功利主义有着天然的联系。共同善的性质可以从公理中推定出来，而不是简单地宣布为不证自明的。在功利主义者看来，社会利益等同于理想观察者眼中所有个人平均的或加总的偏好，这个理想观察者的效用函数就可以作为整个社会的福利函数。[27] 管理活动中成功的约束行为可以看作是管理者和被管理者双方合作博弈的结果。[28] 对于算法的管理也是如此。大数据背景下数据主体通过输入数据，通过算法获得相应的利益。而算法开发者则通过数据的输入了解数据主体的偏好、个性，通过推送等方式获得收益，这便是一种数据交易。以"权利束"的视角来研究数据权利，可以在承认数据权利的人格属性的基础上亦承认其财产属性，数据即有了交换价值。[29] 数

---

[26] 参见陈建先："从零和博弈到变和博弈的裂变——政府经济行为的均衡解"，《行政论坛》2011年第4期，第51页。

[27] 参见（英）肯·宾默尔：《博弈与社会契约》，王小卫、钱勇译，上海财经大学出版社2003年版，第334页。

[28] 参见侯光明、王景光、甘仞初："管理激励与约束合作博弈决策模型"，《北京理工大学学报》1999年第4期，第430页。

[29] 参见闫立东："以'权利束'视角探究数据权利"，《东方法学》2019年第2期，第64页。

据交易使交易双方都获得价值,这应当是一个双赢的过程。理想中的数据主体与算法开发者之间是在合理的规则下形成一种合作博弈的关系,而不是用户单方面强调保护的零和博弈。这种规则需要法律进行塑造,通过塑造算法空间的秩序保证算法的公正运行。

(一) 无规则下数据主体与算法开发者无法达成合作博弈

数据信息的算法分发规则,大多呈现出一种不完全信息的动态博弈。数据输入者对算法决策、权重的知晓程度有限,算法开发者对数据的规模、准确性无法预知,算法开发者与数据输入者之间形成了一种不完全信息博弈。在不完全信息博弈中,后行动者能观测到先行动者的行动,但不能观测到先行动者的类型。但是,因为参与人的行动是类型依存的,每个参与人的行动都传递着有关自己类型的某种信息,后行动者可以通过观察先行动者选择的行动来推断其最优行动。先行动者预测到自己的行动将被后行动者利用,就会设法选择传递对自己最有利的信息,避免传递行动的过程,而且是参与人不断修正参数的过程。[30] 在不存在法律保护的情况下,算法决策很容易被算法设计者利用。就像"黔驴技穷"的故事中老虎和驴的博弈一般,随着人工智能算法和大数据的结合,算法开发者在这种动态博弈中很容易获得主动权,知晓数据主体的偏好,从而制定相应的策略。

相反,虽然数据主体可以通过改变数据的输入来改变算法的输出,但是很容易遭到算法设计者的反击。以搜索引擎为例,在设计者并不能完全掌握所有输入信息的真实性,同时不确定输出的结果能否真实实现的前提下,进行网页排名就是搜索引擎与用户之间的博弈。搜索引擎的网页排名,是基于网页之间相互的超链接开发计算的技术,搜索引擎用它来体现网页的相关性和重要性。算法会根据用户的搜索关键字匹配网页,而一些用户就开始利用这种规则,开发了搜索引擎优化技术(SEO)。通过一些技术手段,在页面上使用隐形的关键词或者增加链接,使得搜索引擎的算法认为该网页与关键字的匹配

---

[30] 参见张维迎:《博弈论与信息经济学》,上海人民出版社1996年版,第301页。

度很高，与之对应地出现了虚假排名、刷流量等现象。设计者只要利用算法进行竞价排名，就能轻松地将广告、热搜置顶，与之相应地出现了"紫光阁地沟油""魏则西事件"等。

在电子商务的算法规则方面，其博弈更像是一种不完全信息的静态博弈，博弈中消费者知晓价格并且完成一次性交易。以价格歧视为例，在算法黑箱之下，算法共谋的现象更为普遍，也更加难以监管，算法设计中的道德风险不断升高。价格制定者了解消费者的消费水平、偏好后，在商品价格的制定上，原本的动态定价机制很容易变为价格歧视。歧视性定价指的是商家在向不同的消费者提供相同等级、相同质量的商品或服务时，基于后者的购买意愿与支付能力，实行不同的收费标准或价格政策。通过不断训练模型并反复试错，算法的输出结果将越来越接近于人们的保留价格，无论消费者如何隐匿、修改自己的消费倾向，最终仍旧会被做分层处理。商家甚至可以通过价格引导[31]、水滴定价[32]等方式让消费者主动展示自己的信息，使之进入陷阱。这个过程主要是借助价格制定算法配合大数据进行的，这个过程中数据主体基本处于被支配的地位。

假设消费者认为算法开发者品格优良的概率为 x。商家也知道这个 x 为多少，那么他向消费者推送商品价格，消费者的期望效用为 $100x+(-100)(1-x)$，消费者不接受时商家的期望效用为 0。当

---

[31] "价格引导"是一种向不同群体推送不同档次产品的商业行为。在线上市场，商家会基于潜在顾客的个人信息而决定向其展现哪种价位的产品。转引自 Federal Trade Commission, "Complying with COPPA: Frequently Asked Questions", https://www.ftc.gov/tipsadvice/business-center/guidance/complying-coppa-frequently-askedquestions#General%20Questions，最后访问日期：2015 年 3 月 20 日。

[32] （1）水滴定价（Drip Pricing），用一个较低的初始价格吸引消费者入局，之后再不断收取附加费用；（2）打折促销，在一个远被高估的原价上制造折扣价格的魅力（好比原价 2 美元，现价 1 美元）；（3）复杂定价，如买二送一这种需要额外计算产品单价的定价方式；（4）诱饵，卖家许下优惠承诺但仅限于先买先得；（5）限时折扣，为折扣价格框定一个限期。转引自 In re Nomi Technologies, Inc., FTC No. 132, 3251, https://www.ftc.gov/system/files/documents/cases/150423nomicmpt.pdf，最后访问日期：2015 年 4 月 2 日。

$x>1/2$ 时，消费者接受才是最优选择。如果 x 确实大于 $1/2$，贝叶斯（纳什）均衡是：商家推送商品的价格时，消费者接受；反之，如果 $x<1/2$，贝叶斯（纳什）均衡是：商家不推送，消费者不接受。为什么当 $x<1/2$ 时，商家选择不推送商品价格呢？因为他知道他推送商品价格，会因为价格过高被拒绝，他承担了推送商品时的损失。算法开发者的 x 决定了消费者的收益情况。在算法黑箱之下，消费者无法得知算法开发者的策略，并且在算法共谋的情况下，消费者有可能无法拒绝商品的价格，这就导致了消费者往往会选择接受算法提供的价格，这极大地损伤了消费者的权利（参见表1和表2）。

表1 关于商品价格接受与否的博弈：品格优良的算法开发者

		消费者	
		接受	不接受
商家	推送商品的价格	100，100	-50，0
	不推送商品的价格	0，0	0，0

表2 关于商品价格接受与否的博弈：品格恶劣的算法开发者

		消费者	
		接受	不接受
商家	推送商品的价格	100，-100	-50，0
	不推送商品的价格	0，0	0，0

因此，当算法设计者处于支配地位且缺乏算法监管，数据主体很难形成合作博弈的关系。在这种不平等的对抗中，算法设计者往往获得大量利益，而数据主体的利益则受到了不同程度的侵害，形成了一种零和博弈的关系。

（二）不完美信息下法律规则是局中博弈方的"关注点"

在纯粹合作博弈中，两名局中人必须对它们可能产生结果的偏好顺序达成一致，以便它们不存在利益冲突。在一些博弈中，如果所有局中人都知道博弈规则和其他局中人的偏好，那么局中人能够预测其他人将会选择的策略。在另一些无法应用完全信息的博弈中，唯一的最好策略组合是不存在的，必须通过非正式的分析来寻找一个解。即使局中人不能清晰地相互交流，仍然存在着每个局中人注意到关注点的可能，并且假定其他人也注意到了它是一个明显的解。例如两个人骑自行车在一个狭窄的小巷中迎面相遇，关注点是交通规则，骑手必须靠右行使。因此，每个骑手都会靠右行使，做出相应的选择。这条规则充当了一个灯塔作用，然后根据它制定出决策。[33] 法律通过设定规则，为局中人设定关注点，使得双方在合法、合理的范围内进行博弈。围绕算法的博弈亦如此。

围绕算法开发的博弈是：（1）操纵算法决策的策略，算法设计者可以使用回避、修改和混淆来利用算法。其中回避措施是指降低透明度、收集更多的数据、使模型更复杂，在使用模型时快速更改模型或使用较少的可变因素来更改决策模型。（2）数据主体可以通过回避输入数据、改变输入数据、混淆[34]等方式改变算法的输出结果。当然在此过程中算法设计者也会做出一定的反击。（3）法律通过要求决策过程透明、限制使用某些不可变的数据，以及限制收集的数据，从而促进合作博弈，并挫败算法设计者的反击。[35]

（三）政府代表数据主体参与博弈是合作博弈的必要条件

问题是法律以何种方式介入？政府是否需要介入对算法进行主动监管，还是仅仅被动地等待被害人寻求法律救济？

1. 消费者权利的补强作用

算法开发者与算法使用者（数据所有者）是商家与消费者的关

---

[33] 参见崔之元：《博弈论与社会科学》，浙江人民出版社1988年版，第68页。
[34] 混淆是指通过虚假的数据输入从而产生偏差的结果。例如脸书开发的人脸识别软件可以识别示威者的身份，但是示威者可以通过遮挡面部、伪装等方式使得识别软件输出错误。
[35] See Jane R. Bambauer & Tal Zarsky, "The Algorithm Game", *Social Science Electronic Publishing*, Vol. 97, No. 1, 2018, pp. 1–15.

系，在算法黑箱的大背景下，算法开发的信息无法传递到使用者手中，这意味着算法使用者处于绝对的弱势当中，国家加强对算法的监管可以保护消费者权利。然而，即使如此，政府对算法产生的价格进行监管仍旧遭受着质疑。这主要是人们对计划经济的局限性的担忧，警惕监管措施或行政干预可能给新技术和动态市场带来的抑制性作用，更多地寄希望于市场这个"看不见的手"来调节算法造成的价格歧视。但是随着超级平台的崛起与大数据的运用，算法不再处于一个由"看不见的手"支配的市场环境中，竞争机制也不再是左右企业商业决策的隐形力量。正如优步那"上帝视角"般的监控系统清楚地掌控着司机与用户的地理位置信息，算法将根据收集到的实时数据进行动态调价，消费者逐渐失去选择的权利。[36] 同时，隐蔽、不透明的算法技术，增加了识别出利用人工智能手段进行的算法共谋的难度。[37] 如此，监管部门主动介入监管对塑造公正的算法体系是必要的。通过规范算法的秩序，惩罚算法开发者的违法行为，维持算法开发者与数据主体之间地位的平衡性，才能更好地促成均衡，保证数据处理的公正性。

2. 作为谈判威胁策略的制定者

算法设计者与数据主体是无法直接谈判的，但是可以"委托"政府机构帮助谈判。以搜索结果中的广告置顶为例，可以通过设定行政规章的方式阻止广告置顶；或者在第二次搜索时，阻止广告置顶。或者以知情权为支点，参与谈判，通过标识的方式将置顶的广告标识出来，让消费者对搜索结果知情，从而帮助其筛选真实信息，以此抵消广告置顶带来的宣传效果。在这类谈判过程中，政府通过威胁策略为消费者争取权利，例如在"魏则西事件"中百度公司虽然没有遭到行政处罚，但是国家互联网信息办公室通过约谈百度，让百度在广告的告知、广告的比例方面做出了承诺。

---

[36] 参见（英）阿里尔·扎拉奇等，见前注⑨，第230—330页。
[37] 参见李振利、李毅："论算法共谋的反垄断规制路径"，《学术交流》2018年第7期，第73页。

此时维持现状点从局中人的极大极小值变成了威胁策略下的置顶情况，即调解程序变成三步：

（1）搜索引擎宣布它的"威胁"策略 x；

（2）政府、用户在不知 x 的情况下宣布自己的威胁策略 y；

（3）搜索引擎与政府、消协等组织进行谈判。

在这种情况下，通过博弈中的威胁策略集，找到双方都能接受的方案，谋求一个均衡，使得算法既能为开发者创造收益，也能最小限度影响用户的权益。

传统的信息安全通常将用户分为恶意用户与诚实用户，但是实践中系统的失效大多都是策略用户引起的，这种用户理性且自利，但没有恶意的目的。算法开发需要防范这些用户对正常算法秩序的干扰，此时需要算法对这些用户进行反击。法律的作用是将这种算法的反击置于规范的秩序之中，保护诚实用户的权益。政府主动干预的动力是算法黑箱之下主动维护这种用户与算法开发者之间的信任，并且倾向性地保证诚实用户的权利，让他们找到均衡点，并达成合作博弈。由此可以看出，在算法黑箱的情形下，倘若要完成算法开发者与数据主体之间的合作博弈，政府介入并进行监管是极为必要的。

三、算法"黑箱"背景下专业监管的立足点与专业机构的设置

数据主体的信息权利既可以作为政府威胁策略的出发点，也可以作为局中人博弈的"关注点"。虽然无法监控数据处理过程，但是可以保证公民能够对算法输出的不公正结果寻求救济。个人信息权利的设置也使得公法主动监管算法本身的行为具有正当性，以此为出发点作为博弈谈判中的威胁策略，形成动态均衡，进而形成算法开发中的合作博弈。

（一）个人信息权利的设置与公法的侧重保护

在围绕算法开发的博弈中，数据主体拥有的个人信息权利是最有力的制衡武器。法律通过设置个人信息权利，使数据主体与算法开发

主体基于平等地位进行博弈，进而为构建算法秩序建立基点。关于个人信息权利有两种学说：（1）独立说，认为个人信息权利是一种独立的新型权，强调对信息的控制；（2）非独立说，认为信息权利并不具有独立性，主要依托于隐私权、财产权、姓名权和名誉权等一系列传统权利的价值基础，是将个人信息权嫁接在其他传统权利之上。事实上，只要是以信息为客体的权利都向着信息控制说迈进。以信息性隐私权为例，基于信息的隐私权保护一直处于发展之中，美国的隐私权理论也经历了从独处权说向信息控制说的演变。早在1888年，法官托马斯·库利在其著作中第一次给隐私权下定义，使用一句俗语即"独处的权利"来表述。沃伦和布兰代斯最初撰文倡导隐私权主要是针对媒体对个人私生活不当曝光而对个人情感造成的伤害，其所提出的独处权理论，揭示了隐私权保护的是个人心灵安宁的精神价值，以此为中心构建了隐私权的正当性和保护范围。[38] 随着科学技术的发展，隐私权面临前所未有的威胁，其主要原因是收集数据的能力增强与个人数据的广泛传播。例如以人工智能为基础的人脸识别通过算法搜集人脸特征等生物识别信息，可以准确地识别个人，并将识别之人的信息完整地展现在他人面前。此时独处权说难以涵盖隐私权，隐私权逐渐转向了信息控制说。该说主张，隐私权是自然人对其私生活信息的控制权。美国学者弗里德认为，信息隐私权不应局限于不让他人取得我们的个人信息，而是应该扩张到由我们自己控制个人信息的使用与流转。[39] 此时，信息控制说已经接近于个人信息权的概念，不再是消极的防御权，而是主动的控制权。在信息控制论下，隐私的保护范围会进一步扩大，例如大多数个人信息的处理应当通过"通知—同意"制度来提前告知与处理，以此来维护个人信息权利。因此，例如信息携带权、知情权（此处的知情权并非算法知情权，而是信息处理之前的同意权与算法开发者处理结果的告知义务，例如搜索引擎

---

[38] 参见（美）路易斯·D. 布兰代斯，《隐私权》，宦盛奎译，北京大学出版社2014年版，第124页。

[39] See Charles Fried, "Privacy", *The Yale Law Journal*, Vol. 77, 1968, p. 489.

对于广告的告知义务，而不是算法的告知义务）等个人信息权利在法律体系中得以明确，为个人寻求救济与公权力机构主动救济提供了可能。

由于算法侵权的隐蔽性，这些权利更多依赖于公权力机构的主动保护。新自由主义认为，个人实体权利也是根本的权利，国家要保障这种权利。新国家主义认为，国家要对人民进行生活照顾。这种公民权的积极性要求传统自由主义行政法赋予国家权力以必要的积极性，同时也要求传统国家主义行政法扬弃国家权力的独断性。[40]算法与公共利益有着密切的关联，国家通过积极干预，直接或间接的保证算法秩序的实现，以保障个人权利。例如《通用数据保护条例》第18条规定了个体限制处理权，同时在第5条也规定了"个人数据的收集应当具有具体的、清晰的和正当的目的，对个人数据的处理不应当违反初始目的。"2019年5月28日，比利时数据保护局发出其首份GDPR处罚。[41]可以发现，在数据保护领域，法律对权利的保护更多地体现为法律秩序的维护，即积极介入而非被动地等待个人寻求私法救济。大数据时代下算法侵权并不能用经济价值来衡量损失，它极大地破坏了网络空间秩序。通过规范算法设计，能够防止算法设计者用隐蔽的方式侵犯他人的信息权利。设置个人信息权之后，在博弈中谈判可以由个人以私权的形式对抗算法开发者，同时也可以以举报的方式要求专业机构介入调查，也可以由专业机构主动介入调查，由于算法侵权的隐蔽性，要求专业机构介入调查显得更加合理。

（二）专门检测机构的设置

从政府的角度讲，如果市场中的信誉机制运行良好，企业自身有积极性提供高质量的产品，就不需要太多的政府管制；反之，如果信

---

[40] 参见陈小文：《行政法的哲学基础》，北京大学出版社2009年版，第150页。
[41] 详见"比利时GDPR首罚：市长滥用个人邮件发送竞选信息违反'目的限制原则'"，https://mp.weixin.qq.com/s/ZIdbBaOiYpjLLOadibZHdw，最后访问日期：2019年6月9日。

誉机制不能有效发挥作用，就需要更多的政府管制。解决非对称信息的途径之一是政府规制，即政府对企业的行为进行法律和政策约束。在信息不对称的情况下，政府可以帮助没有信息的一方获得信息。[42]算法黑箱的情况下，企业与个人之间无法直接形成较好的信任体系。算法代码、结构无法对大众公开，或者说公开也无法理解，反而破坏算法开发者的利益。随着博弈次数的增多，数据主体对网络平台的信任度会越来越低，[43]合作博弈的信任基础就会越来越薄弱。这种情况只能通过专门的公共机构进行检测。

以结构、代码为核心的算法是很难做到向大众公开的。这主要是商业秘密、专业性等方面的缘故，以此为前提的公开，需要以专业机构为中间媒介，再以可理解的方式（比如许可证、合格标志等）向公众展示，最终体现为一种"弱透明"。这实际上构成了算法公开的另一种形式，但是透明度减弱了。对于数据主体而言，算法是处于黑箱之中，专业机构为公平的算法进行背书，一定程度上能够为双方合作博弈提供基础。因此，算法的监管不应该依赖于通过算法透明进行私法救济，而应当更多地通过公法介入与专业机构的检测，将可信任的算法供公众使用。在复杂的信息面前，一般并非通过直接的信息披露，而是设置市场准入的方式加以规制。例如药品许可制度，尤其是涉及商业秘密（类似云南白药）的药品，不采用直接公开，而是通过检测药效、许可认证的方式实施更加合理的监管。复杂性算法代码和结构并不适合设置直接的信息披露制度，其监管模式可以是设置算法的许可、认证等制度。同时，公共政策、法律的不精确性往往也导致了算法设计者无法真正按照规范编制程序，这就更加需要法律主动介入或者督促其内部形成监管体系，以保障算法的公正性。因此，由于算法技术的专业性、商业秘密等，企业内部可以自行设置审查机构，然后由政府认证。或者直接通过事前许可、事后监督等方式，从而督

---

[42] 参见张维迎：《博弈与社会讲义》，北京大学出版社2014年，第221—222页。
[43] 参见王文韬、李晶、张帅、谢阳群："基于不完全信息动态博弈模型的电子健康网站用户信任机制研究"，《图书情报知识》2018年第3期，第78—84页。

促算法设计者对于算法的自我优化,这样可以满足算法检测的专业性要求。

从算法的监管对象入手,算法歧视的检测,可以在两个方面展开。首先,是基于算法本身产生的问题。政府主动干预,设置专业机构,可以满足计算机科学专业性的要求。其次,基于数据而非算法本身产生的歧视,需要设置专业机构进行持续性的检测,即算法监管可以从算法本身与输入、输出的数据入手进行监管,通过检测输出的结果,反向推导出算法运行结果的公正性,是否需要修正等问题。专业机构既可以是专业的算法检测机构,也可以是数据检测机构,其检测的对象是数据和算法本身。

(1)检测基于算法本身引发的问题。以人脸识别为例,人脸识别技术是通过人脸图像之间的相互比对进行的,这些算法可以大致分为两类,一类是与精确的面部特征检测相关的算法,另一类是基于更广泛的外观的算法。最著名的基于外观的方法是基于人脸空间计算的空间方法。该方法体现了训练、投影和识别三个不同的过程。[44] 一方面该技术潜在地破坏了个人隐私,主要是侵犯了人们被识别的权利,属于算法的决策层面就出现了失误。另一方面该项技术并不成熟,常常带来识别上的歧视,例如黑人的错误率高于白人,[45] 属于算法代码、结构的问题。法律首先要直面的是隐私权受到侵犯的问题。脸书基于算法推出的"标签建议"(通过对照片进行标识或识别)功能受到欧洲隐私监管机构和美国联邦贸易委员会的审查。2011年和2012年,爱尔兰数据保护专员(DPC)对脸书进行了审查,重点关注该组织使

---

[44] See Niloufer Selvadurai, "Not Just a Face in the Crowd: Addressing the Intrusive Potential of the Online Application of Face Recognition Technologies", *International Journal of Law and Information*, 2015, Vol. 23, No. 3, pp. 187—218.

[45] 2018年,《纽约时报》英文网站发表一篇文章指出,如今非常热门的AI应用人脸识别,针对不同种族的准确率差异巨大。其中,针对黑人女性的错误率高达21%~35%,而针对白人男性的错误率则低于1%。具体参见"美国人为什么不待见人脸识别技术?",https://mp.weixin.qq.com/s/s6zJzepCdJzU7uZQobqZjQ,最后访问日期:2019年6月12日。

用的人脸识别技术。脸书也因使用人脸识别技术而受到德国和挪威数据保护机构的调查。这次审查结果是脸书同意至少暂时禁用欧洲用户标签功能。[46] 2019 年 5 月,旧金山市成为首个对人脸识别技术发出禁令的城市。面对政府对技术的种种质疑,脸书新增了同意机制,允许用户禁止使用该功能,阻止别人识别自己。谷歌则在识别前加入"找到我的脸"的提醒。[47] 谷歌于 2011 年 12 月推出了 Find My Face,用一幅漫画说明如何查找、识别人脸,并给出规避路径,以此来解决个人信息隐私保护的问题。算法代码、结构等技术层面的问题,则需要算法经过调试才被允许投入市场使用。因此,算法监管应当是在信息权利之下,公法设置专业机构主动保护个人权利。当然,对算法本身的检测,可以设置专门的算法检测部门,例如算法安全委员会全面负责算法审查和解释工作,[48] 无须仅仅依靠数据检测反推算法合理性的方式进行。

(2)检测数据而非算法引发的歧视。数据引发的算法歧视,需要对输出结果进行价值判断。由于网络社会中有多种价值观,公权力机构要放弃原本的高权管理思维,通过主动地回应与分析公众的意识,及时、准确地把握社会需要。诺内特·塞尔兹尼克将法律的形式分为压制型法、自治型法和回应型法。压制型法的标志是法律机构被动地、机会主义地适应社会政治环境。自治型法是对这种不加区分的开放性的一种反动。为了保持机构的完整性,法律自我隔离,狭窄地界定自己的责任,并接受作为完整性的代价的一种盲目的形式主义。第三种类型的模式力求缓解上述紧张关系。我们称之为回应的而不是并发的或是适应的,以表明一种负责任的因而是有区别、有选择地适应

---

[46] See Anna Bunn, "Facebook and Face Recognition: Kinda Cool, Kinda Creepy", *Bond Law Review*, Vol. 25, No. 1, 2013, pp. 35 – 69.

[47] See Larry Magid, "Google + Adds Find My Face Feature", FORBES, http://www.forbes.com/sites/larrymagid/2011/12/08/Google-adds-find-my-facefeature,最后访问日期:2017 年 11 月 11 日。

[48] 参见孙建丽,见前注㉕,第 108 页。

的能力。[49]回应型法的成就取决于政治共同体的一致和资源。它的独特贡献是要促进公告目的的实现并将一种自我矫正的精神注入政府管理过程。[50] 我国科学技术决策立法存在明显的压制型特征，突出表现在公众等外部意见未能充分流入行政机关，[51] 决策与立法未能体现民主集中的特点。而对于算法目前的监管而言，未来的监管将受益于社会价值观（自治、准确性、分配公平和系统效率）的初步分析和优先排序，从而使法律能够以最不具侵入性的方式为最紧迫的价值观服务，同时在公众参与之下检测算法输出的正当性。[52]

由数据导致的算法输出的偏差，可以由数据检测机构进行。对于这种数据引发的偏差，由于数据输入的不可控性，仍需通过改变算法，例如减少某些歧视性数据的权重，进而引导出正确输出，但是这种操作需要在监管下进行，否则很容易篡改中立算法的结果。因此，专业机构对算法进行精确的、持续的纠正是算法监管的关键，专业机构需要设置标准，对算法本身和输出的价值进行判断，进而得出是否需要通知算法开发者对算法进行纠正或者自行修正的建议。

四、算法"黑箱"背景下专业机构监管的方法

第一，从算法的监管层次入手。算法的监管可以分为三个层次：（1）数据信息的算法分发规则；（2）电子商务的算法规则；（3）算法与道德关系的全面讨论。[53] 首先，数据信息的算法分发规则主要是以《网络安全法》为核心构建的，例如，网络传播领域监管，主要针对新闻信息、个性化内容和电子商务推荐方面。这个监管主要保证数

---

[49] 参见（美）诺内特·塞尔兹尼克：《转变中的法律与社会：迈向回应型法》，季卫东、张志铭译，中国政法大学出版社1994年版，第85页。
[50] 同上，第127页。
[51] 参见胡若溟："迈向回应型法：我国科学技术决策立法的反思与完善"，《科技进步与对策》2018年第15期，第105页。
[52] See Jane R. Bambauer et al. , supra note [35], p. 37.
[53] 参见朱巍：《算法：全面纳入监管领域》，中共中央网络安全与信息化办公室网，http://www.cac.gov.cn/2019－05/21/c_1124523038.htm，最后访问日期：2019年10月3日。

据信息安全可靠,保证当事人能够合理地控制数据的使用。第二,电子商务的算法规则是以《电子商务法》为核心构建的,要求经营者在大数据分析和算法的基础上,充分尊重消费者的自由选择权和公平交易权。这类监管主要是保证动态交易,针对的是算法输出结果的知情与选择。最后,算法与道德关系的全面讨论,主要针对算法在人工智能的应用方面。这个层次的讨论集中于人工智能中算法的道德责任论证,例如自动驾驶发生危险时,是优先保护乘车人员还是行人等。这类监管主要针对算法伦理的讨论,最终仍旧需要通过立法设定规则。

第二,设立相应的责任体系。为技术建立相应的责任体系不但不会阻碍算法创新,反而可以促进算法产业的发展。因为算法使用者有时并非算法开发者,可能是购买算法的网络服务商,而缺乏统一适用的侵权责任框架可能会给"制造商(使用者)"带来额外的风险成本,形成一种寒蝉效应。这需要算法决策者与开发者共同承担责任,分担算法侵权给购买算法的服务商带来的风险。当然,这就需要建立相应的技术标准体系,即程序员是根据"合理的程序员"标准来设计该算法,并应用于相关的特定领域,以此将算法设计控制在一个合理的范围区间。[54] 这种"合理算法"的标准,不仅可以适用于监管机构追究算法开发者责任的场景,同时也可以成为私法救济时确立侵权责任的标准。

第三,专业机构对算法监管的具体方式。对于算法代码与结构的监管属于技术监管领域。我国 2000 年发布的《互联网信息服务管理办法》规定了合理注意义务,要求平台防止非法信息传播,主要对信息服务的结果即信息内容进行审查。2017 年发布的《互联网用户公众账号信息服务管理规定》已经逐步将内容审查转向了技术审查,审查范围由结果扩展到了对技术的风险防范,而算法监管同样应当如此。专业机构监管可以采用如下具体方法:

---

[54] See Karni Chagal Feferkor, "The Reasonable Algorithm", *Technology & Policy*, Vol. 2018, No. 1, 2011, pp. 113 – 146.

1. 事前咨询体系

公法设置的秩序并非仅为保护个人权利，而是试图创造一个制度环境来保障未来建立的自动化体系"危害最小"。[55] GDPR 第 36 条规定了"提前咨询"制度，其想法来自隐私设计（PbD）工程，作为一种建立隐私意识或隐私友好型的系统，通常采用自愿而不是强制的方式。虽然监管者不能通过自上而下的控制来做任何事情，但控制者本身必须致力于设计不那么侵犯隐私的系统。这些规定包括下列要求：（1）必须在系统开发以及实际处理时实施"适当的技术和组织措施"以保护数据主体的权利（GDPR 第 25 条）。特别需要"基于设计或基于默认保护个人数据"，以便只收集处理所需的个人数据。（2）当使用新技术的处理方法"可能对数据主体的权利造成高风险"时，必须事先进行数据保护影响评估（DPIA，第 35 条），并在某些情况下与监管机构协商。DPIA 本质上并不是为了公开或解释算法，而是为了找到算法设计过程中的责任点。（3）设置公共机构、"大型"私营部门的监管责任人，任何根据第 9 条（敏感个人数据）处理特殊类别数据的主体，均须委任一名个人数据保护官（第 37 条）。例如根据德国《联邦数据保护法》（BDSG）第 4f 条第 1 款，自动收集、处理和使用个人数据的公共机构和私法主体（9 人以下的私人公司除外）；或以其他方法处理个人数据并且拥有至少 20 名长期雇员的，或进行自动数据处理以进行前期检查，或在业务中传输或匿名传输个人数据，或为了市场或研究目的而自动处理数据的私人主体，都必须书面任命常设的个人数据保护顾问。[56]

2. 认证体系

GDPR 引入了认证体系，第 42 条建议对控制者和处理者进行自愿认证，以证明其符合规定，并鼓励欧盟成员国建立"认证机制"和开

---

[55] See Lilian Edwards et al., supra note [19], p. 8.
[56] 参见林洹民："自动决策算法的法律规制：以数据活动顾问为核心的二元监管路径"，《法律科学》2019 年第 3 期，第 48 页。

发"印章和标志"。认证可以应用于算法系统的两个主要方面[57]：（1）算法软件的认证。通过直接明确算法的设计特征或设计过程，例如涉及的专门知识，建立基于技术的标准，或明确可监测和评价的输出结果要求，建立基于性能的标准；（2）对使用算法系统进行决策的个人或过程的认证，这需要把算法置于其被应用的情境中加以评价。当然这种认证体系中的标准可以由不同行政部门制定，例如"魏则西事件"之后，国家网信办会同国家工商总局、国家卫生计生委成立的联合调查组向社会公布了调查结果，要求百度做出严格审核商业推广服务、明示推广内容和风险、排名机制调整等多项整改，并颁布了《互联网信息搜索服务管理规定》，其中第 11 条规定"明确付费搜索信息页面比例上限"，百度则表示控制商业推广结果数量，对搜索结果页面特别是首页的商业推广信息数量进行严格限制，每页面商业推广信息条数所占比例不超过 30%，[58] 应当算是自我规制的一种标准设置的表现。

3. 许可与评估系统

这一方面是对算法的整体性进行评估，另一方面是通过检测算法的代码、内部架构完成。在技术上审查评析系统可以分为静态分析与动态测试。静态分析是指仅从源代码进行评审，即防止编程错误。动态测试是指检查程序的实际运行，动态测试可以提供静态源代码评审无法提供的洞见。动态测试可以分为"黑盒测试"和"白盒测试"，前者只考虑系统或组件的输入和输出，后者使用系统内部构件的结构来设计测试。[59] 由于算法黑箱的存在，算法监管显然不能仅仅依靠消费者的监管。国家需要对产品检测才能投放市场，算法也应当作为整个信息处理秩序的一环受到检测与评估。"数据—算法—输出"作为一个整体，需要数据主体、监管主体与算法开发者三方配合，才能实

---

[57] See Lilian Edwards et al., supra note [19], p. 10.
[58] 参见爱范儿："'魏则西事件'后续，国家给了百度 22 天的时间"，http：//www.ifanr.com/654553，最后访问日期：2019 年 6 月 10 日。
[59] See Joshua A. Kroll et al., supra note [6], p. 641.

现有效监管。其中监管主体的定期评估与检测最为关键。2017 年 7 月国务院发布《新一代人工智能发展规划》，其中明确指出需要建立人工智能安全监管和评估体系。2019 年 4 月公安部发布的《互联网个人信息安全保护指南》中就规定了"安全审计"的制度。除了对招聘网站的评分系统进行评估，事实证明，这种"一次性许可"在卫生、信息技术领域非常有用。[60] 同时，根据美国《联邦贸易委员会法》第 5 条、《联邦法典》第 15 条，联邦贸易委员会拥有监督信用评分系统的权力。[61]

  事前咨询体系主要是通过设置机构找到责任点，实现内部监管。认证体系则需要为算法设置不同的标准体系，这些标准可以先是指导性标准，逐步推进为强制性标准，渐进式地完成对算法的规制。许可与评估制度可以对算法进行整体评估，同时也可以通过软件验证、密码承诺等在技术上完成程序性监管，找到具体的责任人。

  总之，以算法公开为前提，进而通过私权进行救济的算法监管模式虽然看似美好，但是其实用价值很难令人满意。算法监管由于其专业性、侵权的隐蔽性等特点，需要通过设置专业机构进行持续性的监管。在这个过程中，监管者应当主动发起监管，通过设置许可、检查与评估等方式积极维护数据主体的权利。

---

[60] See Frank Pasquale, "Private Certifiers and Deputies in American Health Care", *Social Science Electronic Publishing*, Vol. 92, No. 5, 2014, p. 1687.

[61] See Citron, Danielle Keats, Pasquale, Frank A, "The Scored Society: Due Process for Automated Predictions", *Social Science Electronic*, Vol. 89, No. 1, 2014, pp. 14–26.

网络爬虫刑法规制的边界

薛美琴

　　随着数字经济的发展，数据作为生产要素的重要地位正在突显。当前，利用自动化程序从互联网中抓取数据是互联网企业和大数据公司获取数据的重要途径之一。网络爬虫作为一种必不可少的技术工具，在数据抓取过程中被广泛应用，这也引发了有关网络爬虫应用活动的法律纠纷。最初，与网络爬虫相关的案件大多集中在不正当竞争领域，如百度诉360案[①]、新浪诉脉脉案[②]、大众点评诉百度案[③]等。但2019年，摩羯科技、新颜科技、存信数据、天翼征信、聚信立、公信宝等大数据公司陆续被调查，数名高管及技术人员被警方带走协助调查，也引发了业界的高度关注和担忧。[④] 网络爬虫技术应用的合法性边界及其刑事法律规制的方式、标准等问题，成了一个亟待解决的现实问题。本文的出发点即是对网络爬虫技术之法律边界的思考，即网络爬虫作为一种网络通用技术，究竟是本身即有原罪还是一种

---

* 作者系北京师范大学刑事法律科学研究院博士研究生。
① 参见北京市第一中级人民法院民事判决书（2013）一中民初字第2668号。
② 参见北京知识产权法院民事判决书（2016）京73民终588号。
③ 参见上海知识产权法院民事判决书（2016）沪73民终242号。
④ 参见唐亚华：“大数据倒在2019"，https：//tech.sina.com.cn/roll/2019 - 12 - 06/doc - ihnzhfz3979792.shtml，最后访问日期：2020年1月20日。

"被玩坏了的爬虫"。如果说对网络爬虫的某种应用应当受到法律规制，尤其是刑事法律的规制，具体的边界又在哪里，例如，达到何种程度和范围时可能触犯刑事法律。

一、网络爬虫的刑事风险

目前理论上对网络爬虫的法律规制，主要从以下方面进行了有益的探讨：一是从数据的权属角度来讨论。如有论者认为，平台数据具有多种归属，既可以被认为是个人所有、平台所有、个人与平台共有，也可以被认为是互联网空间的公共数据，且其属性高度依赖场景。[5] 也有观点认为，数据既不是民事权利的客体，也不宜将其独立视为财产，基于主体不确定、外部性问题和垄断性的缺乏，数据权利化也难以实现。[6] 二是针对"爬虫协议"的性质进行讨论。主要观点有：爬虫协议是网站所有者与搜索引擎间形成的一种事实上的信息服务合同关系；[7] 爬虫协议体现了公认的商业道德；[8] 爬虫协议是数据控制方的单方意思表示，必须与某种具体的实体权利相结合并以之为依托方可充分发挥其作用，脱离该实体权利的爬虫协议将丧失其针对爬虫程序的效力。[9] 三是对爬虫的法律边界进行的探讨。[10] 从上述研

---

[5] 参见丁晓东："数据到底属于谁？——从网络爬虫看平台数据权属与数据保护"，《华东政法大学学报》2019 年第 5 期，第 69—83 页。

[6] 参见梅夏英："数据的法律属性及其民法定位"，《中国社会科学》2016 年第 9 期，第 164—183 页。

[7] 参见宁立志、王德夫："'爬虫协议'的定性及其竞争法分析"，《江西社会科学》2016 年第 1 期，第 161—168 页。

[8] 参见张平："《反不正当竞争法》的一般条款及其适用——搜索引擎爬虫协议引发的思考"，《法律适用》2013 年第 3 期，第 46—51 页。

[9] 参见曹阳："我国对违反'爬虫协议'行为的法律规制研究"，《江苏社会科学》2019 年第 3 期，第 159—167 页。

[10] 例如参见李慧敏、孙佳亮："论爬虫抓取数据行为的法律边界"，《电子知识产权》2018 年第 12 期，第 58—67 页；刘鹏："利用网络爬虫技术获取他人数据行为的法律性质分析"，《信息安全研究》2019 年第 6 期，第 548—552 页。

究可知,目前对网络爬虫的刑法规制仍是研究的薄弱环节。[11] 与之形成鲜明对比的是,实践中大量的大数据平台可能面临刑事指控风险,如何理解和把握爬虫技术法律风险并指引技术发展的走向,已成为亟待解决的理论问题。

爬虫不仅提升了用户在互联网上收集和处理信息的能力,也使得全体数据而不是随机样本成为可能,大数据得以迅速发展。[12] 作为网络通用技术的爬虫,同时也是一把"双刃剑"。据 2020 年 Imperva 研究报告统计,互联网上约有 37.2%的流量来自网络爬虫,其中恶意爬虫的流量占到了 24.1%。[13] 恶意爬虫与善意爬虫相对应。善意爬虫是那些遵守 robots 协议规范爬取网页或者网络公开接口(OPEN API),或者购买接口授权进行爬取的爬虫。恶意爬虫则通过分析并自行构造参数对非公开接口进行数据爬取或提交,获取对方本不愿意被大量获取的数据,并有可能给对方服务器造成极大损耗。恶意爬虫的目标主要是互联网公司和政府相关部门的数据。[14]

目前,恶意爬虫已成为大数据平台的蛀虫,深刻影响了大数据产业的发展。恶意爬虫引发的危害行为主要有以下几类:(1)持续地、无节制地实施 DDOS(分布式拒绝服务)恶意攻击,致使数据平台计算机系统不能正常运作。(2)未经授权或者超越权限违规收集、贩卖并使用公民个人信息,甚至有些平台违规收集公民个人行踪等敏感信息转卖给"套路贷"平台,牟取暴利。(3)非法刷评论等流量欺诈,

---

[11] 在中国知网查询,目前仅有一篇论文系对网络爬虫刑事法规制的专门性研究。参见刘艳红:"网络爬虫行为的刑事规制研究——以侵犯公民个人信息犯罪为视角",《政治与法律》2019 年第 11 期,第 16—29 页。
[12] 参见(英)维克托·迈尔-舍恩伯格、肯尼思·库克耶:《大数据时代:生活、工作与思维的大变革》,浙江人民出版社 2013 年版,第 53 页。
[13] See Imperva, "Bad Bot Report 2020: Bad Bots Strike Back", https://www.imperva.com/resources/resource-library/reports/2020-bad-bot-report/,最后访问日期:2020 年 5 月 13 日。
[14] 云鼎实验室:"2018 年上半年互联网恶意爬虫分析:从全景视角看爬虫与反爬虫",https://www.freebuf.com/articles/paper/178119.html,最后访问日期:2020 年 1 月 20 日。

229

严重破坏网络诚信体系。（4）爬虫造成大量的 IP 访问网站，侵占网站带宽，极大地增加了维护网站的运营成本。（5）以网络爬虫为中心形成了一系列网络灰黑产业链。

  针对恶意爬虫造成的上述危害，近年来从国家层面已逐渐开始形成监管合力，加大打击力度，以规范爬虫技术。2017 年以来，国务院相关部门陆续出台政策法规，要求严禁以暴力、恐吓、侮辱、诽谤、骚扰等方式催收贷款，不得以"大数据"为名，窃取、滥用客户隐私信息。⑮ 2019 年 11 月 6 日，中国互联网金融协会向其会员单位下发《关于增强个人信息保护意识依法开展业务的通知》（下称《通知》）。《通知》中提到，国家监管部门发现，社会上有一些互联网机构以"大数据"为名，通过"爬虫"业务涉嫌违法违规收集个人信息，或窃取、滥用、买卖、泄露个人信息，侵犯了消费者个人隐私，造成了不良的社会影响。为此《通知》要求，不与违规收集和使用个人信息的第三方开展数据合作，不滥用、非法买卖和泄露消费者个人信息。同日，北京地区部分互联网金融机构收到监管要求：全面停止与"爬虫"有关的放贷业务，导致一些平台基于"爬虫"的放贷业务全面暂停。⑯ 即将出台的《数据安全管理办法（征求意见稿）》中明确规定，自动化访问（即"网络爬虫"）收集流量不得超过网站日均流量的三分之一，限制"大数据杀熟"等歧视性推送行为。

  在实践中，可能适用于恶意爬虫的刑事罪名主要包括：非法侵入计算机信息系统罪、破坏计算机信息系统罪、非法获取计算机信息系统数据罪、侵犯公民个人信息罪。在中国裁判文书网中，搜索全文含有"爬虫"的刑事案件，排除其中 24 件与数据抓取无关的案件，共获取案件 22 件。其中，非法获取计算机信息系统数据罪 3 件，非法侵入计算机信息系统罪 1 件，提供侵入、非法控制计算机信息系统程

---

⑮ "央行及银监会整顿现金贷新规昨日落地，不得通过暴力等方式催收贷款"，http://www.xinhuanet.com//2017-12/02/c_1122045976.htm，最后访问日期：2020 年 4 月 19 日。

⑯ "围剿网络'爬虫'，监管发文规范切断非持牌合作"，https://tech.sina.com.cn/i/2019-11-12/doc-iihnzahi0228786.shtml，最后访问日期：2020 年 4 月 19 日。

序、工具罪 1 件,破坏计算机信息系统罪 3 件,侵犯著作权罪 3 件,侵犯公民个人信息罪 11 件。其中大部分案件,要么爬取对象具有明显的非法性(如公民个人信息[17]或者享有著作权的作品[18]),要么抓取手段具有明显的非法性(如植入爬虫程序修改系统数据等),[19] 案件定性大多无争议。

目前争议最大的问题集中于非法获取计算机信息系统数据罪。我国刑法第二百八十五条第二款规定,违反国家规定,侵入国家事务、国防建设、尖端科学技术领域以外的计算机信息系统或者采用其他技术手段,获取该计算机信息系统中存储、处理或者传输的数据,情节严重的,构成非法获取计算机信息系统数据罪。所谓"侵入",是指未经允许而突破、绕过或解除特定计算机信息系统的安全防护体系,擅自进入该系统的行为;"其他技术手段"是指采用侵入以外的技术手段。[20] 故其行为表现,既包括采用技术手段破坏系统防护进入计算机信息系统,也包括未取得被害人授权擅自进入计算机信息系统,还包括超出被害人授权范围进入计算机信息系统。[21] 有时也可以将采取技术手段突破技术防护措施理解为未经授权的一种方式。因此"侵入"就可以理解为"未经授权"或者"超越授权"的访问。有无"访问权限"就成了判断爬虫抓取数据非法性的核心要素。法律中的"访问权限"常体现为权利主体的单方面授权意志。问题是,如果数据拥有方单方面设置的反爬虫措施,是否意味着数据拥有方通过反爬虫措施明示了不允许爬虫爬取的主观意愿?据此是否就意味着全盘否定了数据抓取方的访问权限,因而一旦数据抓取方进行抓取就满足了"未经授权"的刑事违法性。在上文所述案例中,晟品公司案的判决

---

[17] 如北京市通州区人民法院刑事判决书(2019)京 0112 刑初 62 号。
[18] 如上海市浦东新区人民法院刑事判决书(2014)浦刑(知)初字第 24 号。
[19] 如天津市南开区人民法院刑事判决书(2017)津 0104 刑初 740 号。
[20] 参见高铭暄、马克昌主编:《刑法学(第八版)》,北京大学出版社、高等教育出版社 2017 年版,第 479 页。
[21] 最高人民检察院第九批指导性案例:被告人卫梦龙等非法获取计算机信息系统数据罪。

表达了肯定的态度,[22] 但该问题仍然值得我们认真反思。

非法获取计算机信息系统数据罪中的"非法"有两层含义：获取手段的非法性和获取数据的非法性。有观点认为"非法"仅是修饰"获取"而非修饰限制"获取手段"，因此，行为人有权进入他人计算机信息系统，但其获取或者超越授权获取其无权获取的数据，仍可构成本罪。[23] 基于非法性的上述两个侧面，对于网络爬虫是否入罪的考察亦可从上述两个面向展开，形成两种认定路径：第一种路径是以授权为核心，未经授权或者超越授权均构成"非法侵入"。这一路径是从数据抓取方的角度来审视，当网站不允许特定访问主体抓取数据时，需要对该特定主体施加必要的授权限制。故特定访问主体基于身份验证才能获得专门授权。如美国《1986年计算机欺诈与滥用法》（CFAA）采用的即是此种认定标准，严禁未经授权或者超越授权故意进入任何受保护的计算机。[24] 第二种路径是以"数据"为核心展开。未经许可获取不公开数据即构成"非法获取"。这一路径是从访问对象的角度审视，即刑法所保护的法益是数据权益。[25] 因此只有当爬虫侵犯了刑法所保护的数据权益时方可入罪。本文将分别沿着上述两条路径展开，试图厘清上述路径之间的适用关系，同时就不同路径下解决爬虫入刑的难点逐一剖析后提出可能的解决之道。

二、数据抓取行为的性质界定：以"授权"为核心的展开

"授权"是授予特定主体以特定权利，必然与授权主体的人身属性挂钩。网络空间中的身份认证通常要通过账号密码来实现，因此以基于账号密码的身份认证作为"授权"标准，是逻辑的自然结果。这一路径的优点在于概念清晰，在物理空间中易于识别，缺点则是在网

---

[22] 北京市海淀区人民法院刑事判决书（2017）京0108刑初2384号。
[23] 参见李遐桢、侯春平："论非法获取计算机信息系统数据罪的认定——以法解释学为视角"，《河北法学》2014年第5期，第66页。
[24] 18 U.S.C. §1030 (a)。
[25] 参见杨志琼："我国数据犯罪的司法困境与出路：以数据安全法益为中心"，《环球法律评论》2019年第6期，第156页。

络空间中的"授权"标准模糊，遇到复杂的技术问题时，容易忽略技术的影响。网络爬虫案件中，反爬虫措施是否构成对身份认证授权的否定或撤回，是此路径面临的最大难题。

（一）作为"授权"判断标准的身份认证机制

"身份认证是非常关键的因素，因为一切东西都是建立在你是谁的基础之上的。"[26] 账号密码是计算机信息系统用以确定网络用户身份的一种最常见的方法。在网络环境下，无论操作系统还是应用程序，都要求注册用户身份，即是一种典型的身份认证。"只有对通过身份认证的访问者，系统才能考虑授予相应的访问权限。"[27] 目前推行的网络实名制亦是旨在通过身份认证实现网络身份与现实身份的统一。身份验证机制作为网络空间中确认访问权限的依据具有一定的正当性。

第一，身份认证是物理空间思维延续到网络空间的一种产物。身份认证是物理空间获取授权的最常见方式。无论是进入特定场所还是从事特定活动，身份认证无疑是获取授权的最便捷和有效的方式。网络空间与物理空间虽有不同，不过在身份认证的授权意思表达中，其意义具有相通性。美国诉莫尔斯案中，联邦第二巡回上诉法院乔·纽曼（Jon Newman）法官在类比了物理空间与网络空间的相似性后提出，撤销访问计算机的权限视为同时关闭（空间的）前门和后门。[28]

第二，身份认证是保护信息资产安全的一种重要手段。计算机信息系统是一个受账号密码保护的系统。在账号密码之上，可以附加口令、指纹识别、人脸识别等多因子身份验证（MFA）[29]，以控制访问

---

[26] 参见（美）Merike Kaeo：《网络安全性设计》，潇湘工作室译，赵战生审校，人民邮电出版社2000年版，第26页。

[27] 参见朱建新、杨小虎："基于指纹的网络身份认证"，《计算机应用研究》2001年第12期，第14页。

[28] United States v. Morris, 928 F. 2d 504 (2d Cir. 1991).

[29] 通过在身份验证过程中增加至少1个除口令之外的验证因子，多因子身份验证解决方案可以更好地保护用户凭证并简化口令管理。这些额外的验证因子可以是你拥有的东西，比如令牌；或者你具备的东西，比如指纹或虹膜扫描；还可以是某些只有你才知道的东西，比如口令。

者基于不同场景、不同角色访问不同数据的权限。这一切都是以身份认证为入口。身份认证是存取控制的一个重要方面。

第三，身份认证是对网络中公共空间与封闭空间进行数据隔离（或虚拟隔离）的基础。通过身份认证，用户可以访问基于特定身份才能进入的特定空间。因此当网络不需要账号密码作为身份验证的入口时，可以认为网站本身基于网络的公开性划定了一个对公众开放的区域。[30] 美国学者科尔（Orin S. Kerr）认为，如果网站未施加任何身份验证要求，而网站的基本特性是开放性的，允许任何人访问，因此，网站所有者必然承担网站上发布的信息被人发现的风险，这也就意味着访问这些网站是经过授权的。[31]

正是由于以账号密码为核心的身份认证机制具有一定的正当性，因此各国司法判决基本遵循了这样一种授权判断标准。最高人民检察院第九批指导性案例（卫某某等非法获取计算机信息系统数据罪）即是典型例证。[32] 美国诉 Nosal 案中，被告作为前雇员的计算机访问权限被雇主撤销后，他和另外的前雇员共谋使用现雇员的账号密码登录，亦属于"未经授权"。[33]

（二）身份认证机制在认定爬虫性质时面临的困境

现在的问题是身份认证由数据拥有方设置访问权限，数据拥有方未设置反爬虫措施是否意味着"授权"？数据拥有方天然不具有共享数据的冲动与意愿，多数情况下设置反爬虫措施是必然的。此时，对于数据拥有方设置了反爬虫措施的情况下进行爬取是否意味着"未经授权"的问题，理论上是有争议的。一种观点认为，绕过反爬虫措施抓取公开数据不属于非法侵入。由于爬虫抓取的是处于公开可访问状

---

[30] See Orin S. Kerr, "Norms of computer trespass", *Columbia Law Review*, Vol. 116, No. 4, May, 2016, p. 1163.

[31] Ibid., p. 1164.

[32] 参见白磊："非法获取计算机信息系统数据案实证分析"，《中国信息安全》2017年第12期，第67—68页。

[33] United States v. Nosal, 676 F. 3d 854 (9d Cir. 2012).

态的数据，意味着存储这些数据的计算机信息系统的访问权限是默认开放的，包括数据抓取方在内的不特定网络用户均可对其进行访问并从中获取数据。㉞另一种观点认为，绕过反爬虫措施抓取数据属于非法侵入。"不是通过被允许的身份验证机制获得的权限访问，不是通过真实的 UV 和 IP 进行的访问，均是无权限的非法访问。"㉟

本文认为，数据拥有方设置反爬虫措施并不必然构成对"授权"的撤销或否定。常见的反爬虫措施有 robots 协议、设置明确的禁止爬虫的标识、更改 UA 值、设置 IP 壁垒和验证码等方式。反爬虫措施的设置，确实在一定程度上标识了数据拥有者不愿数据被抓取的主观意思，但是否影响到数据访问权限，则需要具体分析。本文以 robots 协议为例展开论述。

设置 robots 协议是常见的反爬虫措施。robots 协议即"robots.txt"，是一种存放于网站根目录下的 ASCII 编码的文本文件。一般包括两部分，一部分说明网页中哪些数据能抓取、哪些数据不能抓取，另一部分说明允许或者不允许特定网站抓取数据，即所谓的"白名单"或者"黑名单"。爬虫协议本身并不是网站所有人与用户之间达成的协议，而是网站所有人单方面采取的一种排除爬虫访问的标准。㊱善意爬虫在抓取一个网站的网页前，往往会先读取 robots.txt，对于禁止抓取的网页和数据不进行下载。而恶意爬虫则无视该文件。不过，如果爬虫无视上述指令继续爬取数值，robots 协议对其不构成任何技术上的阻碍。

robots 协议的普遍性和强制性程度一直是有争议的。到目前为止，还没有哪个国家的法律规定robots协议必须得到遵守，或者规定 robots

---

㉞ 参见刘明："数据抓取行为的规制路径"，https://tech.hexun.com/2019-03-13/196483801.html，最后访问日期：2020 年 4 月 19 日。
㉟ 参见游涛、计莉卉："使用网络爬虫获取数据行为的刑事责任认定——以'晟品公司'非法获取计算机信息系统数据罪为视角"，《法律适用》2019 年第 10 期，第 7 页。
㊱ 参见张金平："有关爬虫协议的国外案例评析"，《电子知识产权》2012 年第 12 期，第 80 页。

235

协议构成网页所有者与爬虫使用者之间达成的有法律效力的合同。㊲不过司法判决展现了基于场景和个案的独立判断。从国内外的相关判决至少可以得出如下结论：第一，在数据抓取方未遵守数据拥有方设置的robots协议时，法院并没有一概否定数据抓取行为的合法性。在百度诉奇虎360一案中，奇虎360未遵守百度设置的爬虫协议，法院判决认可了robots协议在搜索引擎领域被认为是一种公认的、理应予以遵守的商业道德，但同时认为，在360搜索引擎明确表示想要抓取百度网站网页内容的前提下，百度公司既没有充分阐明如此设置robots协议的理由，又拒绝修改其robots协议，故360抓取其网站的行为不应被禁止。㊳第二，在数据拥有方未设置robots协议且其数据被爬虫抓取时，法院也没有一概肯定数据抓取行为的合法性。Field诉谷歌案中，法院认为，在知晓可以使用robots协议和"禁止存档"标识等方式选择是否使网页内容通过网页快照的方式为公众获得的情况下，如果网站所有人没有选择上述方式，则构成默示许可。㊴我国泛亚诉百度一案中也认可了上述默示许可的效力，并且认为，如果内容网站没有设置禁链协议，那么就意味着可以对该网站的内容进行互联互通、信息共享。㊵综上，司法实务部门一般认为可以通过robots协议来判断爬虫程序是否获得了网站的授权，㊶从而间接认可了robots协议具有法律效力。

不过笔者以为，只要违反robots协议爬取数据即认定构成"未经授权"的观点过于偏颇。第一，从robots协议被应用起，它就只是一个君子协定，因得到了行业领域的认可并被普遍地遵守而成为行业惯例。但是，公认的行业惯例或准则，并不就是良好的，有些可能是"潜规则"甚至"恶习"。行业惯例只是在对相互冲突的多元利益进

㊲ 参见张金平，见前注㊱，第81页。
㊳ 参见北京市第一中级人民法院民事判决书（2013）一中民初字第2668号。
㊴ Field v. Gooögle Inc., 412F. Supp. 2d 1106 (D. Nev. 2006).
㊵ 参见北京市高级人民法院民事判决书（2007）高民终字第118号。
㊶ 参见游涛、计莉卉，见前注㉟，第6页。

行平衡时才会起评价依据的作用。㊷ 因此，爬虫的正当性问题不能仅凭 robots 协议做出形式判断，而是应当结合经营模式、数据性质、双方关系等进行实质性判断。第二，由于"爬虫协议"不具备技术上的强制性，搜索引擎亦无须采用特殊的技术手段"屏蔽"或"破解"它，仅凭简单的"无视"就可以使该协议失去功能。因此，无视"爬虫协议"的爬虫不能被认为是破解了对方的技术防护。第三，robots 协议是基于计算机语言设置的机器可识别文档，不同于普通文本文档。"所有网站都在根目录下设置 robots.txt，并且最好在爬虫协议中放入自然语言以及相关的法律条文，并将爬虫协议与其网站的使用协议进行关联，从而将原本由计算机语言表达的含义通过法律语言及法律协议的形式进行表达，让爬虫协议通过合同的形式具有法律含义"的建议，㊸ 明显不符合 robots 协议的技术特征。robots.txt 并不是真正的协议，称之为爬虫协议只是约定俗成的称谓。robots 协议作为约束爬虫程序的一种语法规则，通过代码的书写完成爬虫程序的沟通和管理，其实质上是网站所有者设置的一种技术规范，是互联网程序之间的一种协议。㊹

（三）设置反爬虫措施不等于撤回授权

爬虫技术本身是一种中立的技术，其应用十分广泛。当然，爬虫被广泛应用不能成为其合法且正当的理由，问题的关键仍在于技术使用者如何使用技术。不过，需要澄清的是，对爬虫行为的规制逐渐从竞争法领域扩展到刑事法领域，并不是因为"长期以来被视为没有任何问题的做法和技术，现在可能会被认为是道德上可疑并可被视为是

㊷ 参见范长军："行业惯例与不正当竞争"，《法学家》2015 年第 5 期，第 86—88 页。
㊸ 参见翟淼、焦晨思、杜承彦、谭晓明："数据之争：网络爬虫涉及的法律问题"，https://mp.weixin.qq.com/s/UGVDBhRSXLZTL6t4YCbo4Q，最后访问日期：2020 年 4 月 19 日。
㊹ 参见吴伟光、孟兆平："互联网商业竞争不应成为法外之地"，《人民司法（案例）》2014 年第 20 期，第 95 页。

违法的",㊺ 也不是"之前一直没有问题的中立技术,今天已被人们认为是道德上可疑并可被视为违法的技术,并从涉嫌民事违法的技术发展为涉嫌构成刑事犯罪的技术",㊻ 而是因为基于技术运用的复杂场景及网络灰黑产业链复杂态势而做出的应对。为此,我们需要将"数据爬取"这一偏技术性的概念纳入传统的法律解释体系中,在现有的法律概念和分析框架内结合基本的技术原理判定相关事实行为的法律性质。㊼

第一,以往的司法实践中,以账号密码等授权方式作为认定非法获取计算机信息系统数据罪行为违法性的判断标准,是因为该罪名被视为打击黑客犯罪的常见罪名。这一点与前述美国CFAA的产生背景极为相似。今天我们很难把大部分的爬虫,哪怕是恶意爬虫定性为黑客。

第二,以账号密码为核心形成的身份认证机制,往往与计算机信息系统的非公开数据相匹配使用,因此获得了理论上的正当性,也得到了司法实践的普遍认同。但是,"未经授权"或"超越授权"的逻辑前提是需要控制主体授权才能正当地获取数据,如果某种数据本身不需要授权即可流转,也就当然不适用上述标准。因此,对数据抓取行为刑法边界的判断,理应区分两种场景,采取两种判断。

第三,有爬虫必然就有反爬虫。数据抓取行为的刑事违法性判断不应依赖于其对反爬虫措施的接受或拒绝。大量网络技术人员运用"爬"与"反爬"的技术进行数据挖掘、分析、研究,如果依据反爬来认定爬虫的合法性边界,则很多技术主体均会因欠缺违法性的认识而事实上使刑法的处罚没有意义。当然,这并不意味着对爬虫没有刑事规制的必要性,而是说,案件事实中的反爬虫措施经常会是干扰

㊺ 参见(德)埃里克·希尔根多夫:《德国刑法学:从传统到现代》,江溯、黄笑岩等译,北京大学出版社2015年版,第83页。
㊻ 参见刘艳红:"网络爬虫行为的刑事规制研究——以侵犯公民个人信息犯罪为视角",《政治与法律》2019年第11期,第17页。
㊼ 参见刘笑岑:"爬虫无罪?——'HIQ诉Linkedin案裁决'节译",《网络信息法学研究》2018年第2期,第227页。

项，尤其在爬虫抓取公开数据时更是如此。也可以说，只有那些在技术上破解反爬虫措施从而危及计算机信息系统安全的，才有刑事当罚性和可罚性。

三、数据抓取行为的性质界定：以"数据属性"为核心的展开

对爬虫刑法规制的重心应当从以"授权"为核心的路径转到以"数据"为核心的路径上来，更多地关注数据的非法流转与非法使用，注重数据安全作为新型法益的价值。

（一）数据的概念

刑法第二百八十五条第二款（非法获取计算机信息系统数据罪）和二百八十六条（破坏计算机信息系统罪）中，"计算机信息系统中存储、传输的数据"的外延十分宽泛，已经开始由"数据库中的数据"扩展到"一切数据"。[48] 目前实务部门的普遍做法是将计算机信息系统中实际处理的一切文字、符号、声音、图像等，均视为是上述两个罪名的行为对象。如交通违章系统中的违章记录、环境监测系统中的监测数据等，均是按照计算机信息系统中的数据处理的。[49] 如此理解可能有三方面的原因：一是相关司法解释将计算机信息系统等同于计算机系统，因此容易将"计算机信息系统中存储、处理和传输的数据"等同于"计算机系统中存在的数据"；二是刑法第二百八十六条破坏计算机信息系统罪，其第二款的规定与第一款和第三款的规定略有不同，在第一款和第三款中规定了"影响计算机信息系统正常运行"，而第二款没有如此规定。因此，第二款是否同样需要"影响计算机信息系统正常运行"存在争议。如果认为立法本意就是以示区

---

[48] 参见于志刚："口袋罪的时代变迁、当前乱象与消减思路"，《法学家》2013年第3期，第71页。
[49] 参见杨志琼："非法获取计算机信息系统数据罪'口袋化'的实证分析及其处理路径"，《法学评论》2018年第6期，第164页。

别，特意表明无须"影响计算机信息系统正常运行"，计算机信息系统中存储、处理或者传输的数据当然应做较为宽泛的理解。三是相关司法解释并没有将影响计算机信息系统的正常运行作为评价行为后果的必要要件。

这里的关键是厘清非法获取计算机系统数据罪的法益。传统刑法理论认为，非法获取计算机信息系统数据罪侵犯的是计算机信息系统的安全。[50] 基于此理解，通常认为非法侵入需要通过技术手段侵入计算机信息系统。但笔者以为，上述观点过分强调"非法获取数据"的技术性，应当重新认识本罪的法益。有学者提出，"这一罪名的增设，有助于实现对计算机信息系统数据的保护，可以将大部分非法获取计算机信息系统数据的犯罪行为纳入其打击半径。"[51] 在大数据时代应当充分发挥数据安全作为本罪法益对构成要件解释的指引功能。数据安全的三要素包括数据的保密性、完整性和可用性，因此，"非法获取"应当是指非法改变了数据主体设定的数据不被知悉的状态，进而非法取得了本应保密的数据，侵犯了数据的保密性需求。[52]

基于此，上述罪名所保护的法益是计算机信息系统和计算机信息系统数据的安全，因此，那些能够进入计算机信息系统内部的、影响计算机功能正常运行的数据，才是本罪保护的对象。如果非法获取的是本来就不会影响计算机信息系统正常运行的数据，也根本不会危害到计算机信息系统的安全。当然也不能以此就认为，只有系统数据和核心数据才属于本罪中的数据。因为，将数据解释为系统数据，虽然外延上十分明确，司法上也易于操作，但是不妥当地限制了本罪的适用范围。况且什么是核心数据，核心数据和非核心数据的区分标准仍不明确，也不利于对数据的认定。

---

[50] 参见高铭暄、马克昌，见前注⑳，第478页。
[51] 参见于志刚："'大数据'时代计算机数据的财产化与刑法保护"，《青海社会科学》2013年第3期，第10页。
[52] 参见杨志琼，见前注㉕，第162页。

（二）对数据类型化的考察

根据前文，对于那些能够进入计算机信息系统内部的、影响计算机功能正常运行的数据，显然是爬虫抓取数据的禁区，一旦爬取就可能入罪。但是数据的定义并不是唯一的、确定的，具有不同面向和多维度。因此，在大数据背景下，为了识别哪些数据属于计算机信息系统内部的、影响计算机功能正常运行的数据，仍然需要对数据进行分层、分类。

其一，根据互联网和移动端收集的数据的内容分类，可以将数据分为身份数据、行为数据以及内容数据。[53] 身份数据是用户在网站或者应用程序中注册或者使用过程中留下的用户信息，如昵称、姓名、性别、电子邮箱、教育背景、职业信息等。身份数据外延大于公民个人信息。[54] 对于身份数据的性质和权属，相关网络平台认为属于商业秘密，并规定开发者应用或服务需要收集用户数据的，必须事先获得用户的同意，仅应当收集为应用程序运行及功能实现目的而必要的用户数据，以及用户在授权网站或开发者应用中生成的数据或信息。[55] 但身份信息明显不具有商业秘密的法定条件，[56] 同时，无论从交易成本还是从数据的流通或者数据权益角度来看，身份数据归属于平台一方或者用户一方都是不合理的，需要结合具体场景中各方的合理预期

---

[53] 有论者认为，这种对于数据的分类，是基于商业数据中与用户有关的数据进行的分类，这类数据可以依照性质进行划分。此外在数据应用领域中还有一部分是基于公共信息收集的数据，如天气情况、地理信息等，不同于上述分类中的数据。本文借用这种分类方式，但同时认为，基于公共信息收集的数据同样可以划归于上述三类。参见王磊："从数据属性视角看数据商业化中的使用规则"，《网络信息法学研究》2018年第1期，第206—208页。

[54] 平台的用户数据既可能直接识别个人或者结合其他信息间接识别个人，也可能基本无法识别个人。是否可以识别个人，高度取决于具体应用场景、识别主体与识别难度。参见丁晓东，见前注⑤，第75—76页。

[55] 如新浪微博的《开发者协议》第1.6条规定："用户数据指用户通过微博平台提交的或因用户访问微博平台而生成的数据。用户数据是微博的商业秘密。"

[56] 参见许可："数据保护的三重进路——评新浪微博诉脉脉不正当竞争案"，《上海大学学报：社会科学版》2017年第6期，第15—27页。

来确定相关主体的数据权益。[57] 中国司法判决的态度则表达了对身份数据的最严保护，强调第三方平台使用授权平台收集的用户数据的"三重授权原则"。[58] 与之相反，在 HiQ 诉领英案中，美国第九巡回上诉法院却认为，领英对其用户提供的数据没有任何受保护的财产权益，因为用户保留了其个人资料的所有权，对于公开可用的个人资料，用户显然希望其他人（包括出于商业目的）对其进行访问。[59] 本文认为，基于用户个人信息及隐私信息保护的原则，对身份信息应当坚持明示同意的原则，因此除非经用户明确同意并经平台明示授权外，爬取公民个人信息属于非法行为。个人信息与人身利益密切相关，即使公开的个人信息亦不应当在未经授权同意的情况下随意抓取。[60]

"行为数据是通过对用户在网站或应用程序的用户行为，如使用或浏览方式进行收集整理分析，达到通过行为进行用户画像的目的，而用户画像本身是基于一系列用户数据，如用户社会属性、消费习惯、个人喜好等真实数据形成的数据模型。"[61] cookie 是典型的记录用户行为的数据。通过 cookie 技术，网站可以记录用户登录的 ID、密码、浏览过的网页、停留的时间等信息。因此，可以通过 cookie 提取到网络用户的上述个性化信息，包括可以用于识别特定个人身份的信息。如被告人黄某荣等非法获取计算机信息系统数据罪一案中，[62] 被告人通过植入特定 URL 获取了访问用户的 cookie，包括淘宝用户登录时产生的一组身份认证信息，无须账号、密码即可执行对应账号权限内的操作。由于 cookie 记录了网络行踪轨迹或者网络用户的个人信

---

[57] 参见丁晓东，见前注⑤，第 78—80 页。
[58] 北京知识产权法院民事判决书（2016）京 73 民终 588 号民事判决书。
[59] HiQ Labs, Inc. v. LinkedIn Corporation, 938 F. 3d 985 (9d Cir. 2019).
[60] 对于公开的公民个人信息，应当区分权利人自愿公开甚至主动公开与非自愿公开或者非主动公开，两种情形下对于是否需经被收集者同意有不同的要求。参见喻海松："侵犯公民个人信息罪司法疑难之案解"，《人民司法（案例）》2018 年第 32 期，第 14—15 页。
[61] 参见王磊，见前注⑤，第 313—314 页。
[62] 参见（2015）浙杭刑终字第 378 号刑事裁定书。

息，且一般情况下做加密处理，故通常禁止使用爬虫程序收集cookie数据。[63]

除身份数据、行为数据外的其他数据，一般都属于内容数据。内容数据可以是用户在平台互动产生的数据，比如用户撰写的微博或者对他人微博的评论等，也可以是平台在管理、运作中形成的数据。因上述信息是经营者付出大量资源获取的，且具有很高的经济价值，因而属于平台的劳动成果，对内容数据的使用应当严格受到法律保护。但这并不意味着爬虫不能抓取内容数据，受限制的只是数据的不当使用。内容数据还应当区分原始数据和衍生数据，如果是平台在原始数据收集、分析基础上得出的衍生数据，因更多地体现了数据控制主体的智力成果，故原则上受法律保护，在未得到平台明确授权的前提下不得随意爬取。比如在深圳谷米公司诉武汉元光公司不正当竞争纠纷案中，"酷米客"App后台服务器存储的公交实时信息数据，就是深圳谷米公司在对公交车实时运行路线、时间等客观事实进行人工收集、分析、编辑、整合并配合GPS（全球定位系统）精确定位基础上形成的后台数据，系衍生数据而非原始数据。[64]综上，基于内容数据的复杂性，应当具体场景具体分析，不能一概否定爬虫的合法性。

其二，根据数据的公开程度，区分公开数据与不公开数据。禁止爬虫抓取不公开数据，在理论上和司法实务中均无异议。争议较大的主要是针对公开数据的抓取问题。有论者提出，鉴于非法获取计算机信息系统罪侵犯的是数据的保密性，因此对于利用爬虫软件绕过技术障碍获取非公开数据的行为，可以认定为非法获取计算机信息系统数据罪，但对于利用爬虫软件获取已公开数据的行为，由于不存在侵害权利人的保密意思和安全控制措施等所表征的保密性法益，在我国当前数字经济背景下，可以基于反不正当竞争法认定是否属于不正当竞

---

[63] 对cookies的属性及其与公民个人信息的关系，详见吴沈括、薛美琴："侵犯公民个人信息罪的司法适用问题研究——围绕'两高'个人信息刑事司法解释的展开"，《刑法论丛》2018年第3期，第228—230页。

[64] 参见祝建军："利用爬虫技术盗用他人数据构成不正当竞争"，《人民法院报》2019年5月23日第7版。

争行为而非数据犯罪。⑥⑤ 也有观点认为,"公开信息"不同于"共享数据",只有在数据权利人或者控制者允许公众获得数据或者允许他人获取数据并且不限制他人再提供给公众时,数据才失去法益保护的必要性,也即允许公众共享。⑥⑥ 上述争论主要围绕两个问题,一个是公开数据是否存在访问权限的问题,另一个是公开数据是否就是共享数据。

对于公开信息是否存在访问权限的问题,也可以理解为,公开信息是否因平台设置了 robots 协议而不得被爬取。多数判决肯定了公开信息不得被爬取的观点。如易贝诉 Bidder's Edge 案,Bidder's Edge (以下简称 BE) 辩称,易贝网站是公开可访问的,因此不存在非法侵入易贝网站的问题,不过法院认为,易贝的服务器是私有财产,易贝授予公众有条件的访问权,易贝通常不允许 BE 进行自动访问,且易贝反复明确地通知 BE,其对易贝计算机系统的使用未经授权。⑥⑦ 在我国司法实践中也有类似的案例。比如大众点评诉百度案,百度公司在百度地图和百度知道产品中大量使用来自大众点评网用户的评论信息,法院认为,已对大众点评网构成实质性替代,这种替代必然会使汉涛公司的利益受到损害,因此未经对方授权大量爬取对方网站的数据属于违法行为。⑥⑧ 上述判决是从两个方面来论证公开信息不可以爬取的,易贝诉 BE 案从访问权限角度,认为公开数据的访问权限只是针对普通用户,并没有授予自动化访问的爬虫;大众点评诉百度案则是从数据对网站的经济价值角度,认为上述公开数据恰恰是网站基于其自身服务产生的数据,也是其利益和价值的体现。笔者认为上述观点值得商榷。首先,从技术角度来讲,是无法识别收集数据的主体是普通用户还是爬虫的,从这个意义上讲,爬虫不过就是自动化的用户点击而已。因此认为公开数据的访问权限是授予普通用户而不是爬虫

---

⑥⑤ 参见杨志琼,见前注㉕,第 163 页。
⑥⑥ 参见游涛、计莉卉,见前注㉟,第 9 页。
⑥⑦ eBay, INC. v. Bidder's Edge, INC., 100 F. Supp. 2d 1058 (N. D. Cal. 2000).
⑥⑧ 上海知识产权法院民事判决书 (2016) 沪 73 民终 242 号民事判决书。

的观点没有考虑技术本身的特性。其次，允许对公开信息的任意访问，包括爬虫爬取，是与网络在本性上应当是开放的有关。网络的开放性绝非偶然，它是 web 技术设计的基本组成部分，通过选择参与开放式 web，网站所有者必须接受 web 的开放式规则。(69) 既然属于公开数据，则表明网站已经默认数据向不特定多数人的开放，因此就不需要另外的授权。“当访问公开信息时，即使该网站设置了某些技术策略，访问者使用自动化程序进行访问的行为仍然不能构成未经授权的访问。这主要是基于 HIQ 访问的对象是不受认证系统保护的公开信息展开的。”(70) 再次，数据对于网站的经济价值，并不能成为否定公开数据被任意访问的理由。这是两个层面的问题。公开的数据可以获得任意访问，这是基于访问权限；而收集的公开数据能否被再利用，甚至是无偿地再利用，这才是涉及数据再利用中的经济价值的问题。综上，笔者认为，爬虫访问公开数据并不具有违法性。

对于公开数据的认定标准。目前大部分网站实行的是注册制，注册并不意味着特权，只是表明靠一个需要认证的号码即可登入一个个人化的互联网世界。(71) 这里的认证实际上只是提供了一个在网络空间中开展活动的虚拟身份而已，尽管对于平台而言打通各种身份入口是至关重要的。也正因为上述认证体系并不意味着平台数据向特定主体的开放，而同时平台的开放性和生存模式也意味着，数据的开放与平台的利益是紧密关联的。网络空间的公共属性(72)有效促进了部分数据

---

(69) 参见 Orin S. Kerr，见前注㉚，第 1163 页。

(70) HiQ v. LinkedIn，见前注(59)。

(71) 参见胡凌：《探寻网络法的政治经济起源》，上海财经大学出版社 2016 年版，第 12 页。

(72) 参见于志刚：《网络法学》，中国政法大学出版社 2018 年版，第 238 页。此外，网络空间具有公共属性特征，并不意味着所有的网络空间都是公共空间，应当视对第三人的公开程度具体判断。将一些形成一定规模的网络平台认定为公共场所，在理论和实践上都是行得通的。此外，将网络空间认定为公共空间，并不意味着网络空间与现实空间能够完全等同，相互替换。网络空间在存在形式、表现方式、评价标准和对现实影响等方面与现实空间存在较大差异。在理解网络空间具体概念时，仍应立足于网络空间的特性做出符合网络空间意义的解释。

在一定程度上具有公共产品的属性。对于具有公共属性的数据，数据控制平台理应遵循公开、透明的原则，让渡部分授权意志，以维护公共利益。HiQ 诉领英案中，领英认为其信息仅对领英的会员是公开的，而法院认为领英会员已经公开的信息，表明这些信息不仅对领英会员可见，而且那些通过谷歌、必应、其他服务器或通过直接访问 URL 等形式访问领英网站的人均是可见的。[73] 正如上文所述，笔者认为公开数据是可以任意访问的，但是对于公开数据的范围应当区分不同场景、不同情况。具体讲，数据的公开程度应当与网站授予不同主体的访问权限相关。在一般情况下，网站会授予非会员以访客身份访问网站的权利，可以以游客身份访问的数据就属于针对全网公开的无任何限制的公开数据，爬虫当然可以抓取；而对于那些需要特定主体以特定身份登录后才能查看的数据，就会涉及授权范围的问题，而不能任意爬取。如此划分，赋予数据拥有方基于数据的重要程度或者敏感程度做出区别对待的权利，也体现了对数据利益的最大化保护。

此外，还需要补充说明数据与信息的关系。有观点认为，信息公开，只是数据中原本数据化了的信息经过处理后内容公开了，数据依然存储在数据的硬件载体之中。在信息内容被展现的过程中，数据在被传输、处理但没有被公开。即使认为信息是数据的一部分，也不能说信息公开就代表着数据公开，至多可以认为数据中的数字化信息被展现出来而让数据部分内容被实质性公开了。[74] 笔者以为，这种观点是对数据与信息关系的误读。信息作为一种对于不特定的受众具有一定含义的内容，来自人对主客观世界的认识和反映，而信息必须依附于特定的载体之上，数据正是现代信息技术创造出的最新载体。[75] 简言之，数据是信息在网络介质中的表现，信息是数据的外在表现内容。数据本身既是信息的数字化媒介同时又可直接显现为信息本身，

---

[73] HiQ Labs, Inc. v. LinkedIn Corporation, 938 F. 3d 985（9d Cir. 2019）.
[74] 参见游涛、计莉卉，见前注㉟，第 8—9 页。
[75] 参见孙虹、欧宏伟："利用网络爬虫技术获取他人公交实时运行大数据的行为性质"，《人民司法（案例）》2018 年第 35 期，第 79 页。

因其与信息直接对应，而带有信息本体性的特点。信息的分享、交易通过数据分享、交易来完成，对信息的侵害和保护亦是通过数据操作行为来实施或实现。(76) 据此，信息被公开传输、分享，也就意味着作为信息的计算机表达的数据也可以被共享，因为信息在计算机语言中的唯一表达就是电子化的数据。脱离电子介质及数据，网络空间中的信息是不可能存在的。

四、对爬虫入刑的政策思考

信息技术带来了生产方式的深刻变革，也必将在法律制度层面有所演进和回应。爬虫自产生之初就伴随着被滥用的风险。法律终究不是万能的，承认 robots 协议的强制力可能同时意味着减少信息流通，缺乏公认的合理理由，(77) 而忽略甚至突破 robots 协议对现有秩序的规制作用，则可能造成互联网上“非法”横行，一种公正的、道德自律的“善”没有得到应有的肯定，亦无法起到规范指引功能。如何把握其中的度，应当坚持从数据入手。对于不公开数据，原则上禁止爬虫爬取。对于公开数据，一方面要区分身份数据、行为数据和内容数据，另一方面要把握公开的标准和范围。

在必须适用刑法的时候，也应当遵循刑法谦抑理念。目前司法实践对于网络爬虫的法律规制还主要并且应当主要集中于反不正当竞争法领域，司法实践应通过个案审判从中提取和制定规则，促进网络技术行业规则之治。网络空间的治理不能过度依赖刑事制裁，否则不仅有违部门法之间的分工，更有可能阻碍未来网络空间的应用和发展。同时，犯罪的二次违法性理论要求从刑法与其他法律之间的关系着手，建构“前置性法—刑法”的递进模式，始终将前置法的判断作为启用刑法的必要前提，这正是刑法谦抑理念技术化的一次有益尝

---

(76) 参见梅夏英：“数据的法律属性及其民法定位”，《中国社会科学》2016 年第 9 期，第 169 页。

(77) 参见胡凌，见前注(71)，第 193 页。

试。[78] 反不正当竞争法是前置法，刑法是补充法。如果根据反不正当竞争法的精神认为爬虫不构成不正当竞争，此时亦不能认为其构成犯罪，否则会造成国民在违法性判断上的混乱，也违反了法秩序统一原理。对于爬虫技术及反爬虫技术本身而言，让刑法还原其作为补充法的地位，让竞争法发挥其规范市场的积极作用，也许是更好的选择。

对网络爬虫的刑事违法性的判断，需要考虑的不仅是法律规范还有技术规则。在解释过程中，文义解释当然是基本的，但体系解释和目的解释更能体现法律的滞后性与现实的复杂性之间的人文关怀。爬虫与反爬虫的斗争是一种技术上的对抗，有爬虫就必然有反爬虫。爬虫的存在当然不能成为证明反爬虫正当性的根据。但是法律或者判决的不恰当反应可能会阻碍网络技术的发展。没有数据拥有方天然具有共享数据的冲动与意愿，数据的流动、对原始数据的共享与价值挖掘，终将陷入"巧妇难为无米之炊"的境地。法律关注的重点应当从数据的收集转移到数据的使用上来。终究是技术的归技术，法律的归法律。爬虫及反爬虫技术争斗中出现的问题，最终也应当依靠技术来解决，唯此才能在平衡双方利益的同时实现和促进技术进步。

本文试图从技术规则与法律规范结合的角度论证网络爬虫在刑法规制中遇到的种种困境。对网络爬虫的刑事法规制，尤其应当剥离出其中为刑法关注的重大法益，比如对公民个人信息和著作权的刑法保护。本文对目前刑事司法表现出来的对于反爬虫措施的积极主义表示质疑，但这并不意味着对于恶意爬虫的妥协与对不自觉遵守行业惯例的支持。技术本身应当符合正当性，才能得到应有的尊重。

---

[78] 参见江奥立、杨兴培："犯罪二次性违法特征的理论与实践再探讨"，《江汉学术》2016年第5期，第38页。

数字经济与法

论个人信息主体同意的法律效力
以《民法典》第 1035 条与第 1036 条适用为纲

邬杨

一、问题的提出

2021年1月1日起生效的《中华人民共和国民法典》（以下简称《民法典》）在第四编人格权编中单立一章对"隐私权和个人信息保护"做出全面系统性规范。依据《民法总则》第111条保护个人信息的要义，《民法典》人格权编第六章利用8个条文分别确立了对隐私权和个人信息的私法保护，尤其确认将个人信息作为一项新型人格权益进行保护。其中对个人信息保护的内容集中在第1034条至1039条，包括对个人信息的定义（第1034条第2款），处理个人信息的基本原则和必要条件（第1035条），个人信息主体的合法权利如查阅、复制权及更正与删除权（第1037条），处理个人信息行为的免责事由（第1036条），个人信息收集者和处理者应承担的义务（第1038条），以及国家机关及其工作人员对个人信息的保密义务（第1039条）。《民法典》人格权编对个人信息保护的规定，既是对《宪法》保护公

---

* 作者系华东政法大学民商法博士生。

民人身自由和人格尊严的基本权利规定的贯彻落实，也是自然人享有基于人身自由和人格尊严产生的其他人格权益的体现。① 有学者评价我国《民法典（草案）》中的个人信息保护规范严格贯彻了"个人信息自决"这一基本原则。② 而个人信息保护规范建构中最能践行这一理念的便是同意规则，即个人信息的收集、处理等行为经个人信息主体同意的法律制度。

我国对同意的法律规定始于2012年，全国人大常委会颁布《关于加强网络信息保护的决定》（以下简称《决定》），建立对个人信息收集和使用的同意规则。③ 2014年最高人民法院《关于审理利用信息网络侵害人身权益民事纠纷案件适用法律若干问题的规定》（以下简称《规定》）将自然人的书面同意规定为不承担侵权责任的一项免责事由。④ 2017年《网络安全法》以法律的形式明确规定向他人提供个人信息应得到信息主体的同意。⑤ 而《民法典》第1035条和第1036条高度沿用了以上法律法规及司法解释对同意规则的规定，从所占法条的比重上足见立法对个人信息保护中同意内容的重视与关注。然而，透析两法条规范要旨可发现仍存在法律适用上的问题：第1035条将同意定位为处理个人信息的必要条件，而第1036条又将个人信息主体做出的同意认定为侵权行为的一项免责事由，但对个人信息主体同意的法律含义、法律性质及法律效力仍未做详细规范，致使在法律解释与适用环节上无法确定个人信息主体控制个人信息或者个人信息处理行为合法性的法律基础。这一问题反映出目前国家立法机关以

---

① 参见程啸："民法典（草案）编纂视野下的个人信息保护"，《中国法学》2019年第4期，第33页。
② 参见谢远扬："民法典人格权编（草案）中'个人信息自决'的规范建构及其反思"，《现代法学》2019年第6期，第133页。
③ 《全国人民代表大会常务委员会关于加强网络信息保护的决定》第2条。
④ 《最高人民法院关于审理利用信息网络侵害人身权益民事纠纷案件适用法律若干问题的规定》第12条。
⑤ 《网络安全法》第41条第1款明确规定"网络运营者收集、使用个人信息，应当……经被收集者同意"，第42条规定"未经被收集者同意，不得向他人提供个人信息"。

及学界对同意行为的法律效力认定仍不清晰，对同意的理论基础缺乏深入研究的现状，因此应重新检视《民法典》第 1035 条与第 1036 条前后两条文规范内容的准确性与合理性，同时尚可借鉴国外个人信息保护法中的有益经验，及时调整并对法律规范内容做出合理解释，以更好地发挥《民法典》对个人信息相关处理行为的规范和保护效用，为我国制定《个人信息保护法》提供指引。

二、《民法典》第 1035 条：同意作为收集、处理个人信息的必要条件

（一）第 1035 条规范要旨

关于个人信息主体的同意原则，首见于《民法典》人格权编第 1035 条，该条不仅明确了处理自然人的个人信息应遵循合法、正当、必要原则，还应当符合以下四项条件：第一，征得该自然人或者其监护人同意，但是法律、行政法规另有规定的除外；第二，公开处理信息的规则；第三，明示处理信息的目的、方式和范围；第四，不违反法律、行政法规的规定和双方的约定。从语义表达上看，这四项要件需同时满足方可对个人信息进行处理，如缺少或违反任何一项要求，都可能构成违法行为。从逻辑顺序上看，"自然人或者其监护人同意"成为四项要件之首，也是民法规定唯一一项个人信息处理的合法性事由，即必要条件。

2012 年《决定》最早对个人信息的收集、使用规则和条件做出全面规定，其中第二条指出"网络服务提供者和其他企业事业单位在业务活动中收集、使用公民个人电子信息，应当遵循合法、正当、必要的原则，明示收集、使用信息的目的、方式和范围，并经被收集者同意，不得违反法律、法规的规定和双方的约定收集、使用信息。网络服务提供者和其他企业事业单位收集、使用公民个人电子信息，应当公开其收集、使用规则"。《网络安全法》沿袭这一规定，将收集和使用个人信息的范围扩大至全部网络经营服务活动，具体内容体现在第四十一条"网络运营者收集、使用个人信息，应当遵循合法、正

当、必要的原则,公开收集、使用规则,明示收集、使用信息的目的、方式和范围,并经被收集者同意",并强调"网络运营者不得收集与其提供的服务无关的个人信息,不得违反法律、行政法规的规定和双方的约定收集、使用个人信息"。从《决定》到《网络安全法》再到《民法典》关于个人信息处理的规定,都毫无例外地将"个人信息主体的同意"作为合法处理个人信息的基础与前提,足见同意规则作为个人信息处理活动必要条件的地位业已奠定,不可动摇。

然而,若将同意作为个人信息处理的唯一合法性基础,其反面解释应为"未经同意不得处理个人信息",这不仅与国外相关个人信息保护法律对信息主体同意作为合法性事由之一的规定存在矛盾,而且易产生对同意行为法律效力的错误解读。申言之,因民法上存在"只有经授权的行为人做出的特定行为属于有效的民事法律行为"的规定,同意行为是否等同于授权行为是解决同意行为法律效力的关键所在。关于个人信息保护,我国现有的国家标准《信息安全技术公共及商用服务信息系统个人信息保护指南》(2012年)、《信息安全技术个人信息安全规范》(2020年)、《信息安全技术个人信息告知同意指南(征求意见稿)》(2020年)中均出现了"授权同意"的用法,默认同意即具有授权的法律效力。[6] 因此,需要对个人信息主体同意的法律含义进行系统全面的梳理,再与具体的授权行为进行比对,区分二者在法律效力及法律后果方面的不同之处。

(二) 同意与授权行为之辨析

同意行为和授权行为涵盖的范围十分广泛,首先应将同意行为与授权行为置于民法的法律行为体系中分析,严格区分同意与授权在不同语境下的含义,才可能从本质上甄别二者的不同。民法上的"同意"包含多种含义,其行为效力应视具体情况而定,典型如法定代理

---

[6] 《信息安全技术个人信息告知同意指南(征求意见稿)》第3.6条对授权同意的解释为"个人信息主体对其个人信息进行特定处理作出明确授权的行为,包括通过积极的行为作出授权(即明示同意),或者通过消极的不作为而作出授权"。

人的同意、一方变更合同时须经对方当事人的同意、无权处分中权利人的同意、实施特殊诊疗活动时征得患者或其近亲属的知情同意、医疗机构及医务人员公开患者病历资料的同意等。我国民法尚无个人信息收集、使用、公开等须经信息主体同意的民事法律规定，与这一场景最相近的应数最后一种"医疗机构及医务人员公开患者病历资料的同意"，⑦但也仅涉及医疗机构及义务人员泄露患者隐私和公开病历资料场景下的同意，并未涵盖患者个人信息应用的所有场景。对患者的病历资料及隐私信息的保护意在加强个人对其人格要素的控制，这种控制机制是通过为患者提供可选项下的同意保障实现的，即个人能自主决定是否公开与自己健康状况相关的信息，而同意一旦被认定有效便可以排除信息处理行为的不法性。病历资料等医疗健康信息是与个人关联最为紧密的个人信息类型之一，《侵权责任法》确立了公开患者病历资料需经患者同意的规则，为其他类型个人信息的处理行为下的同意规则适用创造了可能性，验证了民法可以为个人信息主体同意行为提供法律基础。至于这一基础是否与授权行为一致，还需厘清民法中授权行为的具体内容。

笔者将民法中的授权行为大致划分为基于民事主体权利能力做出的资格授予行为和基于民事主体享有的财产权做出的授予财产使用权行为两类。基于民事主体权利能力做出的资格授予行为，典型的如代理权的形成，我国《民法总则》规定的代理行为包括法定代理和委托代理，其中委托代理即允许委托代理人通过被代理人的授权行为行使代理权，在被代理人授权范围内进行民事法律活动，如《合同法》第402条规定在委托合同中委托代理人可以依法与第三人订立民事合同；基于民事主体享有的财产权做出的授予财产使用权行为范围更加广泛，如所有物的借用、设定用益物权、知识产权许可、人格权的商业化利用等。其中，人格权的商业化利用是基于经济利益对姓名、肖

---

⑦ 《侵权责任法》第六十二条："医疗机构及其医务人员应当对患者的隐私保密。泄露患者隐私或者未经患者同意公开其病历资料，造成患者损害的，应当承担侵权责任。"

像等人格要素使用权的授予行为,目的是将权利客体当中的使用价值通过让位使用等方式转化为具有流通性的财产利益,进而为权利人现实享有。⑧

  从这一特点来看,个人信息的流通利用与人格权的商业化利用,在力求充分实现客体的使用价值上具有高度一致性。诚然,个人信息本身不具有独立的经济价值,它需要依赖于特定载体、代码和其他诸种要素才能发挥工具性作用,个人信息从来都是作为系统要素存在的,不能单独发挥作用,也不能直接产生经济利益。⑨ 而这种具有人格要素的个人信息只有与权利主体相分离,由使用主体对其加以利用,才能派生出财产利益。⑩ 即在满足个体价值基础上还应将个人信息蕴含的社会价值最大化,合法、正当地实现个人信息的共享、流通与利用,而个人信息主体的同意正是实现这一目的的手段之一。从这一角度看,个人信息主体允许他人使用自己的个人信息,性质上属于许可他人对涉及人格要素的信息进行使用,其情形类似于自然人对肖像等人格权的许可使用,然而,目的和价值的一致性并不意味着个人信息主体的同意行为与人格权商业化利用的授权行为具有相同的法律效力和法律后果。

  首先,从法律效果上看,对姓名、肖像等人格利益的授权使用、转让等商业化利用行为会形成权利主体与部分权利相分离的状态,授权意味着权利主体让渡出某一部分权利或利益(财产利益),实现个人人格要素商品化。在实践中,对自然人姓名、肖像的商业化利用,主要是通过签订许可合同的方式授权他人使用来实现的。主体之所以能够许可他人对自己的某些人格要素加以利用,正是由于其权利本质上显现的财产性所致。⑪ 承认人格权本质上具有经济利益内涵,并不

---

⑧ 参见姚辉:"关于人格权商业化利用的若干问题",《法学论坛》2011年第6期,第11页。
⑨ 参见梅夏英:"数据的法律属性及其民法定位",《中国社会科学》2016年第9期,第177页。
⑩ 参见隋彭生:《用益债权原论》,中国政法大学出版社2015年版,第6页。
⑪ 参见姚辉,见前注⑧,第12页。

是将"人格和尊严商品化"和降低对人格权的保护，而正是加强对人格权的全面保护的表现。[12] 个人信息主体虽然做出同意他人使用自己个人信息的决定，但其并未放弃个人信息上的主体利益（既包括人格利益，又包括财产利益），一方面信息主体仍可在合法范围内使用个人信息，当个人信息处理者不当行为造成个人信息泄露时，信息主体可依法主张其承担侵权责任，另一方面信息主体仍保有随时撤回同意的权利，信息主体可根据客观情况变化选择收回自己的个人信息，确保信息时刻可控、安全。

其次，从法律效力看，法律规范规定授权行为是获得人格要素商业化利用权的唯一合法途径。比如原《民法通则》第100条规定肖像权的商业化利用方式就是权利人的许可同意，"公民享有肖像权，未经本人同意，不得以营利为目的使用公民的肖像"，这一规定排除了其他任何对自然人肖像商业化利用的合法事由存在的可能性，如果权利人本人不进行授权，对其肖像进行营利性使用行为就构成违法行为。现《民法典》生效后，第1018条和第1019条对肖像权的许可使用重新做出了规定。[13] 而对于个人信息的收集、使用等行为，学界普遍认识到同意可以成为一项合法性事由，但并非未经信息主体同意一律不得收集、使用个人信息。国外比较成熟的立法经验提示了其他合法性事由，例如，欧盟GDPR中除同意外，还有履行合同义务、履行法定义务、保护主体重大利益、维护公共利益或职务行为等事由，也可构成个人信息处理的合法性基础。法律规范如是规定，体现了授权行为与同意行为在相应的使用行为中的效力强弱不同，作为个人人格利益商业化使用的合法性事由的授权行为，效力强于作为个人信息处

---

[12] 参见赵宾、李林启、张艳：《人格权商品化法律问题研究》，知识产权出版社2009年版，第96页。

[13] 参见《民法典》第1018条第1款："自然人享有肖像权，有权依法制作、使用、公开或者许可他人使用自己的肖像"，第1019条："未经肖像权人同意，不得制作、使用、公开肖像权人的肖像，但是法律另有规定的除外。未经肖像权人同意，肖像作品权利人不得以发表、复制、发行、出租、展览等方式使用或者公开肖像权人的肖像"。

理合法性事由之一的同意行为。

最后，从基础权利的权利边界看，授权行为的对象是自然人的姓名权、肖像权等具体人格权，其权利内容及边界业已清晰规定在《民法典》中，法律为人格权商业化利用提供积极的保护。而对个人信息的权利性质以及采取何种方式进行保护学界仍未有统一观点，[14] 权利的性质、内容、边界不清晰使得法律在确立保护方式时面临多种选择，确立对个人信息主体的同意规则也希冀通过法定方式保障信息主体利益，同意也不宜上升为一种权利，只有在信息主体利益受到侵害时，方可触发这一保护机制。

综上，个人信息处理的同意行为与民法上的授权行为（尤其是人格权商业化利用的授权行为）应从法律效力、行为效果、基础权利的边界三个层次进行区分辨析，在个人信息保护的立法层面和实践领域，将"同意"与"授权"概念混用不做区分的做法是错误的，同意不具有授权的法律效力，需追溯个人信息保护同意原则的理论源头，重新梳理同意行为的法律基础，修正同意行为的法律效力。

---

[14] 对于个人信息权的权利性质问题，学界多有讨论，有的学者认为个人信息权应由立法作为一项具体人格权进行保护，个人信息权体现对信息主体的人格尊严和自由价值的保护，详见王利明："论个人信息权的法律保护——以个人信息权与隐私权的界分为中心"，《现代法学》2013 年第 4 期，第 62—72 页；张新宝："从隐私到个人信息：利益再衡量的理论与制度安排"，《中国法学》2015 年第 3 期，第 38—59 页；齐爱民："个人信息保护法研究"，《河北法学》2008 年第 4 期，第 15—33 页；崔聪聪："个人信息控制权法律属性考辨"，《社会科学家》2014 年第 9 期，第 96—100 页。但也有学者持不同观点，认为应当建立一种新型的财产权，即个人信息财产权，以实现主体对其个人信息的商业价值支配权能，详见刘德良："个人信息的财产权保护"，《法学研究》2007 年第 3 期，第 80—91 页；龙卫球："数据新型财产权构建及其体系研究"，《政法论坛》2017 年第 4 期，第 63—77 页。还有学者提出，由于个人信息权利客体的特殊性，传统的人格权或财产权保护方式阻碍了信息的自由流动，有必要重新对信息权进行解释，个人信息保护权并非一项绝对的支配性权利，详见高富平："个人信息保护——从个人控制到社会控制"，《法学研究》2018 年第 2 期，第 159—190 页；胡凌："商业模式视角下的'信息/数据'产权"，《上海大学学报（社会科学版）》2017 年第 6 期，第 1—14 页。

（三）个人信息主体同意的法律基础：个人信息自决

通说认为，个人信息保护的同意原则源于德国《基本法》中推演出的个人信息自决权。这一权利的核心是"自决"，即个人有权决定是否允许他人收集、使用自己的信息，以及在什么时间、以何种方式、在什么范围内、向何人披露个人信息。个人信息自决权是宪法层面上个人自治权的体现，这一权利得到确认的背景是著名的德国联邦宪法法院的"人口普查案"。1983 年德国联邦政府制定了人口普查法，凭借国家强制力收集人口信息。联邦宪法法院判定该人口普查法违宪，因为国家并未保护个人决定其个人信息被他人利用的基本权利，也即侵犯了个人信息自决权。个人信息自决权保护的内容囊括公民可自我决定在多大范围内对外公开生活事实，尤其是向政府披露个人信息的权利，目的是避免现代国家通过信息技术滑向监控国家，从而无限度地侵扰和挤压私人领域。[15] 个人信息自决权在人口普查案中的应用充分彰显了法律维护个人的独立尊严和自由的基本权利保护路径，其目的是对抗国家公权力而并未涉及任何私法领域的权利保护问题。欧洲的个人信息保护法律规范将个人的自由意志和基本权利作为立法的根本出发点。如 1981 年欧洲委员会通过的世界上第一部有关个人信息保护的国际公约《个人数据自动化处理中的个人保护公约》，第 1 条便规定公约的目的在于保护个人权利和基本自由（尤其是隐私权）。此外，《欧盟基本权利宪章》第 8 条明确将"个人数据保护权"作为一项独立的基本权加以保护。欧盟 1995 年《数据保护指令》和 2016 年《通用数据保护条例》也都将保护自然人的基本权利和自由作为其立法基本宗旨。[16]

从个人信息自决权这一理论的提出背景和发展进程看，学理上对

---

[15] 参见赵宏："从信息公开到信息保护：公法上信息权保护研究的风向流转与核心问题"，《比较法研究》2017 年第 2 期，第 32—33 页。

[16] 参见高富平："个人信息使用的合法性基础——数据上利益分析视角"，《比较法研究》2019 年第 2 期，第 75 页。

个人信息的保护采取的是基本权利的保护路径。个人信息自决权意味着对信息主体基本权利的尊重和保护,个人的尊严、平等和人格自由发展是人的基本价值,而个人信息是关于人或描述人的信息,因此个人信息的利用和保护关涉人的基本权利,任何对个人信息的收集和使用行为都应当遵循主体的自由意志。然而,存在于同意这架规制天平两端的主体既包括个人信息主体,也包括个人信息的处理者。实现和保护个人信息主体的利益和自由意志意味着对个人信息处理者行为自由的适度限制,即个人信息处理者初始状态下的处理行为不自由,只有通过个人信息主体的同意机制才可将个人信息处理者的限制打破,实现其对目标信息的合理使用,达到个人信息最大化利用的理想状态。因而同意原则的法理基础应是使个人信息处理者原本无法自由处理信息的行为获得自由,使原本不合法的信息处理行为变为合法。

个人信息承载信息主体的人格利益,体现出人的自由与尊严,信息主体要求法律对其个人信息利益的保护乃是基于对其人格利益完整性之维护。[17] 而对于人格尊严及自由、平等价值的人格权保护路径则成为《民法典》中人格权编的题中之意,"应当通过人格权制度将其具体化,尤其是将其转化为各项具体人格权,才能获得民法的保护,也才能有效遏制各种侵害人格权的行为"。[18] 全新的人格权编设"隐私权和个人信息保护"一章,不仅明定个人信息主体享有的合法权利如查阅、复制权及更正与删除权,个人信息主体的同意规则也被列入其中,成为民事法律行为规范在个人信息保护领域的核心原则。从第1035条条文意旨来看,同意属于个人信息处理的合法性基础,并未上升为与更正权、删除权具有同等地位的同意权,这应称为我国《民法典》人格权编的进步之处,另一方面也说明个人信息主体的同意仍处于对个人信息主体自决权的消极保护模式,而非积极赋权保护。因

---

[17] 参见万方:"隐私政策中的告知同意原则及其异化",《法律科学(西北政法大学学报)》2019年第2期,第62页。
[18] 参见王利明:"人格权法的新发展与我国《民法典(草案)》人格权编的完善",《浙江工商大学学报》2019年第6期,第18页。

此，同意的效力是否应笼统规定为个人信息处理的必要条件（或唯一合法性基础），未经同意的信息处理行为是否一概无效，值得进一步讨论。

三、《民法典》第 1036 条：同意作为免责事由

（一）第 1036 条规范要旨

《民法典》中涉及个人信息主体同意规定的有第 1035 条和第 1036 条，第 1036 条对同意法律效力的规定不同于第 1035 条，其并未从正面约束个人信息处理者的信息处理行为，而是列举了三项个人信息处理者可以免于承担民事责任的事由，即免责事由，其中第一项即个人信息主体或其监护人的同意。

将同意作为个人信息处理的免责事由规定最早可见于 2014 年《最高人民法院关于审理利用信息网络侵害人身权益民事纠纷案件适用法律若干问题的规定》，其中第十二条指出："网络用户或者网络服务提供者利用网络公开自然人基因信息、病历资料、健康检查资料、犯罪记录、家庭住址、私人活动等个人隐私和其他个人信息，造成他人损害，被侵权人请求其承担侵权责任的，人民法院应予支持。但下列情形除外：（一）经自然人书面同意且在约定范围内公开……"该规定的情形仅为个人信息的公开行为，对于个人信息主体做出同意的形式也局限于书面同意，且行为主体限于网络用户或网络服务提供者，在适用范围上并未涵盖线下的个人信息收集和处理行为。反观《民法典》的规定，将规范行为的范围扩大，对第 1036 条适用的情形仅用"处理自然人个人信息"表述，既包括依托互联网进行的个人信息处理活动，又将线下个人信息处理行为纳入法律规制，[19] 而对后者的采集均通过个人参与社会活动方式获得，是人类社会生活中不可或缺的重要个人信息来源。此外，《民法典》对个人信息主体做出同意

---

[19] 具体场景如房产买卖或租赁、酒店、体检、培训、亲子教育、健身、快递等各行各业，均在线下收集大量的个人信息。

的形式并无限制，放宽单一的书面同意形式的限制更具合理性和现实可行性，试想每一次处理个人信息均要求信息主体的书面同意实则影响个人信息利用效率，与当前个人信息保护领域倡导对个人信息实现更高程度上的流通利用目标相悖。简言之，《民法典》第1036条较以往之规定实属进步之举，但其中仍存在重要问题：对同意的法律效力规定仍不明确，照搬以往司法解释的规定将其列为免责事由有无理论依据？这一免责事由是否适用所有"处理自然人个人信息"的情形？因此，有必要求证同意作为适格免责事由的合法性基础，若可以类推适用受害人同意的相关规则，那么个人信息处理行为中的同意与受害人同意是否完全相同？除此之外，还需进一步细化其适用的个人信息处理具体情形。

（二）同意作为违法阻却事由的法律基础

民法中对免责事由的规定典型的可见于侵权法中的受害人同意原则。[20] 受害人同意源自法谚"volenti non fit injuria"，即同意不生违法。它表现了个人主义的精神，依据的是自我决定权（Selbstbestimungsrecht），使个人能够自由地决定如何处理自己的身体与财产，也符合侵权法旨在合理分配私法上负担的趣旨。[21] 但对这一理论纳入民事立法领域规范，我国尚未有实践，仅有《葡萄牙民法典（草案）》《埃塞俄比亚民法典（草案）》以及《美国侵权法重述》进行了规定。[22] 受害人同意是指，受害人就他人特定行为的发生或者他人

---

[20] 关于免责事由与违法阻却事由以及抗辩事由概念的辨析，学界讨论早已有之。参见程啸：《侵权责任法》，法律出版社2015年，第294—295页；李超：《侵权责任法中的受害人同意研究》，中国政法大学出版社2017年，第178—180页；王福友、高勇："侵权违法阻却事由论纲"，《北方法学》2009年第6期，第55—63页。笔者赞同违法阻却事由与免责事由不同的观点，但由于篇幅所限，不做进一步论述，凡涉及作者观点，下文一概使用"违法阻却事由"的说法。
[21] 参见王泽鉴：《侵权行为法》，中国政法大学出版社2001年版，第273页。
[22] 参见李超："论我国民法典（草案）编纂中受害人同意的立法路径及体系定位"，《河北法学》2018年第2期，第3页。

对自己权益造成的特定损害后果予以同意并表现为外部的意愿。[23] 这一概念包含两个层面：首先，受害人同意的对象可以是特定行为产生的损害后果，一般表现为侵权责任的承担，行为人对受害人的权益造成实际损害，若存在受害人的同意，行为人可以免于承担侵权责任；其次，受害人同意的对象可以是特定的合法行为，也未给其造成任何损害后果，如甲女同意乙男亲吻她，这里的同意针对亲吻行为做出，并不涉及对损害后果的同意。由此可见，受害人同意的适用情形不限于必定导致损害后果的法律行为，也包括合法的事实行为。鉴于此，受害人同意为个人信息主体同意的适用创造了条件，个人信息的处理行为并不必然导致个人信息主体利益受损的后果发生，实践中的具体情况如移动终端App、网站张贴的隐私协议，在收集个人信息需要点击或勾选同意项，其根本目的也不尽然是以侵犯公民个人的隐私等利益代价换取数据的经济价值，随着各类规范的出台，[24] 对处理个人信息行为的限制愈加严格，个人信息处理者不得不更加谨慎设计隐私政策，合理设置同意选项。

我国自起草《侵权责任法》时，便有人提出应对受害人同意的法律效力问题做出明确规定，但直至《民法典》编纂阶段仍未将受害人同意列为法定的违法阻却事由。虽然我国《民法典》侵权责任编仍然延续了《侵权责任法》关于受害人同意规定的空白，但仍有学者认为，《侵权责任法》第55条（现为《民法典》第1219条）对医务人员告知说明后取得患者或其近亲属明确同意的规定表明，我国法上仍认可受害人同意是一种免责事由。[25] 考虑到《民法典》与即将制定的《个人信息保护法》之间的关系属于一般法与特别法的关系，对于特别法中有规定的应当优先适用特别法，即使在侵权责任编并未把受害

---

[23] 参见程啸："论侵权行为法中受害人的同意"，《中国人民大学学报》2004年第4期，第111页。

[24] 如国家互联网信息办公室秘书局等多部门于2019年11月印发的《App违法违规收集使用个人信息行为认定方法》，其中列举了九项行为可被认定为"未经用户同意收集使用个人信息"的行为。

[25] 参见程啸，见前注[20]，第302页。

人同意列为一项违法阻却事由，但作为对《民法典》第1036条的具体化解释与适用，未来的《个人信息保护法》仍可以对同意行为的法律效力进行明确规定，将个人信息的处理经信息主体同意作为一项违法阻却事由，如此一来，对判定个人信息主体的同意行为的法律效力便有了明确的法律依据。

（三）个人信息主体同意与受害人同意之辨析

同意是处理个人信息行为的合法性基础之一，而受害人同意则成为个人信息主体同意的法律依据。在适用时要满足受害人同意的各项要件，受害人同意的构成要件包括四项具体内容：（1）同意须有明确具体的内容。受害人的同意必须针对他人特定的行为或某种特定的后果做出，泛化的同意不具有法律效力。从本质上说，同意是受害人对自己的人身与财产行使自由处分权利的表现，而受害人在行使此种处分权时，处分权的客体必须明确具体，否则将不产生处分的法律效果。（2）受害人须有同意能力。受害人的同意能力是一个人对其决定的性质、程度以及可能产生的后果的理解能力，这种同意的能力不同于行为能力，行为人只需具备相应的识别能力，即可以认识到即将发生的权益侵害为何，进而处分自己的权利。（3）同意须真实并自愿做出。所谓真实与自愿，是指受害人在决定过程中真正有选择同意与否的机会，是受害人真实的意思表示，不受欺诈、胁迫、重大误解等外界情况影响。（4）加害人须尽到充分的告知、说明义务。履行告知、说明义务是获得受害人同意的先决条件和内在要求，以医疗过程中的说明最为典型，医生在为病人进行诊疗时必须将从事医疗行为的必要性、风险等信息充分传达给受害人，以便受害人做出符合自身利益的同意决定。[26] 因此，个人信息主体的同意行为同样需要满足上述要件：（1）个人同意对其个人信息进行处理的具体内容必须是具体明确的；（2）个人信息主体具备同意能力；（3）个人信息主体须基于真实意思表示做出同意；（4）个人信息控制者对个人信息收集和使用的

---

[26] 参见程啸，见前注[20]，第303—305页。

内容、目的、范围等情况做充分的告知和说明。

此外，因个人信息处理行为的客体（即个人信息）不同于普通民事法律行为客体，个人信息无法也不应当成为主体控制或支配的对象，将个人信息作为绝对权的客体进行规制不仅不具有技术上的可能性，而且不利于信息的流通和利用。同时客体的特殊性又导致行为的特殊性，因而基于个人信息处理行为的固有属性与一般法律行为不同，个人信息主体同意与受害人同意仍有不同之处，在对具体法律规范进行解释与适用时，应当进行区分，对个人信息主体同意做出特别解释。

第一，限制条件不同。无论受害人同意的行使抑或个人信息主体做出同意，都应满足一定的限制条件，同意的意思表示不可由任意人轻易做出。我国理论界一般认为，受害人同意要求以同意主体对同意范围有相应的处分权限为前提。受害人同意实质上是对自己权利的处分，所以，他必须具有处分权限。[27] 如房屋主人同意他人侵入自己的住宅，是因其对自己的房屋享有所有权，可以做出此种处分；又如重大手术治疗、竞技体育运动中受害人的同意，是针对其健康权、身体权的一种处分，目前也是我国实践中受害人同意应用最广泛的场合。而个人信息主体同意更强调其对个人信息的控制，而非绝对的所有权、支配权。个人信息主体对个人信息的控制，是基于个人信息展现的主体利益，即个人信息主体享有的个人自决、隐私利益等受法律保护。个人信息主体对个人信息的控制应当受到多重限制，其一为个人信息的处理者对个人信息进行处理的合法权益的限制，个人信息主体的控制并不意味着仅信息主体可以使用，作为个人信息的来源者、提供者，个人信息主体需在保障自身主体利益不被侵害的前提下为个人信息处理者提供便利，因为信息经加工、分析、整合后才能使其价值得到最大程度地发挥，否则封闭的信息将失去利用价值；其二为实现个人信息更大范围内流通、共享、利用的社会利益的限制，个人信息

---

[27] 参见史尚宽：《债法总论》，中国政法大学出版社 2000 年，第 127 页。

被认为是社会福利和公共物品,[28] 个人信息具有公共属性,其蕴含的社会价值和公共价值来源于人的社会性、群体性,每个人都是特定社会群体的一员,是社会整体的组成部分。若赋予个人对其一切个人信息的决定权或控制权实质是保护漫无边际的个人意志,与个人信息的社会属性和公共属性相悖。

第二,适用范围不同。受害人同意来自西方法学理论,移植至我国侵权法领域,成为排除侵权行为违法性的一项正当化事由,学理上对其适用范围并无特殊限定,因此凡是侵犯到他人合法权益的行为都有可能适用受害人同意实现免责(具体情形应视是否满足同意的生效要件而定)。然而个人信息主体同意并不应该适用于所有个人信息处理行为。首先,信息的流动性、实时更新性决定了其只有在倡导流通的应用环境下才有生命力和利用价值,作为大数据形式的个人数据信息的价值在于被社会充分发掘和使用,沉淀的数据是没有价值的。若存在某种技术可以将信息禁锢在一定控制范围内,这些被"锁住"的信息也是无用的,因为它已经失去了随时随地记录、分析主体行为的意义。对全部个人信息使用场景均设置同意的关卡无疑会降低信息利用效率,不利于实现信息自由流动。其次,同意在实践应用中还存在诸多困境:隐私政策不尽详尽与合理、重要事项未予增强告知,致使充分告知在现实中难以实现,同意制度被架空;由于个人有限的认知能力导致以同意为核心的隐私自我管理架构无法真正实现个人对数据的掌控;[29] 同意并非基于个人自愿、真实的意思表示做出,表现在多数产品或服务虽在隐私条款或服务协议中设置了同意的选项,但服务使用者实则无法选择,不勾选同意选项便无法进一步使用等多重问题。由于信息的特殊性和同意规则面临的困境,法律在制定规范时需重新审视同意的适用范围。作为一项个人信息处理的合法性事由,并

---

[28] See Joshua A. T. Fairfield, "Christoph Engel, Privacy as a Public Good", *Duke Law Journal*, 2015, Vol 65, 2015, pp. 385 – 457.

[29] See Danial J. Solove, "Introduction: Privacy Self-management and the Consent Dilemma", *Harvard Law Review*, Vol. 126, 2013, pp. 1880 – 1903.

非任一个信息处理行为都需要征得信息主体的同意。作为一项违法阻却事由，个人信息主体的同意也并不应当成为信息处理者的免责屏障，而应为特定场景下衡量各方主体利益、判断信息处理行为是否合法的触发机制。从这一角度来看，《民法典》第1036条的规定过于僵化，不符合个人信息流通与利用理念，也与我国个人信息保护法需进行利益衡量的目标相斥。

四、个人信息主体同意的应然法律效力

（一）同意作为事后救济机制：违法阻却事由

关于同意的功能和效力，西方学者早有论述，拉里·亚历山大在其文章中这样描述同意的效力："同意具有道德上和法律上的双重效力。同意可以将未经同意情况下的打扰行为变成赴晚宴，将未经同意情况下的殴打行为变成拳击比赛，将未经同意情况下的偷窃行为变成接受礼物，将未经同意情况下的强奸行为变成双方一致同意的性关系"，"同意的这种效力是改变我们的规范情境的规范性力量，就像我们通过承诺对自己形成的约束力一样"。[30] 海厄姆斯同样认可了同意的这一效力，他认为："同意行为可以造成变化。在道德上，同意允许行为者改变他们的权利以及与权利相关的义务。同意通过改变权利而赋予行为合法性"。[31] 还有学者对同意做出恰当比喻："在适宜于给出同意的情境中，同意可能改变人们与群体之间通常的预期，无论是直接的还是通过各种制度安排。在需要的地方，同意有时可以发挥如同专用门一样的功能———一个人将门打开让另一个人进入，如果没有自愿打开此门的行为，就不允许进入……或者，同意有时会起到类似规范的绳索的作用，一个人通过它而受到另一个人的约束。在每一种

---

[30] See Larry Alexander, "The Ontology of Consent", *Analytic Philosophy*, Vol. 55, No. 1, 2014, pp. 102-113.

[31] See Keith Hyams, "When Consent Doesn't Work: A Rights-Based Case for Limits to Consent's Capacity to Legitimise", *Journal of Moral Philosophy*, Vol. 8, 2011: pp. 110-138.

情况下，无论同意被视为打开一扇门还是被视为对自己的约束，（缺乏同意就不会得到允许的）行为或结果都会得到正式的认可"。[32] 台湾学者林玫君准确地从法律上界定同意的功能："透过当事人的同意可以使一项原本是侵害当事人权利的行为，无论是对于当事人的身体、自由或其人格权的侵害因此而阻却违法"。[33] 质言之，同意的效力即同意可以改变行为性质和状况的功能：因存在同意而引起行为性质发生合法的、合乎道德要求的转变，而相关行为在未经同意之前则可能是非法的、不合乎道德要求的。

关于同意的法律效力规定，《民法典》第 1035 条与第 1036 条在立法宗旨及效力判定上出现矛盾：第 1035 条认定同意为个人信息合法处理的必经程序和环节，换言之，同意成为个人信息处理的必要条件，缺少这一必要条件，任何信息处理行为都会依这一项规范认定为违法；而第 1036 条则从行为性质的事后认定角度将同意的法律效力界定为一项违法阻却事由。在司法实践中无疑会造成适法难题，即同意究竟为一项事前预判机制抑或一项事后救济机制。在个人信息保护和流通实践领域，作为个人信息处理行为的合法化依据之一，同意不应被要求绝对化地适用于所有个人信息处理场景，当且仅当个人信息的处理行为有侵害信息主体利益的风险或造成实际损害后果时，这一救济机制才有了实现个人信息主体利益保护的可能性。因此，这一机制是由个人信息处理者的不当行为触发的，而非法律僵化规定的。此外，同意也并非对个人信息处理者的事先赋权行为，这一理由包含两个层次的内容：一方面，个人信息主体同意与授权行为有着本质区别，无论从行为的法律后果及效力上看，还是从基础权利的权利边界上看，同意与授权都应进行严格区分，同意原则在个人信息保护法中的价值也并非是通过主体赋权形式实现的；另一方面，事先同意多数不具有现实意义，尤其是在个人信息收集阶段征得个人信息主体同意

---

[32] See John Kleinig, *The Nature of Consent*, Oxford University Press, 2010, pp. 3–24.
[33] 参见林玫君："论个人资料保护法之'当事人同意'的意义与功能"，《东海大学法学研究》第 51 期。

多为隐私条款或用户协议的必要内容，但个人信息主体往往对其同意贡献出的个人信息后续使用范围、目的、方式等不知情，甚至并不关注，这反过来加大了个人信息处理者任意利用个人信息获利的机会，因此同意机制已与设置时的目的背道而驰，沦为个人信息处理者不当处理信息乃至滥用信息的保护伞。

因此，个人信息处理情景下的同意规则，可以准用《侵权责任法》关于免责事由理论中的受害人同意相关规定，同意的法律效力可以概括为：在一定范围内可成为阻却行为违法的事由，但未经同意不得当然成为侵权行为的构成要件。这一点有必要在即将制定的《个人信息保护法》中继续强化。

（二）个人信息主体同意的效力规则之改进

1. 明定同意的法律含义和法律效力

为了进一步完善个人信息保护领域的同意规则，应首先明确同意的法律含义。经上文论述，法律上同意的概念可归纳为：同意是个人信息主体基于个人自由意志，以特定的行为方式，对个人信息处理者的处理（包括收集、存储、使用、加工、传输、提供、公开等）行为及后果给予肯定或否定的意思表示。首先，阐明同意的基础是个人自由意志，即个人信息自决，同意的做出必须是基于主体的真实意思表达。其次，同意应以一定的方式做出，口头、书面或行为都是可行的方式，但沉默不可以成立有效的同意。再次，同意的对象既可能是个人信息处理行为，也可能是处理行为导致的损害后果。与保护个人信息主体利益主旨一致，多数情况下的同意针对的都是希望通过同意获得个人信息的途径，而非以招致信息主体利益受损为直接目的。最后，"肯定或否定"的意思表示证明个人信息主体不仅享有同意的自由，而且享有不同意的自由，即拒绝的自由。规范这一层内容对改善目前个人信息利用中用户不同意便无法使用服务的情况有重大意义，拒绝也应是个人信息主体依法享有的权利和自由，其要求与同意一样必须为事先做出。

对于个人信息保护中的同意规则，其核心法律效力便是在个人信息权益受到侵害时阻却个人信息处理行为的违法性，对个人信息的不法侵害具有消极防御功能。采取这一规则进行保护，立法只得选择事后救济路径而非事先赋权路径，也即，当且仅当个人信息的处理产生侵权损害后果时，同意原则作为一项违法阻却事由得以触发，个人信息处理者是否事先征得个人信息主体的同意成为司法裁量中的一项重要因素。虽然《民法典》并未将个人信息保护的同意规则单独列为一项违法阻却事由，但从第1036条规范内容可以归纳出同意行为的法律效力，而这一条款也成为当下确定同意法律效力的规范依据。在即将出台的《个人信息保护法》中应强化这一规定，设专门条款明确其法律效力：个人信息处理行为造成他人损害的，如果事先已经合法取得主体的有效同意，可以减轻或免除法律责任。

2. 规范有效同意的内容和形式

从同意的法律概念可延伸出同意的内容，同意是个人肯定或否定的意思表示，同意的内容包括同意与拒绝两种情形，肯定的意思表示即主体同意其个人信息被处理，否定的意思表示即主体拒绝其个人信息被处理。无论同意还是拒绝，均需在个人信息处理行为实施之前做出，目前网络服务与应用软件普遍遵循这一规则，事先要求用户勾选同意选项。事后做出的行为无论同意还是拒绝，都不具有减轻或免除行为人侵权责任的法律效力。

同意的形式是隐私条款、用户协议如何进行制度设计的关键问题，应由立法予以明确规定。有效的同意形式也是同意可以作为个人信息处理合法性基础的前提。个人信息保护法应做出相应规范。同意的形式包括明示同意和默示同意，而拒绝的形式必须通过明示方式做出，默示的拒绝行为即不作为行为，不可以成立有效的意思表示。明示同意是指个人信息主体明确通过语言或者文字表明同意他人处理自己的个人信息。默示同意是基于个人信息主体的行为推断出其允许他人处理自己的个人信息，如就医过程中向医生出示自己的病历本、在网页上注册账号时填写自己的个人基本信息均可视为默示同意，除非主体明确表示反对他人处理自己的个人信息。由此可见，同意必须以积极的、主动的明确方式做出，除此之外，信息主体的沉默和不作为均不构成有效的同意。

对于明示同意的存在并不存疑,无论是书面形式还是口头形式,信息主体都通过积极的意思表示向相对人准确无误地传达允许其处理个人信息的信号。相对来说,默示同意不被人们接受是因其推断的标准难以确定。具体应用于网络服务提供商、应用软件等设置的隐私条款和服务协议时,告知的提示性设置相对隐蔽,用户往往未能及时发现选择退出的选项而导致"被默认同意"。因此,默示同意不同于明示同意,从其需满足的一般条件来看,至少应包括三点:(1)个人信息处理者应履行与需要做出明示同意相同的告知、说明义务,确保信息主体知道他们的信息将被处理的具体情形以及有选择退出的权利;(2)允许信息主体有充分的时间和机会做出符合真实意思表示的选择,尤其是不同意的决定;(3)通过推断做出同意的行为应当符合交易习惯和社会普遍标准。

3. 定性同意效力规范的性质

法律规范依据权利、义务的刚性程度,可分为强制性规范和任意性规范。民法依照意思自治的基本精神确立的一系列规范多为任意性规范,极少数为强制性规范。一项法律规范若为强制性规范,违反即构成加害行为(违法性);若是任意性规范,那么即使没有同意也并不意味着构成加害行为,只有对个人权利造成损害才构成。个人信息保护法旨在防范主体利益受到侵害的危险,这种危险是因个人信息被滥用而可能产生的抽象危险。但这一危险具有转化为现实损害的可能性,如个人隐私受到侵害,个人名誉受损或者财产受到侵占。申言之,违反个人信息保护的同意规则并不当然意味着侵害他人的人格利益,相反,遵守同意规则也并非当然不会侵害他人的人格利益,人格利益是否受到侵害应结合个案具体情形判定,并适当运用利益衡量原则。㉞ 因此,作为个人信息保护的基本规则之一,同意效力的规范性质属于任意性规范。

㉞ 参见杨芳:"个人信息自决权理论及其检讨——兼论个人信息保护法之保护客体",《比较法研究》2015年第6期,第22—33页。

五、结语

"明者因时而变,知者随事而制。"《民法典》的正式生效标志着历经多次讨论、修改数稿的《民法典》编纂工作告一段落,也意味着对法典规范内容解释与适用工作的全面展开。在个人信息保护与利用领域,《民法典》为个人信息的定位、个人信息上权利与义务的实现、个人信息处理规则与法律基础等问题确立了总体方向,提供了私法层面的有力保障。然而,个人信息应用实践中积聚的众多难题亟须对《民法典》人格权编关于个人信息保护的规范内容做进一步研读与解释,个人信息保护专项立法也迫在眉睫。同意作为个人信息保护的核心原则,应在系统梳理现有法律规定的基础上,对同意的法律含义与法律性质做出明确界定,确立个人信息主体同意可以阻却个人信息处理行为违法性的法律效力规定,并将这一规范效力定位于任意性规范。同意仅为一项事后救济机制,并非事先授权性规定,同意可作为个人信息处理的合法性事由之一,但不应成为处理个人信息的必要条件。由此,对同意的规则进行规范化和体系化,实现促进个人信息流通利用与个人信息主体利益保护之平衡,为《民法典》与个人信息保护法规范的题中之意。

消费者还是投资者？
发展视角下奖励型众筹支持者的主体地位探究

潘宁*

一、问题缘起

奖励型众筹（Reward-based crowdfunding）是创意者在创业初期以披露创意并承诺给予特定奖励回报来获取融资的一种金融手段。与其他众筹模式不同，创意者承诺的奖励形式具有显著的个性化特征，既包括将来可能诞生的创意产品，也包括手写感谢信、创意贡献署名权等。奖励型众筹是美国互联网金融时代的重要产物，其代表性平台Kickstarter 自2009 年上线到2019 年11 月已经帮助17 万个创意项目募集超过46 亿美元，出资者人数超过1 700 万名。[①] 创意产业具有投入高、产出不确定性高的特点，在经济不景气时更易受到波及。但2008年美国次贷危机却并未使创意产业受到极大波及，这要归功于以Kickstarter 为代表的奖励型众筹带来的资金补充。一些通过Kickstarter

---

* 北京大学法学院竞争法研究中心。
① 截至2019 年11 月2 日，Kickstarter 上项目总融资额达到4 627 876 975 美金，支持者总计17 057 904名，重复支持者数量达5 611 345 人。最新数据可访问 https：// www.kickstarter.com/help/stats? ref = global – footer，最后访问日期：2019 年11 月2 日。

平台成功融资的项目还开创了新的产业机会，引发社会广泛关注，比如智能手表的开创者 Pebble time，获得第 85 届奥斯卡最佳纪录短片奖的《控诉》（Inocente）以及被脸书以 20 亿美金收购的虚拟现实设备 Oculus Rift。② 从美国的发展经验来看，奖励型众筹对于促进资金融通、鼓励创新创业具有重要意义。

奖励型众筹是较早被引进中国的众筹模式之一，但在经历了早期的快速发展后遇冷，当前的发展态势不容乐观。目前，奖励型众筹在中国正在被平台过度改造，活动的法律性质变得模糊不清。中国的潜在支持者对创新的风险容忍度较低，所以中国的奖励型众筹平台不得已成为支持者"背后的家长"，通过设置复杂的发起规则体系来帮助支持者识别和过滤项目风险。例如，除一般的用户协议之外，平台还设置了许多额外的发起人资质审核要求，如要求发起人为已经具有成熟产品和生产能力的法人，实质性抬高了准入门槛。③ 也正因如此，以资助创意为主的众筹变成了实质上的产品预售，④ 大多数支持者对奖励型众筹的认知并不是投资或资助，而理解为是一种网购消费。⑤ 实践中，奖励型众筹活动中很容易发生奖励不交付、项目创意被他人抄袭或者实施等问题，而中国奖励型众筹商业模式的复杂性使得这些

---

② 奖励型众筹模式的详细界定以及代表案例，参见潘宁："奖励型众筹在中国的异化发展"，载史际春主编：《经济法学评论》（第 19 卷），中国法制出版社 2019 年第 1 期，第 21—37 页。

③ 以京东众筹为例，其不仅具有非常系统的资质审查要求，而且项目结算上也设计了复杂的分批提现、解冻的条件。2018 年 12 月 29 日最新更新的众筹企业发起资质要求包括基本资质、品牌授权资质和产品生产经营专门资质。

④ 以 2019 年 1 月登录众筹平台的时诺新风机项目为例，该项目是 2017 年 4 月开始规划创意，8 月开始进行产品设计，10 月完成首次样机并开始进行一系列测试，2018 年 11 月才完成测试并成功获得 3C 认证，12 月搭建好具备量产能力的生产线。由此可以看出，在中国奖励型众筹平台上发布的项目并非初期的创意和设计，而是进入了产品预售阶段。详情可见 https://z.jd.com/project/details/110741.html，最后访问日期：2019 年 11 月 2 日。

⑤ 京东众筹要求发起人必须在 24 小时内使用咚咚系统回复提问，必须提供 15 天无理由退换货服务，而在话题区里，常见的提问是安装和售后服务怎么保证？在哪里有服务网点？能不能提前发货等。

法律问题变得更为棘手。复杂的交易结构使奖励型众筹活动的法律性质变得模糊不清。支持者认为其参与的是网购消费，在奖励无法交付时就会主张返还价款，并倾向于根据《消费者权益保护法》主张三倍赔偿，但这种诉讼请求在现实中屡屡得不到支持。当参与主体缺乏稳定的法律预期，奖励型众筹将难以持续健康发展。因此，确定奖励型众筹活动的法律性质和参与主体的法律地位尤为重要。支持者是奖励型众筹模式中的关键一环，只有支持者规模扩大且风险容忍度提升，才能吸引更多真正的创新者前往奖励型众筹平台筹资，推动平台发展，进而促进创新经济的发展。

经济法是促进发展之法，因而奖励型众筹在中国异化发展的问题也是值得经济法学者关注的问题。奖励型众筹活动主要涉及平台、发起人和支持者（backers）三方主体，其中，支持者是此种互联网金融模式健康发展的关键因素。⑥ 因此，支持者保护的立法论探讨十分必要。本文将从经济法主体理论的角度⑦出发，以支持者实际面临奖励不交付后的诉讼案例为切入点，探讨奖励型众筹活动中的支持者应当具有怎样的经济法主体地位。

二、根本问题：模糊不清的法律性质

奖励型众筹活动中最典型的法律问题是奖励的不履行。但由于中国奖励型众筹商业模式的复杂性，交易的法律性质模糊不清，发生纠纷时法律问题的处理变得更为棘手。具言之，当发起人不履行承诺奖励而被支持者起诉，交易活动的复杂结构使支持者的请求权和相应主体的责任认定具有不确定性。中国奖励型众筹的交易结构发生异化，名为众筹、实质却偏向商品买卖，交易活动的法律性质认定成为影响权利和责任的关键因素。如果认定为特殊的网络商品买卖，平台用户协议下发起人和支持者之间的约定条款和项目承诺就构成了买卖合同。由于支持者一方已经支付了资金，履行了合同义务，支持者理论

---

⑥ 潘宁，见前注②，第 25—27 页。
⑦ 参见张守文：《经济法理论的重构》，人民出版社 2004 年版，第 347 页。

上可以依据《合同法》第 8 条第 1 款第 1 句和该买卖合同，请求发起人履行合同义务，交付承诺的奖励。但该请求权可能会因履行不能而受到阻碍。⑧ 在肯定买卖合同效力的前提下，如果支持者请求支付违约金或者违约损害赔偿金，又会因合同的不完全性以及格式合同的特点而面临复杂的意思表示解释问题。或者，支持者也可以依据《合同法》第 94 条第（二）（三）项，通过在评论区留言通知等方式向发起人主张解除合同，即通过否定原有的买卖合同的效力，让支持者已经支付给发起人的资金丧失法律上的原因，然后再依据《民法总则》第 122 条请求不当得利返还。反之，如果交易的法律性质被认定为众筹，基于其投资属性，项目能否成功以及相应的奖励回报都具有不确定性。在决定是否支持原告的诉讼请求以及认定发起人和平台的责任时，法院就必须仔细考虑发起者实际交付的可能性以及当前未能交付的原因。此时会出现几种可能的情况：一类情形是发起人目前虽未交付，但预期未来能实际交付。当前未交付的原因可能是发起人实际已经制作出相应的奖励，但后悔自己融资时的报价；也可能是发起人尚未制作出奖励，但从目前的情况来看制作成本已经远高于项目融资时的计划。另一类是发起人目前未交付并且预期无法实际交付。无法交付的原因可能是主观不能，也可能是客观不能。与买卖交易的严格责任不同，投资的不确定性要求支持者具有一定的风险容忍度，发起人项目失败所应承担的责任相对具有弹性，与发起人是否尽到最大信义上的努力以及过错程度相关，不同的失败原因将产生不同的责任效果。

奖励型众筹原本是通过平台发布融资项目来实现创意和资金的对接，但有时发起人为了获取支持者信任而进行的信息披露也可能使其自身面临很大的风险，其中，最典型的就是发布的项目创意和设计被第三人窃取并抢先上市。发起人需要在信息披露前通过适当的知识产

---

⑧ 在是否构成事实上的履行不能上也会存在很大争议。比如履行不能的考量会受到奖励类型的影响，最常见的是与项目相关的产品奖励，那么项目取消是否是履行不能？项目筹款估计出现极大偏差导致不能实现奖励是否是履行不能？

权确权和保护机制来控制这种风险。美国的临时专利申请制度（Provisional Patent Application）和英国的创意码制度（Creative Barcode），就是通过快速确权来为奖励型众筹发起人的项目创意提供特别保护。然而，我国尚未建立对创意的特殊保护机制，现有的专利制度也缺乏便捷的快速审查通道，这使得奖励型众筹活动发起人难以及时获得确权和保护。

复杂的交易结构使其交易的法律性质具有不确定性，参与主体无法获得稳定的法律预期，这些问题将阻碍奖励型众筹在中国的健康发展。

首先，法律性质模糊不清会给支持者带来很高的法律风险，这会将风险厌恶型的潜在支持者挤出市场。同时，由于我国集体诉讼制度供给不足，奖励型众筹项目中的单个支持者的出资又是小额的，高昂的诉讼成本使支持者在遇到发起人故意不履行承诺奖励这样的欺诈行为时束手无策，也降低了支持者对此种商业模式的信心。如果支持者在尝试性的投资中频繁遇到不履行奖励，这些经历所带来的负反馈也会阻碍支持者日后对奖励型众筹项目的出资行为。

其次，奖励型众筹的法律性质模糊不清也会阻碍发起人的参与。为获取潜在支持者的信任，发起人在发起融资项目时详细交代创意信息是必要的，但发起人的信息披露对于潜在竞争者而言可能是有价值的敏感信息。因此，为了保护市场公平竞争，需要相关的知识产权保护规则为奖励型众筹这种模式提供特别保护。如果缺乏这种保护，奖励型众筹这种融资方式很难成为其他传统融资方式的有效补充品或替代品。

再者，法律性质模糊不清最终也不利于平台的发展。中国奖励型众筹商业模式趋于异化的局面正是平台主导的结果。这样的决策一方面是基于中国有钱有闲阶层人口基数较少的现实国情，另一方面也是出于商业战略，即依靠平台所属的集团商业生态系统所拥有的商户流量来发展奖励型众筹，在市场中获取相对于其他公司的竞争优势。但是，从长远来看，这种模式不利于激励创意者发起项目，同时会误导支持者对奖励型众筹的判断，抑制支持者对创意项目的出资，最终也将给平台增加法律风险。在缺少有钱有闲阶层人口数量的情况下，平台为了吸引更多的用户就必须通过规则设计来增加发起人义务，给支持者创造更好的投资条件或者消费优惠，有时甚至会动用平台品牌信誉和集团资源进行推荐或者助销，由此将风险容忍度低的不合格人群也强行带入不成熟的奖励型众筹市场。⑨ 这部分人群并非奖励型众筹适当的投资者，他们缺乏对创意项目风险的认知，对项目履行不适当等问题的容忍度也很低，因此会出现更多的法律纠纷，平台也会因为推荐或者助销而更多地卷入讼累当中，最终不利于平台的发展。

三、现实分歧：基于文献与裁判文书的评析

（一）中国奖励型众筹发展问题是被忽略的中国问题

中国的经济法研究立足本土，在与改革开放同步并行的四十年中取得了长足进步。由于经济法调整范围十分广阔，所涉问题非常复杂，"抓大放小"的研究策略使许多中心问题已经得到很好的理论回应，而新时代的学者则需要进一步"拾遗补缺"。⑩ 在专业细分化的过去，经济法学理论已经形成诸多"板块共识"。新时代的经济法研究从细分走向交叉、综合，提炼相应的贯通性理论就显得极为重要。⑪ 中国奖励型众筹的发展问题是经济法发展理论中可能被忽略的中国问题。

在法学领域，奖励型众筹多是以互联网金融作为整体研究对象的

---

⑨ Mollick 通过 kickstarter 的数据探究众筹中成功和失败案例的共有特性，研究发现绝大多数的项目都迟于预期的时间完成承诺。由于绝大多数项目交付迟于预期是一种常态，因此奖励型众筹本身可能需要支持者具有更高的风险容忍度。See Ethan Mollick, "The dynamics of crowdfunding: An exploratory study", *Journal of Business Venturing*, Vol. 29, Issue 1, 2014, p. 1–16.

⑩ 参见张守文："经济法研究中可能被忽略的中国问题"，载陈云良主编：《经济法论丛》（第31期），社会科学文献出版社2018年版，第3—12页。

⑪ 参见张守文："中国经济法理论的新发展"，《政治与法律》2016年第12期，第2—12页。

论文的副产品。⑫ 比如众筹概念体系或者互联网金融行为规制研究偶有涉及奖励型众筹的定性问题，但文章的重心多落于股权型和债权型众筹之上。⑬ 比如凯文·桑德斯（R. Kevin Saunders）在美国 JOBS 法案实施条例草案公布后认为，美国证券交易委员会应当对众筹采取轻监管的态度，现在草案提出的规则相对于众筹较低的最高发行量而言施加了过重的信息披露义务，其实市场中存在一些自我调节手段，而 Kickstarter 对奖励型众筹的初筛机制和供给点机制的分析表明，市场自我调节是可行的。⑭ 袁毅在对中国众筹的概念、类型及特征进行归纳研究的过程中，从特征、风险、收益等角度对产品众筹与其他类型众筹做出了逻辑区分。⑮ 余涛对众筹规制的规范分析中对奖励式众筹、捐赠式众筹、预购式众筹进行了区分，但认为奖励式众筹在法律适用方面应当适用买卖合同的相关规则。⑯ 江苏省高级人民法院民二庭课题组认为，产品众筹的法律性质应当根据众筹标的产品在众筹时

---

⑫ 一些学者从更为宏观的视角研究互联网金融整体的规制逻辑。比如刘辉从价值论入手归纳出政府规制应当遵循谦抑干预理念，尊重市场优先原则和金融民主原则，参见刘辉："论互联网金融政府规制的两难困境及其破解进路"，《法商研究》2018 年第 5 期，第 58—69 页；李安安认为对互联网金融平台的法律规制，应当在传统的行政规制基础上引入信息规制的理念，参见李安安："互联网金融平台的信息规制：工具、模式与法律变革"，《社会科学》2018 年第 10 期，第 99—107 页；周昌发提出与传统的许可准入式监管、信息披露式监管相并列的一种激励性监管的范畴，参见周昌发："论互联网金融的激励性监管"，《法商研究》2018 年第 4 期，第 15—25 页。

⑬ 债权型众筹已经发展成一种独立业态，这使得部分学者并不在众筹体系之下探讨其法律问题。如果以"众筹"为关键词在北大法宝期刊数据库上进行检索可以发现 83.67% 的论文主题为股权型众筹，10.20% 的论文主题包含奖励型众筹，6.12% 为捐赠型众筹。若从期刊的影响因子来看，奖励型众筹问题还未能够出现在高影响因子综合性法学期刊上。

⑭ See R. Kevin Saunders II, "Power to the People: How the SEC Can Empower the Crowd", *Vanderbilt Journal of Entertainment and Technology Law*, Vol. 16, No. 4, 2014, pp. 945-975.

⑮ 参见袁毅："中国众筹的概念、类型及特征"，《河北学刊》2016 年第 2 期，第 134 页。

⑯ 参见余涛："众筹规制探究——一个规范分析的路径"，《证券市场导报》2015 年第 3 期，第 17 页。

是否已经研发成功并具备量产条件进行认定,如果答案是肯定的,众筹仅是一种产品预售模式的买卖行为,否则就是一种众筹融资行为,投资者需要承担产品或服务研发不成功的风险。[17] 陈丽等将产品众筹与非法吸收公众存款罪的行为特征进行对比分析,认为产品众筹是吸收公众存款用于生产经营的直接融资,虽形式入罪,但实应出罪。[18] 雷华顺从信息失灵视角研究众筹融资的法律规制,认为实物回报型众筹实质是一个预购型的商品交易行为,虽然也是向公众募集资金,但不具备盈利性、法定性、中介性等特征,故排除在其"众筹融资"的讨论范畴。[19] 在少数奖励型众筹的专门研究当中,国外学者侧重于分析其中的欺诈问题。比如克里斯托弗·莫瑞斯(Christopher Moores)认为 Kickstarter 创造了一个易受欺诈的环境,但其通过归纳与奖励型众筹运行有关的法律发现,受害者缺乏明确可靠的救济方式。[20]

国内多将 Reward-based Crowdfunding 译为产品众筹,也有奖励型众筹、预售众筹、权益众筹、回报众筹、实物众筹等多种翻译,这反映出国内对此种众筹模式的法律性质有不同理解,而这种理解上的差异又是由 Kickstarter 商业模式引进中国后发生的本土化带来的。部分学者关注到中国奖励型众筹商业模式的与众不同,并尝试对这种新的商业模式进行法律定性,但观点和解释各不相同。比如吴志军对产品众筹活动的法律性质进行探讨,认为一个文化创意产品众筹活动就是众多预付费消费合同关系的集合,是"消费合同"加"附条件返利合同"的复合型合同,其法律依据是预付费消费制度。[21] 张天一分析

---

[17] 参见江苏省高级人民法院民二庭课题组:"网络交易平台金融纠纷司法规制研究",《法律适用》2017 年第 1 期,第 12—13 页。
[18] 参见陈丽、韩文江、王潇:"互联网金融行为的罪与非罪",《人民司法(应用)》2017 年第 4 期,第 12 页。
[19] 参见雷华顺:"众筹融资法律制度研究——以信息失灵的矫正为视角",华东政法大学 2015 年博士学位论文。
[20] See Christopher Moores, "Kickstart My Lawsuit: Fraud and Justice in Rewards-Based Crowdfunding", University of California-Davis Law Review, Vol. 49, 2015, pp. 402–406.
[21] 参见吴志军、李亚洁:"文化创意产品众筹的法律问题",《中国律师》2014 年第 12 期,第 83 页。

了奖励型众筹中三方主体可能面临的非法集资风险、金融诈骗风险、违约风险、侵权风险，这间接表明其从发起人角度认为奖励型众筹是一种投融资活动。[22] 此外，郭中敏和朱国华认为产品众筹发起人和投资人之间的合同是附生效条件的买卖合同关系，但买卖合同关系与其文中"投资人"的表述又存在一定矛盾。[23] 由此表明，目前法学界不仅对奖励型众筹的法律性质认识不一，而且其中有些观点本身还存在一定的逻辑问题。

（二）当事各方及法院对奖励型众筹的法律性质认识不一

相较于美国的奖励型众筹，中国奖励型众筹平台上的融资项目不交付奖励的案件发生比例较低。[24] 然而，这种低水平的情况并不意味着更为出色的支持者保护法制环境，而是平台为了迎合中国市场创设了更复杂的规则，并自担了更多实质审核工作。从目前已经发生的相关纠纷处理结果来看，中国司法实务界对奖励型众筹的交易性质和支持者主体地位的认定并不一致，这加剧了不确定性。

在目前已公开的司法判决中，最常见的就是发起人不适当交付或不交付奖励引发的纠纷，如"姚爱武与北京云辰科技有限公司等买卖合同纠纷上诉案"（以下简称"姚爱武诉云辰案"）、"朱继华与北京京东叁佰陆拾度电子商务有限公司买卖合同纠纷上诉案"（以下简称"朱继华诉京东案"）、"沈志强与奇酷互联网络科技（深圳）有限公司等产品销售者责任纠纷上诉案"（以下简称"沈志强诉奇酷案"）和"江苏小牛电动科技有限公司与魏玉一、盛晨怡、何伟华、邹乐

---

[22] 参见张天一："产品众筹的法律风险初探——以伏牛堂的一次众筹经历为例"，载北京大学金融法研究中心编：《金融法苑》（第89辑），中国金融出版社2014年版，第48—59页。

[23] 参见郭中敏、朱国华："产品众筹民事诉讼问题研究"，《牡丹江师范学院学报（哲社版）》2016年第4期，第40页。

[24] Mollick 基于 Kickstarter 平台超过 48 500 个项目的数据分析表明，Kickstarter 平台上只有 24.9% 的项目按时交付了奖励，超过 75% 的项目都是延迟交付或者仍未交付。See Ethan Mollick, supra note ⑨, p. 12.

华、范嵘买卖合同纠纷案"(以下简称"小牛系列案")等。其中,姚爱武诉云辰案和沈志强诉奇酷案目前都已经历经二审做出实体终审判决,而小牛系列案目前是对管辖权异议形成了裁定。

  这些纠纷的处理过程表明,当事方和法院对交易性质和主体地位的认识存在差异。多数意见认为奖励型众筹的性质为商品买卖,支持者与发起人分别是消费者与经营者,众筹平台则是网络销售平台运营商。例如,在姚爱武诉云辰案中,大可乐3手机众筹项目支持者姚爱武诉称,发起人与众筹平台融资时对产品所做描述与实际交付的奖励产品之间存在出入,存在消费者欺诈行为,并诉请发起人返还购物款(但庭审过程中撤回了该请求)、发起人和众筹平台赔偿三倍惩罚性赔偿金并补偿诉讼费用。当事各方和法院都认可支持者与发起人之间形成了产品买卖关系,发起人是经营者,支持者是消费者,京东则是网络销售平台运营商。因此审理焦点就集中在发起人承诺的奖励产品与实际履行的奖励产品有出入,是否可以认定存在欺诈行为。[25] 在朱继华诉京东案中,朱继华也是同一个奖励型众筹项目的支持者,都面临实际履行的奖励产品与承诺不相符的问题,但其在一审审理中撤回了对发起人的起诉,而仅诉请众筹平台承担赔偿责任。支持者诉称发起人发布众筹项目时存在欺诈行为,众筹平台没有采取必要措施阻止侵害,应当承担连带责任,诉请众筹平台退还购机款并赔偿三倍价款。支持者主张自己的行为是网络购物,众筹平台未就交易性质进行抗辩,而是主张自己已履行删除错误宣传信息、审核项目资质、提供联系方式等义务。一审法院认为本案是买卖合同纠纷,京东是网络交易平台,但不符合网络交易平台承担责任的两种情形。[26] 在小牛系列案

---

[25] 姚爱武与北京云辰科技有限公司等买卖合同纠纷上诉案,广州市中级人民法院民事判决书(2016)粤01民终10036号。

[26] 朱继华与北京京东叁佰陆拾度电子商务有限公司买卖合同纠纷上诉案,上海市第二中级人民法院民事判决书(2017)沪02民终7486号,此处的两种责任情形是指法律规定网络交易平台应当承担的两种责任:第一,不能提供销售者或服务者的真实名称、地址和有效联系方式的先行赔付责任;第二,明知或者应知销售者或服务者利用其平台侵害消费者合法权益而不作为的连带责任。

中，法院在管辖终审裁定中也是将支持者认定为消费者，发起人小牛电动为经营者。[27] 与上述三个案件中的意见不同，沈志强诉奇酷案中，一审法院认为支持者并非消费者，二审法院进一步认为产品众筹具有一定的投资属性。在本案中，奇酷尊享版手机奖励型众筹项目因生产的手机无法通过相关测试标准，导致该众筹计划的目的产品未能交付，支持者沈志强诉称发起人奇酷公司未履行奖励存在消费者欺诈行为，诉请支付三倍惩罚性赔偿。该案将审理重点放在交易性质和支持者主体地位上。支持者主张奖励型众筹活动构成买卖合同关系，是一项结合预售与团购的新型销售模式，只要达到发起人设定的500万元筹款目标就应获得相应的采购货品。发起人则主张该奖励型众筹的本质为一种投资行为，与事先就存在成品的团购和一定能拿到成品的预售不同。众筹平台则认为自己是信息中介并且已尽到风险提示义务。[28]

这些案件都是支持者因发起人不适当交付或者不交付承诺奖励而请求返还出资并赔偿三倍支持款的案件，实体判决结果多为支持者一方败诉。但法院所做的案由归类以及判决思路却并不一致，由此反映出法律性质模糊的问题及其后果。从判决结果来看，三个已完成实体判决的案件中支持者一方均败诉。具体而言，在姚爱武诉云辰案中，法院认为发起人在宣传错误后、奖励履行期届满前已及时刊登官方更正和致歉公告，由此否定其具有欺诈的故意；而平台已依法提供准确的商家信息，以保障消费者有效、及时维权，要求其承担连带责任并不符合《消费者权益保护法》第四十四条规定的法定条件。在朱继华诉京东案中，支持者仅对平台提出赔偿请求，法院未涉及买卖合同法律关系，而仅对平台是否适当履行其信息披露义务进行审查。法院认为，并无证据表明作为网络平台提供者的京东公司对发起人的错误宣

---

[27] 江苏小牛电动科技有限公司与魏玉一、盛晨怡、何伟华、邹乐华、范嵘买卖合同纠纷案，上海市第二中级人民法院民事裁定书（2018）沪02民辖终89号、109号、157号、303号和459号。

[28] 沈志强与奇酷互联网络科技（深圳）有限公司等产品销售者责任纠纷上诉案，江苏省南京市中级人民法院（2017）苏01民终4906号。

传知情却未采取必要措施,因此驳回了诉讼请求。在沈志强诉奇酷案中,法院认为发起人在发布奖励型众筹活动时已履行风险告知义务,活动失败并非出于发起人的主观故意,因此未支持针对发起人的惩罚性赔偿诉请。同时,法院认为平台与发起人之间的关联关系并不符合共同经营所应具备的"共同出资、共担风险"特点,不予采纳"京东公司应与奇酷公司共同承担赔偿责任"的观点。

从案由归类来看,姚爱武诉云辰案和沈志强诉奇酷案的原告都主张被告具有欺诈行为,基于《消费者权益保护法》第五十五条请求返还支持款并进行三倍赔偿,但是以姚爱武诉云辰案为代表的绝大多数案件被归为买卖合同纠纷案,沈志强诉奇酷案则被归为产品销售者责任纠纷案。中国司法实践中,绝大多数支持者都将自己的支持行为视为预购产品,认为发起人不交付奖励应当适用严格责任,并习惯性地基于《消费者权益保护法》相关条款主张欺诈和相应的惩罚性赔偿。这其中不乏职业打假人开始利用中国奖励型众筹性质异化的现实采取诉讼行动,导致这类案件数量增多。受此影响,发起人和平台过去并不将众筹交易性质作为己方抗辩的要点,但随着时间推移也逐渐开始关注。相应地,法院的认识也开始改变。从法院裁判文书记载的内容可知,尽管多数法院仍然认为此活动交易性质为互联网平台上的商品买卖,支持者的法律主体地位是消费者,但已经有少部分法官认可众筹的投资属性,比如沈志强诉奇酷案。同时,由于中国奖励型众筹平台设置较高的资质门槛并主动帮助支持者完成了许多实质审核工作,给支持者带来一种平台系信用中介而非信息中介的印象。朱继华诉京东案中,支持者选择直接起诉众筹平台运营实体的母公司,而不是项目发起人,与同是大可乐3手机支持者的姚爱武的诉讼策略显然不同。因此,为了应对这种诉讼和规避己方责任,众筹平台开始在项目页面显著区域对支持者做出风险提示,并做出免责声明,在用户协议中也强调众筹活动形成的法律关系是发起人和支持者之间的双方法律关系。

四、思维转向：培养消费性投资者

（一）思维转向的必要性：预售模式下的现实问题

在实务中，奖励型众筹模糊的法律性质确实对支持者保护产生了负面影响。在前述案例中，所有的原告都主张自己是网购消费者，而被告和法院的认识却存在诸多分歧，而且不论哪种情况，原告均未能胜诉。在姚爱武和朱继华的案件中，法院将案件性质界定为买卖合同纠纷。按照买卖合同的思路分析必然会存在对合同相对方请求非惩罚性赔偿的可能性。比如，若按照买卖合同关系分析，朱继华和姚爱武本可以主张发起人系瑕疵履行，进而要求其适当履行或者赔偿因质量差距带来的价值损失。因此，买卖合同关系的定性本身并不阻碍追究民事责任。但是，在中国当前的奖励型众筹模式下，如果定性为单纯的消费属性，在追究三倍惩罚性赔偿等经济法责任时会面临难以认定发起人故意欺诈的困难。在姚爱武和朱继华的案件中，两者诉请发起人或平台履行惩罚性赔偿这一经济法责任时，[29] 皆因不满足欺诈故意要件而败诉。法院认为天津云辰在支持者支付资金后、奖励产品交付前发布了产品质量信息更正公告，并且指出支持者在当时也有权选择取消交易申请退款，由此否定了欺诈故意之要件。实际上，本案对欺诈构成的分析忽略了行为发生时点的重要性。事后做出的信息更正并不能否定众筹项目宣传时的故意，当事人确已因为发起者的宣传而陷入错误认识（而且该错误涉及的内容是影响决策的关键内容，这个处理器的配置决定了该手机的使用体验），并因错误做出了支持该项目的意思表示。法院概括地评判整个众筹活动是否涉及消费欺诈，正是受到该商业模式性质模糊不清的影响，而使判决结果发生了偏移。事实上，如果纯粹理解为预付费消费合同，实务中就应当支持当事人惩罚性赔偿的诉求。如此看来，实务中这种不彻底的消费合同思维反而

---

[29] 参见金福海："论惩罚性赔偿责任的性质"，《法学论坛》2004年第3期，第59—63页。

不利于保护作为信息弱势的消费者。

而在沈志强的案件当中,当支持者将消费者角色视为一种思维定式的时候,会缺少对奖励型众筹项目投资价值和风险的主动分析和判断,会选择性忽视平台和项目发起者对风险的告知,这极大地提高了财产损失的风险。从此案可以窥见中国奖励型众筹模式潜在的风险。中国奖励型众筹平台复杂的筹款规则,将奖励型众筹商业模式的法律性质导向产品预售,但平台在责任方面却仍旧效仿美国奖励型众筹。从本质上来看,平台意图通过完成一些信用中介的工作来吸引更广泛的支持者,使得追求优惠的一部分网购消费者进入奖励型众筹市场,这与债权型众筹平台推出刚性兑付吸引低风险承受能力的公众进入市场的故事如出一辙。和近来P2P平台暴雷潮一样,这种模糊的法律性质也将积聚很高的风险。

(二)思维转向的重要性:奖励型众筹是种子期融资的重要补充手段

推动创新创业实际上面临重重困难。一方面,种子期项目的信息不对称问题严重、风险畸高,阻碍了投资交易。初创者创造的产品或者创意想法的实现具有前瞻性和极大的不确定性,出资者难以判断发起者是否值得信赖、最终奖励能否按照预想的情况发放,在出资前会非常谨慎。信息不对称造成的过高交易成本甚至可能阻碍交易发生,如此将影响整个市场的发展。另一方面,创新本质是失败率很高的尝试,但市场本身对失败往往缺乏足够的容忍度,因此推动创新往往靠政府供给公共物品。

奖励型众筹作为一种开创性的互联网金融模式,为创新创业项目的融资建立了一个市场,将高风险偏好者的资金与创新创业者的融资需求相匹配,有利于促进技术进步。技术进步是经济发展的核心要素,因此,这些可能促进技术进步的要素都应该得到政府的鼓励与支持。改革开放四十年后,中国急需从劳动密集型经济体向技术、资本密集型经济体转型。在国际贸易保护主义抬头态势之下,技术引进之路困难重重,如何鼓励和发展内部的创新是尤为重要且必要的举措。

奖励型众筹市场的发展对于经济转型与促进创新有重要的意义，基于此我国更应该鼓励奖励型众筹的发展。更重要的是，规范良性运行的奖励型众筹模式能够优化资源配置，提升参与主体的整体福利。奖励型众筹模式对优化资源配置有重要意义。马克思在《资本论》中曾指出经济危机发生的本质特征在于生产相对过剩。而奖励型众筹利用新时代的技术发展大幅降低信息交流成本，解决生产者与消费者间的信息不对称问题，从而部分解决了生产过剩的问题。生产者对于消费者信息的精准定位使得社会的资源能够更为优化地用于生产。同时，奖励型众筹能够提升发起人与出资者的整体福利。奖励型众筹的发展对发起人的帮助既包括资金层面的支持、对市场潜力的认知，还包括市场的具体反馈。与传统金融相比，这样的融资方式带来了更多的信息。对出资者而言，奖励型众筹提供的奖励为有创造性的产品。这样的奖励在现有的市场难以买到，出资者在获取物质奖励的同时，也收获了与发起人共同创造新鲜事物的愉悦。

然而，奖励型众筹异化成为消费者与经营者之间的预付费买卖合同模式，意味着资金在产品成熟晚期时方才供给，这将极大减损促进创新创业的经济效果。实际上，如果创新创业者早期只能通过自有资金或者天使投资两种方式来开创企业，将面临至少三方面的问题：第一，无论是单纯依靠自有资金还是依赖天使投资人的风险投资，创业者都不能像在奖励型众筹时那样近距离地了解市场的真实需求，增加了生产出不符合市场需求的产品的可能，进而创新创业失败并造成社会资源的无谓损失。与之相反，奖励型众筹项目的投资者本身就是最终创意产品的潜在消费者，他们对这些创意项目的投资选择本质上是一次真实的市场需求早期测试。第二，无论是自有资金还是天使投资人，其提供的资金均相对有限，在某些场景下可能不足以支撑创新创业的全部所需，因此奖励型众筹是重要的早期融资补充工具。比如智能手表 Pebble 的创始人（Eric Migicovsky）凭借自己曾经为黑莓手机设计过一款手表的经历，已经赢得了一些天使投资者的信任并筹集到 37.5 万美元种子基金，但他仍然为当时模具生产所需的 10 万美元资金苦恼。这笔总数不大但急迫的资金需求很难再找到足够多有意愿的投资者，于是他于2012年4月11日另辟蹊径转向奖励型众筹平台Kickstarter，发起了一个筹资目标为10万美元的项目，并承诺如果支持120美元就能获得今后生产好的一款Pebble手表。令人惊讶的是，他在两小时内便完成了筹集目标，而至项目启动37天后，他共计获得了68 929名支持者超过1 000万美元的资金，并承诺生产85 000款手表向这些支持者们交付奖励。由此可见，从创意萌发到具备产品生产能力前的早期阶段，创意者需要很高的资本支出来购买设备、租赁厂地、雇用员工等，并非所有创意者都具备足够的自有资金或者能够找到足够多的天使投资，此时奖励型众筹平台为这些资金单薄但怀揣创意和梦想的创意者提供了良好的补充选择。第三，如果创新创业者在种子期、初创期缺乏奖励型众筹融资渠道，单纯依靠天使投资将会使大量优质的创意无法落地生根。天使资金的特点是投资笔数少但单笔相对大额，主要是天使投资者的自有资金，操作方式上多依靠天使投资者的个人判断。这对天使投资者来说风险极高，进而使其十分挑剔。同时，天使投资会带有显著的个人偏好。因此，只有极少数的项目能够在种子期、初创期融得足够资金。奖励型众筹与之显著不同，为创新创业者提供了一个非常扁平化的机会，几乎所有人都可以在这个平台上展示自己的天赋，因此奖励型众筹为那些未被天使投资眷顾的潜在好想法提供了生存的土壤。

在中国当前的预售模式下，发起者只有在取得各项完备的资质并已经具备产品批量生产能力时才能进入众筹平台，尽管这种模式也在产品成熟期满足了发起者的资金需求，但这显然不能解决当下创新创业者的最大痛点——在种子期、初创期的融资需求。而且如果将奖励型众筹活动的交易性质视为单纯的买卖关系，当众筹计划因非主观原因不能履行约定的奖励时，创新创业者必须承担返还支持款的义务。在此情况下，创新的风险完全确定由发起者承担，支持者的行动也变成了"捐赠利息"，俨然不能实现鼓励创新事业的初衷。

与之相反，沈志强诉奇酷案开创性地认定了奖励型众筹中所具有的投资属性，这对奖励型众筹行业的发展有重要意义。该案判决的论证思路具有教育支持者并激励平台做出改进的功能，有利于促使偏离的中国式奖励型众筹回归其本质，有利于发挥此种商业模式支持创新创业的积极作用。首先，支持者在做出决策前会变得更为谨慎，冷静评估奖励无法交付的风险，深思熟虑后做出决策的支持者对于产品的交付风险有更高的容忍度，这会极大地减少相关纠纷，降低整体司法成本；其次，由于奖励型众筹摆脱了买卖产品的限制，更多有大胆想法的发起人得以进入市场，同时愿意支持这些创意的支持者也更有参与的意愿。在这样的正向反馈下，奖励型众筹鼓励创新经济的属性得以最大程度地发挥；最后，在众筹性质得到确定的前提下，平台可以更有针对性地进行机制设计。例如，当下的平台只能通过生产商的资质审核门槛降低产品预售模式下的风险，而未来的发展可以更加关注信息披露的真实性与准确性。

（三）将支持者定性为消费性投资者更符合奖励型众筹本质

奖励型众筹本是融资与经营活动的混合体，有助于实现某种意义上的按需生产。[30] 奖励型众筹的支持者既不请求支付利息，也不参与分红，仅享有对承诺奖励的期权。[31] 对于创业者而言，支持者出资确实在投入生产经营前即已经到账，应当是一种企业融资行为。与经营活动相比，奖励型众筹的大多数生产者在生产活动尚未进行时，即已经获取了资金，因此并非严格意义上的预售。但是与融资相比，生产者最终又是以产品进行交付，因此从资金偿还而言更像是经营。在企

---

[30] 企业活动涉及融资、经营与分配等内容。企业融资是指企业从自身生产经营现状及资金运用情况出发，根据企业未来经营与发展策略的需要，通过一定的渠道和方式，利用内部积累或向企业的投资者及债权人筹集生产经营所需资金的一种经济活动。提供资金的外部融资者，或者以获取利息为目的，或者以获取分红为目的。而企业经营是指企业为获取最大物质利益，用最少的物质消耗创造出尽可能多的能够满足人们各种需要的产品的经济活动。在创造出产品后，需要通过一定的方式将产品销售到消费者手中。绝大多数情况下，资金会在产品交付时流入企业。为了鼓励消费者进行消费，部分企业也可以通过商业信用进行支付，约定期限进行实际支付。部分企业的产品紧俏，也有消费者提前将资金打入公司。大多数的企业都是通过现款或者商业信用的方式进行销售，尤其是小微创新企业。

[31] 这里的期权并不是特指未来交付的股权，而是在更广的意义上使用此概念。

业实际运营中，仅有部分在产业链中占据优势地位的企业能够提前获取货款，小微企业则无法获取这样优质稳定的资金来源。奖励型众筹之所以能够帮助创新者解决创业初期的资金问题，其中一个重要的原因就在于互联网技术带来的信息交流的便捷性。生产者可以跟消费者有更为详细和周密的沟通，制作出的产品也更加契合消费者的真实需求。为消费者提供定制化的生产与服务是小微企业的优势和所长，尤其对小部分有特殊需求的消费者而言更是如此。奖励型众筹打通了融资活动与经营活动的界限，支持小微企业的成长，也为创新型经济的发展助力。

关于奖励型众筹中支持者的法律地位，纯粹的投资者或者消费者的定性都不能很好地描述这种新型互联网金融商业模式。投资的本质特征是预期回报属于投资收益并且具有不确定性，而消费的本质特征是预期回报是满足生活需求的产品或服务并且具有确定性。从支持者所获回报角度来看，奖励型众筹的支持者能否获得奖励具有较大的不确定性，符合投资的特征。但同时，奖励型众筹的预期回报大多是有形产品或者个性化服务，用以满足支持者的特定需求，因而又具有很强的消费属性。因此，单纯以投资者或者消费者的概念来描述支持者的主体地位难为周延。

本文认为，奖励型众筹支持者的经济法主体地位应当是消费性投资者（consumer-investors）。[32] 消费性投资者首先是一名投资者，[33] 因

---

[32] Stevan Holmberg 写道："由于消费者作为存款人同时扮演着消费者和投资者的双重角色，本文中将消费者重新命名为消费性投资者。"See Stevan Holmberg, "Regulation Q and Consumer Protection: Legal and Economic Guidelines", *Banking Law Journal*, Vol. 92, 1975, p. 1074.

[33] 目前我国《证券法》未对投资者的概念进行明确界定。学理上认为传统意义上的投资者是指证券投资者或者资本市场投资者，随着金融市场的发展，投资对象范围从证券领域向所有金融产品扩展，投资者的概念也超过了传统的证券投资者范围。武汉大学课题组撰写的《投资者保护法律制度完善研究》对投资者的理解就是一个写照，笔者使用的消费性投资者概念正是基于这种愈发广义的投资者理解趋势。参见武汉大学课题组："投资者保护法律制度完善研究"，载黄红元、徐明主编《证券法苑》（第十卷），法律出版社 2014 年版，第 393—436 页。

为支持者进行的是一种预期回报具有不确定性的出资行为；其次才是一名消费者，即支持者的目的在多数情况下是为了获得创意事业所培育出来的新型产品，进而满足自己未来的消费需求。㉞ 经济法上将奖励型众筹支持者定位为消费性投资者能够更好地保护支持者，同时，也有助于促进支持者对奖励型众筹的正确认知与理解。这样的投资者应有适当的识别风险和承担风险的能力，对其保护应侧重于强化投资者教育，以及预防欺诈等危害的发生。

诚然，面对投资和消费特征交融的商业现象，目前理论上还存在金融消费者（financial consumer）的概念，但这一概念仍不能很好地解决奖励型众筹支持者主体地位的定性问题。金融消费者概念源起于《消费者权益保护法》中消费者的概念能否适用于金融服务接受者的讨论。我国金融领域立法侧重整体金融秩序构建和金融机构规制，缺乏对金融服务接受者经济法主体地位的界定，金融服务接受者难以从既有法规中获得充分保护。如何理解《消费者权益保护法》第 2 条中"生活消费"的限定语，是消费者概念能否在金融领域推广使用的争议焦点。㉟ 邢会强认为应将消费者的概念做扩大解释，只要交易双方存在着严重的信息不对称，交易双方地位和实力悬殊，对于弱者，无论是个人还是单位，都可以作为消费者来对待，使之受消费者保护法的保护。㊱ 何颖则认为金融也是重要的需求，因而购买金融产品满足这部分需求的主体都是金融消费者。㊲ 杨东在此基础上提出金融消费者概念界定不应仅着眼于弱势交易主体的倾斜保护，也应当综合考虑公正价格形成机制和确保金融市场功能以及秩序、效率、安全等金融

㉞ 应然层面的奖励型众筹支持者延迟满足消费需求的时间间隔很长，因而和间隔较短的预购预订存在显著差别。中国的奖励型众筹的法律性质之所以模糊不清，原因在于众筹平台显著抬高了发起项目要求，比如要求有成型的产品或较短的奖励发送时限等。
㉟ 参见廖凡："金融消费者的概念和范围：一个比较法的视角"，《环球法律评论》2012 年第 4 期，第 96 页。
㊱ 参见邢会强："处理金融消费纠纷的新思路"，《现代法学》2009 年第 5 期，第 55 页。
㊲ 参见何颖："金融消费者刍议"，载北京大学金融法研究中心编：《金融法苑》（第 75 辑），中国金融出版社 2008 年第 2 期，第 16—34 页。

法的内在价值目标,而金融消费者的特殊性以及金融市场的系统性、重要性等特点决定了金融消费者保护的价值目标并非《消费者保护法》所能涵盖。杨东建议构建统一的金融消费者概念,作为专业投资者、一般投资者、存款人、投保人、受益人等的上位概念,以统一的主体概念为核心进行金融法律制度重构。[38] 这说明法学理论界对日益发展的金融市场中的交易主体的法律地位已经有所探索。在新时代下,技术的冲击对法学概念带来的变化应该得到学者的进一步重视。然而,金融消费者的概念仍然不能很好地解决奖励型众筹支持者主体地位的定位问题。金融消费者着重于强调消费者购买金融产品或者享受金融服务,即使采纳最为广义的用法也不足以准确描述奖励型众筹的特征。实际上,奖励型众筹的交易标的是一种非标准期货,使用消费性投资者的概念更为贴切。

此外,由于中国奖励型众筹实然的发展状况与应然模式间存在较大差别,监管部门对此未做特别规制。2015年7月22日发布的《关于促进互联网金融健康发展的指导意见》(以下简称《指导意见》)中并未就产品众筹做出规定。[39] 这是基于走偏了的中国奖励型众筹现状的有意忽视,反映了一种"运动型监管模式"。[40] 但存在并非就是合理,这并不等于今后回归本质的奖励型众筹也不应作为互联网金融的重要业态受到规制。从发展的眼光来看,基于奖励型众筹以成型产品作为主要奖励回报的现状,而得出其并非专门的互联网金融业态的观点是不够长远的。况且,依据买卖合同关系处理奖励不履行纠纷对各方皆存在不利影响。奖励型众筹对于那些可能对消费者具有吸引力但是难以从传统渠道融资的项目具有重要价值,如果强制项目发起人履行成为一个普遍实践,发起人会十分担心那些影响项目进展的不确

---

[38] 参见杨东:"论金融消费者概念界定",《法学家》2014年第5期,第64—76页。
[39] 《指导意见》第一节第一段规定:"互联网金融是传统金融机构与互联网企业(以下统称从业机构)利用互联网技术和信息通信技术实现资金融通、支付、投资和信息中介服务的新型金融业务模式。"尽管应然的奖励型众筹的特征符合《指导意见》对互联网金融的界定,但是其在具体规制意见中并没有列举这种模式。
[40] 参见彭冰:"反思互联网金融监管的三种模式",《探索与争鸣》2018年第10期,第10—13页。

定情况的出现，而且为了如期兑现奖励可能会赶工进而影响创意成品的质量，这将会阻碍众筹项目的发展。此外，奖励型众筹的支持者也并非纯粹的消费者。相应地，奖励型众筹平台也不能仅仅根据《消费者权益保护法》和《网络交易管理办法》承担网络交易平台的法定义务，它还是众筹平台，应当在此基础上承担更多的特别义务。

（四）保护消费性投资者的立法论思考[41]

在未来，技术创新对于经济发展速度与质量的影响将更为显著，奖励型众筹的促进功能也将会受到更多重视。支持者是奖励型众筹健康发展的关键一环，为奖励型众筹支持者的保护出台专门的规制显得尤为必要。如何为消费性投资者提供恰当的规则保护？笔者认为可以从界定权利和保障权利两方面思考。

作为消费性投资者的奖励型众筹支持者应当拥有怎样的法律权利，这一问题可以分别从投资者保护和消费者保护的既有框架中寻找思路。一方面，奖励型众筹支持者归根到底应当是一种特殊的投资者，但既有的规制直接融资的法律规范中缺乏对其法律地位的确认。目前规范直接融资的主要是《公司法》和《证券法》。但是，对于发起人而言，奖励型众筹是一种回报方式特殊的融资方式，其交易标的难以通过解释被纳入《证券法》调整范围当中。对此，本文认为理想的消费性投资者保护应当基于信息模式进行规范。[42] 但由于目前中国

---

[41] 尽管各部门法学者提倡法学研究方法由立法论向解释论转型，比如参见傅郁林："法学研究方法由立法论向解释论的转型"，《中外法学》2013年第1期，第169页。但对于经济法这样具有显著"现代性"的部门法并不能一概而论。随着金融与科技深度交融和迅速发展出现的众多新兴业态，现行法律建构尚有不足，因此，对于本文探讨的奖励型众筹这样一种全新的互联网金融商业模式，笔者认为立法论的研究是具有相当必要性的。

[42] 参见张艳："个人投资者的保护逻辑与新时代的路径选择——以金融产品销售为例"，《当代法学》2019年第1期，第141—142页。应然的奖励型众筹中，单个支持者的支持金额通常是小额的，因而支持者一般都具备风险承受能力，而且这些项目内容都直接与生活相关，支持者成为理性决策者的可能性相比投资股票市场的投资者明显要高。

奖励型众筹商业模式的异化发展，支持者的消费属性过度强烈的现状很容易导致监管模式不得已陷入法律父爱主义模式。㊸ 另一方面，奖励型众筹支持者的交易行为具有一定的消费属性，应当重点借鉴和吸收消费者保护中为消费者设定的安全权、知情权、获赔权和获知权。

在确权的基础上如何具体保护奖励型众筹支持者权利，这一问题的关键在于事前的信息规制和适度有效的支持者教育。奖励型众筹项目仅凭创意设计即获取全部融资，但承诺的奖励交付却往往要等待很长时间，甚至可能落空。发起人与支持者之间存在高度的信息不对称，因此通过事前的信息规制来适度平衡信息势差尤为必要。从保护投资者的维度来看，本文认为首先应当完善发起人资金运用方面的信息披露规则，如此方能让支持者对奖励型众筹项目形成更为清晰的判断，推进项目的优胜劣汰，进而提升平台项目的整体水平。具体而言，发起人在项目成功融资之后的实施阶段，至少要披露融资中的重大款项支出事由，并证明支出与项目的关联性。其次，立法上有必要强制平台提供足够有效的投资者教育资料。在美国，众筹法案强制平台提供投资者教育资料，即是保护投资者的一个手段，但是该法案仅仅适用于发行有价证券的情形，而不适用于明确禁止有价证券形式回报的奖励型众筹平台。㊹ 由于一般情况下奖励型众筹单个支持者在一个项目中的支持金额较小，一般都具有对奖励不履行风险的承受能力。中国奖励型众筹的关键问题在于支持者对风险缺乏认识。因此立法上为平台设置投资者教育义务显得尤为必要。此外，在项目网页的右下角进行风险提示尚不足以达到有效的教育效果，应当将风险教育前置于出资程序之前，并且通过问答等方式测试支持者的风险认识效果。另外，基于消费者的知情权，有必要强制平台提供必要的消费者教育资料，如规则设置中要求发起人对最终发送奖励的参数信息进行披露并提醒支持者阅读。此外，奖励型众筹支持者最开始是出资者，但其期待获得的奖励多是为了满足未来的消费需求。虽然为了实现创

㊸ 参见张艳，见前注㊷，第 142—143 页。
㊹ Moores, supra note ⑳, p. 422.

293

新创业支持功能,发起项目时的资质要求相对于销售商品显著降低,但并不意味着发起人拿到融资进行项目实施时也要求支持者继续承担安全风险。因此,基于安全权,还应当强制发起人披露奖励相关的必要信息以确保基本的消费安全。

五、结论

奖励型众筹对经济发展具有重要意义,中国当下的金融环境对于发展奖励型众筹本是一次机遇。但是,奖励型众筹在中国的发展却正在背离这种模式的本质特征,其交易结构复杂化让法律性质变得模糊不清。对此,法学理论研究尤其是经济法领域的研究尚付阙如,有必要从经济法发展理论的角度来研究如何保障和促进奖励型众筹在中国的发展。中国司法实践中为数不多的奖励型众筹纠纷案件对交易性质和支持者主体地位的认定并不一致。笔者认为沈志强诉奇酷案肯定了中国奖励型众筹活动的投资属性,具有教育支持者和激励平台做出改进的功能,有利于促使偏离本质的中国式奖励型众筹回归。奖励型众筹的特殊商业模式决定了其理应受到更为严格的特殊市场规制。奖励型众筹支持者的经济法主体地位应当是消费性投资者,而对消费性投资者的保护关键在于事前的信息披露规制和适度有效的支持者教育。